께!

시간의 규칙을 찾아서

시간의 규칙을 찾아서

글 과학주머니 | 그림 이지후

㈜자음과모음

차례

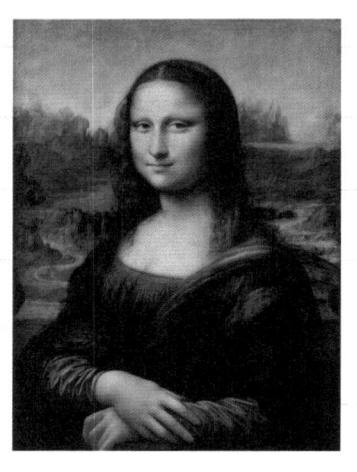

　눈썹 없는 미녀로 유명한 그림, 〈모나리자〉입니다. 레오나르도 다빈치가 그린 이 인물은 눈썹이 없고 미소가 아름답다는 점 외에도 과학적·수학적으로 재미있는 특징이 많습니다. 모나리자와 눈을 맞춘 채로 자리를 옮겨 보세요. 여러 방향에서 바라봐도 모나리자의 시선이 항상 나를 따라오는 것처럼 보입니다. 평면 그림에서 일어나는 착시 때문이지요. 또한 그림이 황금비를 이루어서 그림 속 인물이 유독 안정적으로 보입니다. 황금비는 정오각형의 한 변과 대각선이 이루는 길이 비(약 1:1.618)로, 사람들이 가장 아름답다고 느끼는 비율입니다. 이처럼 그림 속 인물을 과학과 수학으로 살펴보면 눈에 보이는 것

이상으로 풍부하게 감상할 수 있어요.

일상생활에서도 여러 가지 관점으로 문제를 바라보면 해결할 수 있는 가능성이 높아집니다. 이 책은 이러한 생각을 바탕으로 만들었습니다. 봄이 되면 꽃이 피는 이유는 무엇일까요? 시곗바늘은 왜 오른쪽으로 돌아갈까요? 하루는 왜 24시간일까요? 2월 29일은 왜 있을까요? 시곗바늘이 째깍 째깍 소리를 내며 일정한 속도로 가는 이유는 무엇일까요? 모두 '시간'에 관한 궁금증이죠. 선뜻 답을 내리기는 어렵지만 우리가 한 번쯤 생각해 봤음직한 질문들입니다.

손에 잡히지 않는 시간을 설명할 수 있느냐고요? 과학·수학·역사 등 다양한 지식을 활용하면 생각보다 쉽게 해결 방법을 찾을 수 있답니다. 우리 주변의 사건들 중 과학과 수학이 관련되지 않은 문제가 거의 없기 때문이겠지요. 지금부터 초이가 되어 분희와 재각이를 만나보세요. 뜻하지 않게 과거로 옮겨 간 초이가 다시 현재로 돌아오는 방법을 찾는 사이 시간의 개념을 재밌게 이해할 수 있을 거예요. 시간이 얼마나 소중한지도 느낄 수 있을 테고요.

'쨍그랑!'

초이가 방금 모래시계를 깨뜨렸나 봅니다. 늦기 전에 신비로운 시간 여행을 따라가 볼까요?

꺼내도 꺼내도 줄어들지 않는 마법의 과학주머니

초이

궁금한 게 많은 천방지축 초등학교 3학년 소녀. 숫자와 기계에 호기심이 많지만 시계를 읽는 법에는 도통 관심이 없다. 우연히 모래시계를 깨트리고 엄마와 아빠가 살던 과거로 이동한다.

분희

과거에서 초이가 만난 초이의 엄마. 첫인상은 새침하지만, 곁에 있는 사람들을 배려하는 어른스러운 마음씨를 갖고 있다. 재각이와 힘을 합쳐서 초이를 현재로 돌려보낼 방법을 찾는다.

아저씨

지금은 돌아가신 초이의 외할아버지이자 분희의 아버지. 시간의 개념과 시계의 작동 원리를 꿰고 있다. 아이들의 엉뚱한 호기심까지도 늘 성의 있게 풀어 준다.

재각이

분희의 가장 친한 친구. 훗날 분희의 남편이자 초이의 아빠가 된다. 초이에게는 늘 엄하지만, 어릴 적 모습은 영락없는 개구쟁이다. 시간에 대해 탐구하는 사이 초이와 둘도 없는 친구가 된다.

왓치

초이가 키우는 검은 고양이. 주변 물건을 잘 망가트리는 사고뭉치이지만 신통하게 주인의 말을 알아듣고 따른다. 초이와 함께 과거로 이동하여 시간을 오가는 힌트를 준다.

모래시계를 훔치다

"초이야, 대체 몇 번째야?"

오늘도 초이는 호통 소리에 잠에서 깼다. 아빠의 얼굴이 굳어 있었다.

"정오에 산에 가기로 했으면 일찍 자고 일찍 일어나야지. 만날 이렇게 늦잠 자서야 되겠니?"

초이가 부스스 일어나 앉았다.

'아…… 또 시작이시네. 아빠의 잔소리 좀 안 들을 수 없을까?'

초이가 딴생각을 하는 사이에도 아빠의 꾸지람은 쉽게 끝나지 않았다.

"어제도 그래. 전화도 없이 친구네 집에서 그렇게 늦게까지 놀면 어떻게 하니?"

"그게 아니라……."

초이가 작게 중얼거리자 아빠의 목소리가 더 커졌다.

"약속을 지키는 건 기본 중의 기본이야. 너에게 소중한 시간은 다른 사람에게도 똑같이 소중하단다. 알겠니?"

"네……."

초이가 고개를 푹 숙이자 초이의 엄마가 나섰다.

"여보, 그만해요. 그 정도면 알아들었을 거예요. 초이가 아직 시계를 잘 못 보잖아요. 그래서 어제 시간 가는 줄 몰랐대요."

초이가 그제야 고개를 살짝 들고 작은 목소리로 말을 이었다.

"일부러 늦은 거 아니에요. 어제 디지털시계를 안 차고 나갔어요."

하지만 말이 떨어지기가 무섭게 아빠의 불호령이 떨어졌다.

"열 살이나 돼서 아날로그시계 못 읽는 게 자랑이야? 오늘은 어디 놀러 갈 생각 말고 시계 보는 법부터 익히렴. 알겠니?"

초이가 입을 삐죽거리자, 밖에 나가려던 엄마가 초이를 보고 눈짓을 했다.

"초이야, 얼른 옷 챙겨 입고 나와. 일요일이니까 찜질방에 가서 땀 빼고 오자. 갔다 와서 시계 어떻게 읽는지 다시 알려 줄게."

초이는 눈을 크게 뜨고 몸을 벌떡 일으켰다. 이럴 땐 엄마를 따라가는 게 상책이다.

"응, 갈게요."

"오초이, 아빠 말 잊지 마."

초이는 아빠의 목소리를 뒤로하고 재빨리 방을 나와 현관으로 달려 나갔다. 곧 3월인데도 바깥 날씨는 여전히 쌀쌀했다. 앙상한 나뭇가지들이 바람에 흔들리는 모습이 꼭 한겨울 같았다.

"봄이 언제 오려나……. 아직 춥네."

"으으, 빨리 3월이 되면 좋겠다."

초이가 외투를 여미며 찜질방을 향해 뛰어갔다.

한증막 입구에 들어서자 후끈한 열기가 느껴졌다. 초이는 수건으로 머리를 감싸고 엄마와 함께 안으로 들어갔다.

"앗, 뜨거워."

"덥지? 너는 20분만 있다가 나가."

20분이란 말에 초이는 습관적으로 손목을 올렸다. 하지만 디지털시계가 없었다. 옷을 갈아입을 때 시계를 풀어 둔 모양이었다. 초이가 주변을 두리번거리자 엄마가 한쪽 벽을 가리켰다.

"으이그. 저기 있어, 디지털시계. 그런데 너 언제까지 디지털시계만 볼래?"

엄마가 걱정 섞인 목소리로 초이에게 물었다. 하지만 초이는 천연덕스럽게 대꾸했다.

"동그란 시계는 바늘이 세 개나 있어서 너무 헷갈린다고요."

엄마가 짧게 한숨을 쉬었다.

"동그란 시계가 아니라 아날로그시계라고 하는 거야. 디지털시계만 보니까 시계를 안 가져가면 시간도 잘 모르잖아. 시계를 못 보는 건 자랑이 아니야. 엄마 어릴 때는……."

"알아요. 외할아버지 이야기 하려고 하지? 외할아버지는 시계를 직접 만드셨다면서요? 그러니까 당연히 엄마는 시계를 잘 보죠."

초이의 표정이 뽀로통해졌다. 초이는 시간을 읽지 못하는 게 그리 신경 쓰이지 않았다.

"맞아. 엄마는 외할아버지 덕분에 시계 보는 건 자신 있었어. 재미도 있고. 눈에 보이지도 않는 시간을 잰다는 거, 신기하지 않니?"

"그렇게 신기하지는 않은데……. 알았어요. 이제 배울게요."

초이는 건성으로 대답하고 다시 주변을 살폈다. 그때 초이의 눈에 선반에 놓인 모래시계가 들어왔다. 모래시계 안의 모래가 모두 아래쪽에 쌓여 있었다. 초이가 손을 뻗어 모래시계를 뒤집으며 말했다.

"이거 이렇게 엎어 놓으면 모래가 내려가는 거죠? 모래시계!"

모래시계를 뒤집자 비어 있는 칸으로 모래가 흘러내리기 시작했다. 초이는 모래시계 허리 부분의 좁은 틈으로 모래알이 떨어지는 모습을 가까이 들여다봤다. 작은 모래알들이 바닥에 소복이 쌓여 갔다.

"그럼 시간을 어떻게 재는지도 알겠네?"

엄마가 물었다.

"음…… 다 내려가면 시간이 끝나는 건가……?"

초이가 대답을 못하고 중얼거리는 사이 모래가 모두 바닥에 쌓였다. 모래 알갱이의 움직임이 멈추자 마치 시간이 멈

모래가 떨어져 내리네.

시간의 규칙을 찾아서

춘 것만 같았다. 엄마가 모래시계를 다시 뒤집으면서 말했다.

"초이야, 시간은 끝나지 않아. 지금 이 순간에도 흐르고 있어."

초이는 엄마의 말이 쉽게 이해되지 않았다. 모두 다 아는 걸 혼자만 모르는 것 같아 마음이 답답해졌다.

"엄마, 나 먼저 집에 가 있을게요."

"왜? 아직 20분 안 지났어."

"가슴이 좀 답답해서 그래요. 이따 봐요, 엄마."

초이는 벌떡 일어나 밖으로 나갔다. 아침부터 꾸지람과 잔소리를 들으니 마음이 좋지 않았다. 얼른 옷을 갈아입고 집에 돌아가 편히 쉬고 싶었다. 그런데 찜질복 바지 주머니가 묵직했다. 초이는 고개를 갸우뚱거리며 주머니에 손을 집어넣었다.

"이게 왜 여기 들어 있지?"

주머니 안에 들어 있는 것은 한증막에서 들여다보던 모래시계였다. 나올 때 무심코 주머니에 넣은 모양이었다.

'조금만 더 갖고 놀고 싶은데……. 이따 저녁때 가져다 놓으면 안 될까?'

초이는 반짝이는 모래 알갱이를 들여다보며 머뭇거렸다.

'아냐, 말 안 하고 가져가는 건 훔치는 거야…….'

하지만 생각과 달리, 문을 나서는 초이의 손에는 모래시계가 쥐어져 있었다. 자기도 모르게 모래시계를 가지고 나와 버린 것이다.

‘내가 뭘 한 거지? 이제 어떻게 하지?’

초이는 두근거리는 마음을 숨기고 주변을 두리번거렸다. 그리고
모래시계를 끌어안은 채로 집을 향해 곧장 달렸다.

벚꽃이 이상해

초이는 헐레벌떡 집에 들어서서 대문을 잠갔다. 그때 시커먼 물체가 초이 옆을 스쳐 지나갔다.

"야아옹."

"앗, 깜짝이야! 왓치!"

아빠가 혼자 산행에 나섰는지 집에는 고양이 왓치뿐이었다.

초이는 놀란 가슴을 쓸어내리며 왓치와 함께 2층 다락방으로 향했다. 다락방은 초이가 혼자 조용히 놀고 싶을 때 가끔 올라가는 곳이다. 다락방으로 가려면 부엌 옆문과 연결된 나무 계단을 올라가야 한다. 초이는 부엌 옆문 열쇠를 어디에 두었는지 기억을 더듬었다.

"……냉장고 위에 뒀나?"

의자를 밟고 냉장고 위를 보니 역시나 열쇠가 있었다. 열쇠로 문을 열고 나무 계단을 올라가자 다락방 입구가 보였다. 초이는 조심히 한 발을 앞으로 딛고 벽을 더듬어 전등 스위치를 켰다.

'탁.'

전등에 불이 들어오자 다락방 안이 환해졌다. 왓치도 초이를 따라 안으로 들어왔다. 이 다락방은 외할아버지의 작업실이었다. 책상 위에 시계를 만드는 데 필요한 태엽과 시곗바늘이 흩어져 있고, 낡은 회중시계나 괘종시계처럼 평소에 보기 힘든 시계들이 빼곡했다.

시간의 규칙을 찾아서

액자의 사진 속에서 젊은 시절 외할아버지와 어릴 적 엄마가 환하게 웃고 있었다.

'뻐꾹, 뻐꾹, 뻐꾹.'

그때 뻐꾸기시계가 3시를 알렸다.

"왓치, 여기엔 정말 신기한 시계가 많지? 나도 사실 시간을 잘 읽고 싶은데 너무 어려워. 점점 더 자신도 없어지고……."

초이가 왓치를 보면서 말했다. 사진 속 엄마가 자신을 한심하게 보는 것만 같았다.

왓치는 이런 초이의 마음을 아는지 모르는지 조용히 초이의 손끝을 올려다보고 있었다. 초이가 왓치에게 모래시계를 내밀면서 중얼거렸다.

"휴…… 맞다. 이제 어떻게 하지? 나도 모르게 이 모래시계를 가지고 왔어."

"야아옹!"

그때 갑자기 왓치가 초이에게로 달려들었다. 초이는 순간 너무 놀라 모래시계를 놓치고 말았다.

'탁!'

재빨리 손을 뻗었지만 모래시계는 이미 바닥에 떨어져 있었다. 유리가 좀 깨진 것 같았다. 초이가 모래시계를 집어 들자 깨진 유리 틈으로 모래가 쏟아져 나왔다.

"으앗, 왓치! 깨트리면 어떡해. 이거 돌려줘야 하는데!"

왓치는 어느새 구석으로 도망가 큰 상자 뒤에 숨었다. 초이는 급한 마음에 눈앞에 보이는 큰 상자 안부터 살펴봤다. 상자 속에는 오래된 잡동사니들이 가득했고 그 사이에 테이프가 보였다.

"우선 테이프로 금 간 데를 붙여야겠어. 그리고 찜질방에 가지고 가서 내가 가져갔다고 솔직하게 말할 거야. 그게 편하겠지?"

초이가 재빨리 테이프 끄트머리를 잡아 들었다. 그러자 테이프와 함께 낡은 공책이 딸려 올라왔다.

"이게 뭐지? 일기장인가?"

초이가 뽀얀 먼지를 털고 공책을 펼쳤다. 예상대로 일기장이었다.

"초이랑 왓치?"

시간의 규칙을 찾아서

자신의 이름이 나오자 의아했지만, 지금은 깨진 모래시계를 고치는 게 우선이었다. 초이는 일기장을 책상 위에 두고 그 위에 깨진 모래시계를 조심히 뉘었다. 그런데 그 순간 왓치가 또다시 책상 위로 뛰어올랐다.

"왓치, 왜 자꾸 그래? 혼난다!"

왓치가 모래시계를 다시 건드리는 바람에 남아 있던 모래가 일기장 위로 몽땅 쏟아졌다.

'째깍, 째깍, 째깍, 째깍……'

그 순간 갑자기 시끄러운 초침 소리가 들려왔다.

"앗, 귀 따가워!"

초	이	라	는		아	이	와		왓
치	라	는		고	양	이	가		우
리	집	에		왔	다	.			
무	언	가		재	있	는		일	이
생	길		것	만		같	다	.	

우리 이야기는 아니겠지?

　초이가 얼굴을 찡그리며 귀를 막자 눈 깜짝할 사이에 소리가 잦아 들었다.

　"그 소리는 뭐였지? 내가 너 때문에 정신이 없다, 없어."

　초이는 고개를 좌우로 내저으며 책상 위로 눈을 돌렸다. 하지만 책상 위에는 깨진 모래시계뿐이었다. 모래시계 바로 밑에 있던 일기장은 온데간데없었다.

　"아 참, 도대체 어디 간 거야? 우선 모래라도 치우자."

　초이는 책상 아래까지 둘러본 다음 쏟아진 모래를 모아 쓰레기통에 버렸다.

"왓치, 다락방 안이 아까랑 달라진 것 같지 않니?"

초이는 왠지 낯설어 주변을 둘러보았다. 하지만 무엇이 다른지는 확실히 알 수 없었다.

왓치가 사뿐히 다락방을 나서는 걸 보고 초이도 재빨리 모래시계를 들고 계단을 내려왔다. 그리고 모래시계를 돌려주기 위해 왓치와 함께 찜질방으로 향했다.

"네가 깨트렸으니까 나랑 같이 가자. 알겠지?"

밖으로 나오니 갑자기 햇빛이 더 환해진 것 같았다.

'어두운 곳에 있다가 나와서 그런가?'

골목을 벗어나자 좀 전만 해도 쌀쌀했던 공기가 따스하게 느껴졌다. 게다가 큰길에는 아까 볼 수 없던 벚꽃이 흐드러지게 피어 있었다.

"와, 예쁘다. 어떻게 그사이에 폈지? 갑자기 봄이 왔나?"

초이는 화사한 벚꽃을 보며 계속 앞으로 걸었다. 그런데 한참을 가도 찜질방이 보이지 않았다. 멈춰 서서 주변을 둘러보니 와 본 적이 없는 낯선 장소였다.

"왓치, 이상해. 우리 길을 잃었나 봐. 여기가 어디야?"

"이야옹."

그때 길 건너편에 낯이 익은 듯한 얼굴이 보였다. 돌아가신 외할아버지와 꼭 닮은 아저씨였다. 초이는 길을 묻기 위해 아저씨에게

다가갔다.

"아저씨, 여기 뜨뜻 찜질방이 어디 있어요?"

"그런 곳 없는데. 뜨뜻 목욕탕 말하는 거니?"

"네. 뜨뜻 목욕탕이었던 곳이오. 2012년에 수리하면서 찜질방으로 이름을 바꿨는데…….'

아저씨가 어리둥절한 표정을 지었다.

"뭐, 2012년? 지금 무슨 소리를 하는 거니? 지금은 1985년인데."

"네에?"

뜻밖의 대답에 초이는 순간 말을 잃었다. 천천히 주위를 둘러보니 분명 평소와는 다른 분위기였다. 주변 학교 담에 '서교국민학교'라는 낯선 표지판이 붙어 있고 사람들의 옷차림도 평소와 다르게 보였다.

    '아! 신문을 보면 지금이 언제인지 정확히 알 수 있을 거야. 오늘 날짜가 있으니까.'

    초이는 멀찌감치 보이는 신문 가판대로 뛰어가서 신문 하나를 뽑아 들었다. 거기에는 1985년 2월 20일이라고 쓰여 있었다.

    "맙소사! 지금이 1985년 2월 20일이라고?"

시간의 규칙을 찾아서

초이는 자신도 모르게 큰 소리로 외쳤다. 지나가던 아주머니가 깜짝 놀란 듯 초이를 바라보았다. 초이는 자신의 입을 손으로 막은 채 눈을 동그랗게 떴다.

'앗, 조심하자. 내가 2013년에 살았다고 하면 사람들이 나를 이상하게 생각할지도 몰라.'

초이는 다시 외할아버지와 닮은 아저씨에게 달려갔다.

"아저씨."

아저씨가 초이를 돌아다보았다.

"왜 그러니?"

"음…… 여기가 어디죠?"

"여긴 서교동인데. 너 혹시 길을 잃은 거니?"

"아니요, 그건 아니고요……."

초이는 주위를 둘러보며 핑곗거리를 찾았다. 가까이 아까 본 학교가 있었다.

"아, 저 초등학교…… 아니, 국민학교를 찾아왔는데 동 이름을 몰라서요."

"그랬구나."

겨우 둘러대긴 했지만 초이는 머릿속이 새하얘졌다. 이 상황을 벗어날 때까지는 반드시 다른 사람의 도움이 필요했다. 지금은 거짓말을 해서라도 아저씨를 붙잡아야겠다는 마음이 들었다.

"저, 아저씨, 그게 그러니까요…… 제가 어릴 때 미국에 입양되었는데 엄마를 찾으러 무작정 한국으로 왔어요. 음…… 제가 입양되기 전에 머물던 곳이 이 근처라고 들었는데 막상 와 보니 어디인지 잘 모르겠어요. 무작정 길거리를 걷다가 여기까지 오게 된 거예요."

"저런, 딱한 사정이 있었구나. 엄마를 만나고 싶은 마음은 이해하지만, 이렇게 혼자 길거리를 헤매서야 되겠니?"

"저…… 죄송하지만 당분간 아저씨 집에 머물면 안 될까요? 조금만 지내다가 돌아갈게요."

초이는 말을 하면서 스스로 놀랐다. 처음 보는 아저씨에게 이런 부탁을 하다니, 낯을 많이 가리는 초이의 평소 성격으로는 상상도 할 수 없는 일이었다. 외할아버지를 닮아서인지 아저씨가 낯설지 않았다.

"흠…… 네가 불편하지 않다면 그렇게 하려무나."

아저씨는 잠시 생각하다가 흔쾌히 집으로 초대해 주었다.

"우리 딸이 네 또래니까 둘이서 방을 같이 쓰면 될 거 같구나. 네가 데려온 고양이도 함께 가야겠네."

"감사합니다!"

"이야옹."

초이와 왓치가 합창을 하듯이 인사했다.

아저씨의 집은 멀지 않은 곳에 있었다. 처음 온 곳인데도 언젠가

시간의 규칙을 찾아서

와 본 것 같은 느낌이 들었다.

"우선 마루에 앉아서 좀 쉬고 있으렴."

"네."

왓치가 먼저 대청마루에 올라갔다. 초이도 왓치를 따라 마루에 걸터앉았다. 집에서 나설 때보다 따뜻해서인지 밖에 있어도 그렇게 춥지 않았다.

"그런데 너, 이름이 뭐니?"

"오초이라고 합니다."

"초이, 초이…….

이름이 참 예쁘구나. 점심때니 배고프겠다. 우리 딸이 오기 전에 옥수수 좀 주마."

'점심이라고? 다락방에서 나오기 전에 3시가 넘었었는데?'

초이에게 여러 가지 의문점이 한꺼번에 몰려왔다. 왜 갑자기 과거로 오게 된 건지, 왜 날씨가 따뜻해졌는지, 아저씨가 어떻게 외할아버지와 닮았는지, 알 수 없는 일투성이였다. 마치 긴 여행을 하고 돌아온 것처럼 온몸이 나른했다. 머리를 마루 기둥에 기대자 졸음이 몰려왔다.

'아, 여기서 잠들면 안 되는데……. 왜 이렇게 졸리지? 따뜻해서 그런가?'

초이가 깜빡 잠든 사이 마당으로 여자아이가 들어왔다. 아저씨의 딸 분희였다. 분희는 마루에 걸터앉은 채 곯아떨어진 초이 앞에 서서 고개를 갸웃거렸다. 초이 곁에서는 왓치가 졸고 있었다.

'쟨 누군데 남의 집 마루에서 잠을 자고 있어? 저 고양이는 또 뭐지?'

분희가 고개를 돌려 아빠를 찾았다.

분희

시간의 규칙을 찾아서

"아빠, 쟤네 뭐예요?"

"길 잃은 아이인데 며칠간 우리 집에서 머무르기로 했다."

"그럼 저랑 같이 지내야 돼요? 누구인지도 모르는데? 아, 싫은데……."

"쉿, 들을라. 사연이 있는 아이야. 아빠가 저 아이의 부모를 찾아볼 테니 며칠만 지내거라. 깨어나거든 싫어하는 티 내지 말고."

"……네."

분희는 마지못해 고개를 끄덕였다. 두런거리는 소리를 듣고 초이가 부스스 잠에서 깼다. 눈을 비비는 초이에게 분희가 먼저 말을 걸었다.

"일어났니? 나는 분희라고 해. 열 살. 네 이름은 뭐야?"

"으응……, 난 초이야. 오초이. 나도 열 살이야. 그리고 애는 왓치야. 근데 너, 이름이……."

초이는 말을 하면서 다시 한 번 두 눈을 문질렀다. 눈앞에 있는 여자아이는 엄마의 어린 시절 모습과 똑같았다. 게다가 엄마와 이름까지 같았다. 엄마의 어린 시절 사진이 실물이 되어 튀어나온 것 같았다.

'아닐 거야. 그냥 엄마랑 닮은 거겠지.'

초이는 놀란 마음을 숨기고 말을 이었다.

"반가워. 너희 집에서 신세를 지게 돼서 미안하고 고맙다."

"불편하지만 어쩔 수 없지 뭐……."

대답하는 분희의 표정이 썩 밝지는 않았다. 초이는 자리에서 일어나 아저씨를 보고 말했다.

"아저씨, 죄송해요. 평소에는 낮잠을 안 자는데 그만 염치없이 잠들어 버렸어요. 너무 졸려서……."

아저씨가 손사래를 치며 대답했다.

"아냐, 괜찮다. 외국에서 왔다고 했지? 그럼 시차 때문에 일어나는 현상일 수 있지."

"시차요?"

"넌 그것도 모르니? **시차, 시간의 차이라는 뜻이야.**"

옆에 있던 분희가 대화에 끼어들었다. 아저씨가 분희에게 눈짓을 하며 말을 이었다.

"분희가 말한 것처럼 시차란 시간의 차이를 말한단다. 비행기같이 빠른 교통수단을 이용해 나라에서 나라로 이동하는 경우에 생기지. 만약 초이 **네가 있던 곳이 지금 밤이라면, 네 몸은 지금을 밤으로 여길 거야. 이곳이 낮이라고 해도 말이다.**"

"몸이 시간을 느낀다고요?"

"**사람의 몸은 하루를 주기로 규칙적으로 움직인단다. 일종의 습관이라고 생각하면 돼.** 그런데 시차로 인해 그 규칙이 깨지게 되니 새로운 환경에 몸이 미처 적응을 못한 거지."

32

초이가 고개를 끄덕였다. 찜질방에서 돌아왔다가 다시 집을 나섰던 시간이 오후였으니, 길을 헤매다가 아저씨의 집에 도착한 때는 잠들 시간이었다.

"그래서 그런지 계속 나른하고 졸려요."

"이곳의 시간에 적응할 때까지는 낮에 계속 그럴 거야."

"그랬구나. 저는 여기가 따뜻해서 졸음이 오나 했어요."

"날씨라…… 그것도 틀린 말은 아니구나. 모든 생물은 날씨에 적응하면서 살아가거든."

"추운 겨울에 개구리가 겨울잠을 자는 것처럼요?"

분희가 물었다.

"그래. 개구리나 곰은 겨울에는 활동을 멈추고 꽤 오랫동안 잠을 자. 그리고 따뜻해지면 일어나서 활동하지. 동물만이 아니라 식물도 날씨의 영향을 많이 받아."

"맞아요, 아빠. 이상하게 지금 2월인데도 벚꽃이 일찍 피었잖아요. 날씨가 평소보다 따뜻해서 그렇대요."

분희의 말에 초이가 고개를 끄덕였다.

"나도 오면서 봤어. 2월인데 벚꽃이 활짝 피어 있어서 이상했어."

"식물이 싹을 틔우고 자라고 꽃을 피우는 데 날씨가 아주 중요한 요인이지. 작년에 벚꽃이 언제쯤 피었는지 기억나니?"

"겨울 방학이 끝나고 새 학년 올라갔을 때요. 그러니까…… 3월이

나 4월?"

"그래. 보통 3월 중순 이후에 개나리나 진달래, 벚꽃 같은 봄꽃이 핀단다."

가만히 이야기를 듣던 초이가 고개를 갸우뚱했다.

"어? 작년에 4월 초에 피었어요. 제 생일 즈음이라 똑똑히 기억나요."

"맞다, 초이야. 남쪽이 먼저 따뜻해지고 점차 북쪽으로 따뜻한 계절풍이 올라오기 때문이야. **남쪽에 위치한 제주도 지역은 3월 중순이면 꽃이 피지. 비교적 북쪽에 있는 서울 지역은 4월경에야 꽃이 필 만큼 따뜻해져.**"

"아, 알겠어요. 꽃이 남쪽 지방에서 먼저 피고 서울에서는 4월에야 피는구나."

"그런데 지금은 2월인데, 꽃이 두 달이나 먼저 핀 거예요? 세상에 이런 일이 일어날 수도 있어?"

분희가 아빠와 초이를 번갈아 보며 물었다.

"그러게 말이다. 너무 신기한 일이라서 어제 뉴스에도 나오더구나. 이상 기후라고 말이야. 보기 드문 일이지."

그때 부엌에서 맛있는 찌개 냄새가 새어 나왔다.

"찌개가 다 끓었나 보구나. 손님이 왔는데 저녁 식사가 늦었네. 방에 들어가거라. 금방 상을 차려 줄게."

"아까 점심이라고 하시더니…… 제가 그렇게 오래 잤어요?"

"하하, 그래. 어찌나 곤히 자던지 못 깨웠지. 방에 들어가렴."

초이가 분희의 방에 들어가 두리번거리는 사이, 아저씨가 비빔밥과 된장찌개를 차려서 가지고 왔다. 초이는 비빔밥을 보고 군침이 돌았다.

"와아, 맛있겠다. 잘 먹겠습니다. 오늘 많이 걸어다녔더니 배가 고파요."

"그래, 많이 먹으렴."

초이는 인사와 동시에 비빔밥 그릇을 끌어당겨 허겁지겁 먹기 시작했다. 옆에 앉은 분희는 그런 초이의 모습이 못마땅했다.

"얘, 넌 아무리 배가 고파도 그렇지. 너 혼자 모두 먹어 버릴 기세다."

"어, 내가 그랬나? 미안해. 좀 천천히 먹을게."

초이는 엄마를 닮은 분희가 자기에게 쌀쌀하게 대하는 것이 낯설고 섭섭했다. 하지만 오늘 처음 만난 친구에게 이런 기분을 설명하기도 어려웠다. 초이는 친해질 때까지 분희에게 무조건 친절하게 대하기로 마음먹었다.

"그런데 분희 너는 왜 안 먹어? 정말 맛있어."

"뭐, 나는 별로……."

'꼬르륵!'

대답과 동시에 분희의 배에서 꼬르륵 소리가 났다. 분희가 놀라서 자신의 배를 움켜쥐고 초이의 눈치를 살폈다. 그 모습을 본 초이와 아저씨가 웃음을 터트렸다.

"너도 배가 고픈 것 같은데."

시간의 규칙을 찾아서

"허허허. 그래, 분희야, 배꼽시계가 울리잖니."

"아이참, 알겠어요. 잘 먹겠습니다."

분희가 머리를 긁적이며 숟가락을 들었다.

"그런데 아빠, 왜 밥 먹을 때가 되면 꼬박꼬박 배가 고플까요? 꼬르륵 소리도 나고. 신기해요."

"맞아. 정말 배 속에 시계라도 들어 있는 거예요?"

초이도 아저씨에게 질문했다.

"몸속에 진짜 시계가 들어 있는 건 아니지만, 비슷해. **생물이 스스로 시간의 흐름을 측정할 수 있거든. 생물이 마치 시계처럼 작동한다고 해서 그걸 생체 시계라고 하지.**"

"생체 시계요?"

초이는 말을 던지고 잠깐 생각에 잠겼다.

"아저씨, 제가 아까 졸렸던 것도 생체 시계와 관련이 있죠?"

"그래. **각 시간마다 특별히 활발한 생체 활동이 있지.** 예를 들어 밤 12시에는 세포의 재생력이 뛰어나다고 해. 새벽 2시쯤에는 성장 호르몬이 가장 활발하게 분비되고."

"그래서 아빠가 12시 전에 잠자리에 들라고 하시는 거예요?"

"그렇지. 성장기 아이들은 그 시간대에 잠을 푹 자야 키 크는 데 필요한 성장 호르몬이 분비돼. 어른들도 자정 근처에 잠을 자야 피로가 수월하게 회복된단다."

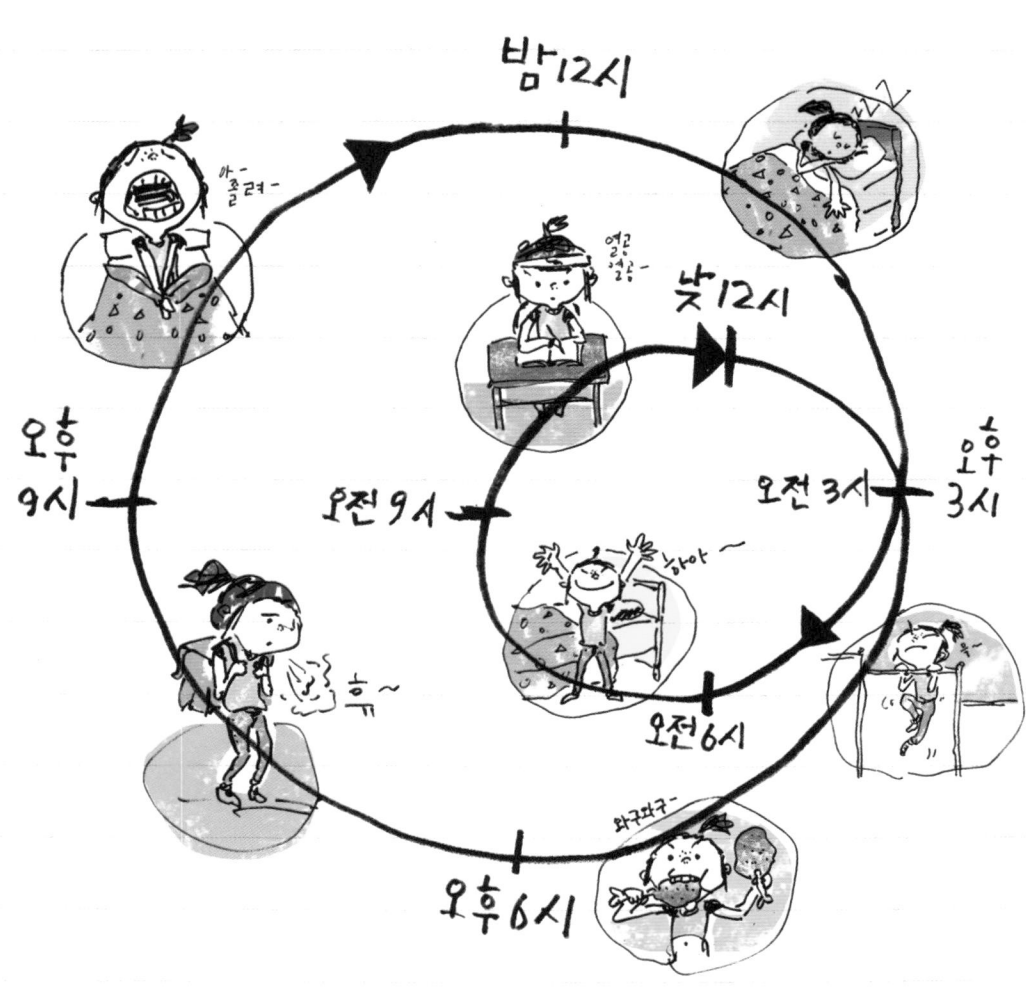

시간의 규칙을 찾아서

"와, 신기해요. 그럼 아침이랑 낮에는요?"

"오전 10시쯤에는 집중력이 높아져. 그래서 이 시간에 공부를 하거나 어려운 결정을 하면 효율적이지. 점심을 먹고 나서는 어떠니?"

초이가 부른 배를 어루만지며 말했다.

"점심에 밥을 많이 먹으면 졸리던데요."

아저씨가 초이를 쳐다보고 웃으며 말을 이었다.

"하하. 나도 그렇단다. 보통 점심을 먹은 뒤 오후 2시쯤에 식곤증이 나타나지. 오후 3시쯤에는 신체 활동을 하기 좋고, 5시쯤에는 식욕이 왕성해진단다. 오후 10시쯤에는 잠이 오고."

분희는 아빠의 이야기를 들으면서 시계를 들여다봤다.

"그럼 **사람의 생체 시계는 24시간을 ⭐ 주기로 규칙적으로 반복되네요.**"

초이가 의아해서 분희를 보고 물었다.

"왜 24시간이야?"

"밤 10시부터 자정을 지나고 아침과 정오, 다시 오후를 지나서 밤 10시로 돌아왔잖아. 시곗바늘이 두 바퀴를 도니까 24시간이지."

"어, 어."

> ⭐ **주기**
> 같은 현상이 한 번 나타나고 다음번 되풀이되기까지의 기간

초이가 분희의 말을 알아들은 것처럼 얼버무렸다.

"그래. 사람의 생체 시계는 하루, 즉 24시간마다 반복되는 걸 알 수 있지? 우리가 밤에 잠을 자고 아침에 일어나는 것, 밥 먹을 때가 되면 배가 고픈 것도 다 그 때문이고."

"그럼 제 배에서 꼬르륵 소리가 난 것도 생체 시계가 작동한 거네요."

"넓게 보면 그렇다고 할 수 있지. 밥 먹을 때가 돼도 밥을 먹지 않으니까 위가 빈 상태로 ★ 연동 운동을 해서 소리가 난 거야."

> **★ 연동 운동**
> 동물의 위나 장 근육이 수축하는 운동. 연동 운동을 통해 음식물이 이동한다.

"와, 몸의 생리 현상들이 생체 시계 때문이었다니."

"분희야, 다음부터는 배에서 꼬르륵 소리가 나도 창피해하지 마."

"뭐라고? 하하."

초이의 말에 분희도 그제야 활짝 웃었다. 이번에는 초이가 궁금한 걸 물었다.

"그런데, 아저씨, 사람의 몸이 시계처럼 작동한다는 걸 어떻게 알게 되었어요?"

아저씨가 눈을 가늘게 뜨면서 기억을 더듬었다.

"어느 과학자가 사람들을 상대로 생체 시계에 대한 실험을 했어. 규칙적으로 생활하던 사람들을 캄캄한 지하 창고에서 살게 했단다.

그런데 햇빛이 들지 않아 낮과 밤의 흐름을 모르는데도, 사람들이 약 25시간 간격으로 잠에 들고 깨어났다고 해. 평소의 습관대로 약 하루를 주기로 생활한 거지."

끄덕이는 분희와 달리 초이는 여전히 생각에 잠겨 있었다.

"초이는 아직도 궁금한 게 있나 보구나?"

아저씨가 초이에게 물었다.

"네, 어렴풋이는 알겠는데 확실히는 모르겠어요. 그럼 지금 벚꽃이 빨리 핀 것도 벚나무의 생체 시계 때문이에요?"

"어떻게 알았니?"

"그게 정말이에요?"

아저씨와 분희가 동시에 눈을 동그랗게 떴다. 초이가 조금 당황하며 말을 이었다.

"사람에게 생체 시계가 있다면 식물에게도 생체 시계가 있지 않을까요? 우리 집 앞 화단에 핀 나팔꽃은 새벽녘에 피었다가 해가 뜨면 지거든요. 사람들이 아침에 깨고 밤에 잠드는 것과 비슷해요."

"아, 식물에게도 생체 시계가 있구나. 그래서 **하루를 주기로 꽃이 피었다 지기를 반복하나 봐.**"

분희가 자신 있게 말했다. 아저씨가 이야기를 보탰다.

"잘 이해했구나. 그리고 식물은 1년을 주기로 작동하는 생체 시계도 따르지."

"1년이나요?"

"초이야, 나 알 것 같아. 식물은 1년에 한 번 열매를 맺잖아."

"봄에 새싹이 돋고 여름에 자라고 가을에 열매를 맺는 거?"

아저씨가 초이와 분희를 번갈아 보고 말을 이었다.

"그래. 1년을 주기로 싹이 트고 꽃이 피고 열매를 맺는 과정 모두가 식물의 생체 시계에 의해 이루어진단다. 식물들은 낮의 길이를 인식하고 꽃을 피우거든."

"식물이 낮의 길이를 안다고요?"

"대표적으로 카네이션, 시금치, 클로버 등은 낮의 길이가 12시간보다 길어야 꽃을 피워. 이렇게 12시간 이상 햇빛을 받아야 꽃을 피우는 식물을 장일식물이라고 하지. 국화나 딸기는 낮의 길이가 12시간보다 짧아야 꽃이 핀단다. 낮의 길이가 12시간보다 짧을 때 꽃을 피우는 식물을 단일식물이라고 해."

봄　　여름　　가을　　겨울

시간의 규칙을 찾아서

"그렇구나. 그냥 꽃이 피고 진다고만 생각했는데 식물이 햇빛의 영향을 받다니 신기해요."

"그럼 아저씨, 생체 시계의 주기는 한번 정해지면 바뀌지 않나요?"

"금방 바뀌지는 않지만 새로운 환경에 적응하면 생체 시계의 주기도 바뀐단다. 빛이나 온도를 이용하여 생체 시계의 흐름을 바꿀 수도 있단다. 예를 들어 식물에게 인공적으로 빛을 쪼여서 꽃이 피는 시기를 조절하기도 해."

"햇빛이 내리쬐는 것처럼 만들어서 생체 시계가 착각하도록 하는 거네요!"

초이가 무릎을 치며 말했다.

"정답이다. 지금은 초이 네가 시차 적응을 못해서 낮에 졸리지만, 이곳에서 계속 생활하면 네 생체 시계가 이곳에 적응해서 새로운 주기를 갖게 돼. 완전히 적응하면 낮에 졸리지 않겠지?"

"네, 얼른 적응해야겠어요. 이곳, 이 시간에……."

"자, 오늘은 초이가 많이 피곤할 테니 모두 일찍 잠자리에 들자. 초이는 분희 방에서 지내면 된다. 우리 집에 묵는 동안은 서로 가족처럼 생각하고 지내렴. 분희도 평소 동생이 있으면 좋겠다고 노래를 부르지 않았니?"

"네, 너무 갑작스럽지만……. 알겠어요."

시간의 규칙을 찾아서

분희도 싫지 않은 목소리였다. 초이와 분희는 이불을 펴고 나란히 자리에 누웠다. 옆에 있는 분희는 금방 잠이 들었지만, 초이는 쉽사리 눈을 붙일 수 없었다. 오늘 하루 동안 일어난 일들이 여전히 꿈만 같았다.

'꿈일 수도 있어. 아무 생각 하지 말고 얼른 자야지.'

초이는 엄마의 얼굴과 분희의 얼굴을 번갈아 떠올리다가 잠이 들었다.

과거로 돌아간 초이는 한낮에 깊은 잠에 들었습니다. 평소 낮잠을 자지 않던 초이가 왜 졸음을 참지 못했던 걸까요?

초이의 시간 여행 퀴즈

24와 60의 비밀

'꼬끼오.'

초이는 날카로운 닭 울음소리에 눈을 번쩍 떴다. 실제로는 처음 들어 보는 소리였다.

'헉. 엄마의 말이 사실이었어. 아침에 닭 울음소리를 듣고 일어나셨다더니.'

초이는 누운 채로 벽에 걸린 아날로그시계를 올려다 보았다. 짧은바늘은 숫자 7을, 긴 바늘은 숫자 12 근처를 가리키고 있었다. 분희는 벌써 일어나 밖에 나간 모양

시간의 규칙을 찾아서

이었다. 초이도 자리에서 일어나 찬찬히 분희의 방을 둘러보았다. 나무로 된 투박한 옷장, 바닥에 펼쳐 놓고 쓰는 낮은 책상, 방바닥에 깔린 이불들까지 초이의 방과는 많이 다른 모습이었다. 벽에는 1985년 2월의 달력이 걸려 있었다.

"자고 일어나면 집에 돌아와 있을 줄 알았는데……."

초이 눈에 눈물이 핑 돌았다. 초이는 발치에 다가온 왓치를 쓰다듬었다.

"그래도 너랑 같이 있어서 정말 다행이야."

"냐아옹."

왓치가 놀던 자리에 초이가 들고 온 깨진 모래시계가 놓여 있었다.

"왓치, 이걸 가지고 놀았어? 유리가 깨져서 다칠지도 몰라. 이리 줘."

초이가 분희의 책상 위에 모래시계를 옮겨 놓았다.

"초이 일어났니?"

문 밖에서 아저씨가 초이를 불렀다. 그때 문이 벌컥 열리면서 분희가 들어왔다.

"초이야, 아침 먹자."

분희가 초이의 손을 잡아끌었다. 어제는 투덜거렸지만 분희는 내심 새로운 친구가 생겨서 기뻤다. 초이도 엄마를 닮은 분희가 친절하게 대하자 기분이 좋았다. 분희가 밥상 위의 채소와 계란말이를 가리키며 말했다.

"우리 집에선 닭을 키워. 집 뒤쪽에 마당이랑 텃밭도 있고. 이 채소들은 직접 기른 거야. 계란도 아침에 꼬꼬가 낳은 거고."

"아침에 시끄럽게 울던 닭이 꼬꼬야? 으음, 맛있다!"

초이가 계란말이를 크게 한입 베어 물었다.

"분희야, 초이야, 너희 어쩜 그리 똑같이 흘리면서 먹니?"

아저씨가 분희와 초이가 흘린 밥풀을 떼어 서로의 얼굴에 붙였다. 분희와 초이가 마주 보고 웃음을 터트렸다.

한바탕 시끄럽게 아침을 먹은 후 분희가 방에 들어와 책가방을 챙겼다.

"초이야, 아직 시차 때문에 힘들지? 나 학교 다녀올 동안 좀 더 자 둬. 심심하면 이거, 우리 가족 사진첩인데 구경하든지. 이따 봐."

분희는 초이에게 사진첩을 건네고 서둘러 학교로 향했다.

"초이야, 아저씨도 옆 마을에 시계 고치러 다녀오마."

"네, 안녕히 다녀오세요."

혼자 남은 초이는 분희가 건넨 사진첩에 눈을 돌렸다.

'심심한데 사진이나 구경할까.'

사진첩을 펼치자 분희의 어린 시절 사진, 어릴 때 돌아가신 분희의 엄마 사진, 아저씨의 젊은 시절 사진 여러 장이 꽂혀 있었다. 분희가 유치원 때 찍은 흑백 사진에 초이의 눈길이 멈췄다. 사진 속 분희의 이름표에 '이분희'라는 이름이 선명했다.

"왓치, 이것 좀 봐. 엄마랑 이름만 같은 게 아니라 성도 똑같아!"

초이가 놀라서 소리쳤다.

"이야옹."

왓치도 눈을 깜빡이며 초이를 올려다봤다.

"아저씨도 외할아버지랑 너무 비슷하고 직업까지 같다니까."

"이야옹."

왓치도 초이와 같은 생각을 하는 것 같았다.

“아니야. 아닐 거야. 그럴 리가 없잖아. 왓치, 말 좀 해 봐.”

이상한 점이 한두 가지가 아니었다. 초이는 고개를 흔들며 사진첩을 세게 덮었다. 사진첩 표지에 흐릿하게 ‘1976~1985’라는 글씨가 적혀 있었다. 믿지 않으려 해도 믿을 수밖에 없었다.

“이건…… 내가 우리 집에서 봤던 사진첩이야…….”

초이는 벌떡 일어나 거실로 나가 집을 다시 둘러봤다. 오래된 집이지만 초이가 살던 집과 구조가 비슷했다.

시간의 규칙을 찾아서

'우리 집은 엄마가 외할아버지랑 살던 집을 현대식으로 개조한 거라고 들었어. 그럼 2층 다락방이 작업실일 텐데.'

초이는 부엌 옆에서 다락방으로 올라가는 문을 찾았다. 문을 열고 안을 들여다보자 초이의 집에 있는 것과 똑같은 나무 계단이 놓여 있었다.

"같은 장소야. 우리 엄마가 살던 집으로 온 게 확실해!"

초이는 멍한 표정으로 중얼거리면서 조심스레 나무 계단을 올라갔다. 계단 끝에 예상대로 아저씨의 작업실이 있었다.

'째깍, 째깍, 째깍, 째깍……'

한쪽 벽면을 가득 채운 여러 개의 벽시계에서 초침 소리가 요란하게 울려 퍼졌다. 시계를 만들다가 나가셨는지 책상 위에 작업 도구들이 어지러이 흩어져 있었다.

"지금은 창고로 쓰지만, 정말 작업실이었구나."

초이는 작업실 바닥에 앉아 한동안 멍하니 시계들을 올려다보았다. 초침 소리를 듣고 있으니 이상하게 마음이 편안해졌다.

언제 따라왔는지 왓치가 초이의 다리에 몸을 비볐다.

"왓치, 내가 여기 있는 걸 어떻게 알았어?"

초이가 왓치의 턱을 간질였다.

"여기는 외할아버지께서 쓰시는 작업실이야. 돌아가신 분을 만나게 될 줄이야! 그리고 엄마가 열 살이라니, 믿기니? 근데 엄마도 밥

풀을 흘리지 뭐야. 하하하.”

초이는 엄마도 열 살 땐 자기와 똑같았다는 사실이 재밌어서 바닥을 데굴데굴 구르며 웃었다.

'쿵!'

초이가 작업실 책상 다리에 머리를 부딪쳤다. 그 순간 탁자 위에 있던 무언가가 초이의 머리 위로 떨어졌다.

"으앗! 이게 뭐지?"

초이는 머리를 쓰다듬으며 그 물건을 보았다.

"시계 숫자판이잖아?"

시계 숫자판에는 1과 2만 붙어 있고 나머지 숫자 조각들은 초이 주변에 떨어져 있었다. 숫자 조각 뒷면이 끈적끈적한 걸 보니 붙인 지 얼마 안 된 것 같았다.

"어떻게 하지? 외할아버지, 아니, 아저씨가 만든 시계를 내가 망가뜨린 것 같아. 아직 접착제가 마르지 않았으니 다시 붙이면 될지도 몰라."

초이는 중얼거리며 바닥에 흩어진 숫자 조각들을 모으기 시작했다.

"3, 4, 5, 6, 7, 8, 9, 10, 다 모았다! 11하고 12도 있었던 것 같은데……."

여기저기 살펴봤지만 11과 12 숫자 조각은 온데간데없었다.

"어디로 간 거지? 원래 없었나 봐."

"이야옹……."

왓치가 고개를 갸우뚱하며 그르렁댔다. 초이는 숫자 조각을 보면서 말을 이었다.

"10시까지만 있는 시계가 있을 수도 있잖아. 1부터 10까지만 붙이면 그만 아니야?"

초이는 대롱대롱 매달려 있는 숫자 조각 1, 2도 떼었다. 그리고 10까지의 숫자를 동그란 시계 숫자판 가장자리에 빙 둘러 붙였다. 1부터 10까지 일정한 간격으로 붙이자 원래 12가 있던 자리 근처에 10이 놓이게 되었다.

"숫자 사이의 간격이 조금 넓긴 하네. 할 수 없지 뭐."

초이가 머리를 긁적이고 있는데 아래층에서 분희의 목소리가 들렸다.

시간의 규칙을 찾아서

"초이야, 나 왔어."

"앗, 엄마다."

초이는 새로 붙인 시계판을 다시 책상 위에 놓고 서둘러 나무 계단을 내려왔다.

분희는 마당에서 초이를 찾고 있었다. 초이는 아저씨의 작업실에서 있었던 일을 들킬까 봐 먼저 분희에게 말을 걸었다.

"왔어? 엄…… 아니 분희야, 학교에서 재미있었어?"

엄마라는 말이 튀어나올 뻔했지만 그 사실을 말할 수는 없는 노릇이었다. 초이는 당분간 엄마를 동갑내기 친구처럼 대하기로 마음먹었다.

"응, 재미있는 소식이 있어."

분희는 초이가 물어보길 기다렸다는 듯이 신나게 이야기를 꺼냈다.

"학교에서 다음 주에 불우 이웃 돕기 장터가 열린대. 각자 집에서 안 쓰는 물건을 가지고 와서 사람들에게 팔면 되는 거야. 장터에서 번 돈으로 불우 이웃을 돕는 거래!"

"와! 우리가 직접 팔 수 있다고?"

"그렇다니까. 초이 너도 같이 가자."

"좋아! 근데 우리는 뭘 내놓지?"

"뒷마당 창고에 탁상시계 여러 개가 있어. 팔리지 않아서 오래전부터 자리만 차지하고 있는 것들이야. 아빠에게 그걸 팔자고 말씀드리자."

초이는 불우 이웃 돕기 장터에서 시계를 팔 생각을 하니 신이 났다. 숫자 10까지만 붙여 놓은 시계는 잊은 지 오래였다. 그때 아저씨가 들어왔다.

"아빠!"

분희가 달려가 불우 이웃 돕기 장터에 대한 소식을 전했다.

"참 좋은 생각이구나. 그렇지 않아도 탁상시계들이 자리를 차지하고 있어서 골치였거든. 지금 창고에 가서 물건을 꺼내자꾸나. 내

시간의 규칙을 찾아서

일 아침에 학교에 가져다주마.”

“좋아요!”

초이와 분희가 자리에서 일어나며 동시에 대답했다.

“창고도 치우고 불우 이웃도 돕고! 이런 걸 일석이조라고 하지.”

둘은 신나서 아저씨를 따라 뒷마당 창고로 갔다. 창고 안에는 탁상시계가 들어 있는 손바닥만 한 상자가 가득 쌓여 있었다.

“여기 쌓여 있는 것들을 내다 팔도록 하자. 얘들아, 몇 개인지 세어 볼래?”

분희가 먼저 상자의 개수를 세기 시작했다.

“하나, 둘, 셋, 넷, 다섯, ……, 열, 열하나, 열둘, ……, 서른일곱, 서른여덟, …… 앗, 어디까지 셌더라?”

“에이, 2개씩 묶어서 세어야지. 잘 봐.”

초이가 분희를 나무라며 상자로 다가갔다.

“둘, 넷, 여섯, 여덟, 열, …… 스물여섯, 스물여덟, …… 마흔넷, 마흔…… 으앗, 몇이지?”

두 개씩 묶어 셌지만 초이 역시 세던 숫자를 놓치고 말았다.

“하하. 초이의 아이디어가 좋구나. 하지만 시계가 너무 많다 보니 두 개씩 묶어도 정확히 세기 힘들지? 너희, 2를 1배, 2배, 3배 한 2, 4, 6과 같은 숫자를 뭐라고 부르는지 아니?”

아저씨가 물었다.

"2를 1배, 2배, 3배 했다고요? 음……."

초이는 잘 모르겠는지 말꼬리를 흐렸다.

"몇 배 한 수요? 배수라고 해요!"

분희가 자신 있게 대답했다.

"그래, 맞다. **2를 1배, 2배, 3배, …… 한 수를 2의 배수라고 한단다.** 그럼 5, 10, 15, ……와 같이 5를 1배, 2배, 3배, …… 한 수는 뭐라고 할까?"

"5의 배수?"

이번에는 초이가 대답했다.

"그래, 맞아. 2개씩 묶어 세는 건 2의 배수, 3개씩 묶어 세는 건 3의 배수를 활용한 거란다. 너희도 알다시피, **많은 수를 셀 때는 한 개씩 세는 것보다는 묶어서 세는 게 정확하고 빠르거든.**"

"전 2개씩 묶어 셌지만 실패했는걸요."

초이가 아까 일을 떠올리며 말했다.

★ 단위
하나의 조직을 구성하는 기본 덩어리. 길이, 무게, 시간 등을 수치로 나타낼 때 기초가 되는 일정한 기준

"너무 조금씩 묶어 세면 묶음의 수가 많아져서 그렇단다. 그러니 **큰 숫자를 셀 때는 적당히 큰 ★ 단위로 묶는 것이 좋겠지?** 옛날 사람들은 손가락 수만큼 5개씩 묶어 세거나, 양쪽 손가락 수를 더해 10개씩 묶어 세었단다."

아저씨가 양손을 활짝 폈다. 분희가 말을 보

시간의 규칙을 찾아서

됐다.

"아빠, 시계도 그렇지 않아요? 시계도 한 칸에 5분씩이잖아요."

"그렇구나. 시계도 숫자와 다음 숫자 사이에 5분씩 들어 있네. 그래서 5의 배수를 알면 시계를 읽기 쉽지."

"5의 배수를 알면 쉽다고요?"

초이가 놀라서 되물었다.

"초이는 아직 시계와 친하지 않은 모양이구나. 시계의 분을 읽기가 얼마나 쉬운데. 시계의 숫자와 숫자 사이는 다섯 칸으로 나뉘어 5분이 된단다. 쉽게 말하면 숫자 하나당 5분씩이야. 그러니 각 숫자에 5를 곱하면 분이 되지."

"맞아, 나는 분침이 1을 가리키면 5의 1배라고 생각해. 2를 가리키면 5의 2배인 10분이고. 그리고 3을 가리키면 5의 3배니까 15분. 이렇게 말야."

초이가 무릎을 탁 치며 말했다.

"그래서 분침이 6을 가리키면 5의 6배, 5×6=30, 30분이구나!"

"그래. 쉽지? 자, 이제 다시 상자의 개수를 세어 볼까?"

"네에!"

초이는 이제 분침을 읽을 수 있다는 생각에 매우 기뻤다.

"분희야, 우리 이번엔 10개씩 세어 볼래?"

"응. 그리고 헷갈리지 않도록 10개씩 따로 쌓아 두자."

시간의 규칙을 찾아서

"와, 좋은 생각이야."

초이가 박수를 치며 말했다. 초이와 분희, 아저씨는 작은 시계 상자를 10개씩 모아 마당 한구석에 쌓기 시작했다. 셋이 힘을 합치니 5분도 지나지 않아 창고 안이 깨끗해졌다. 분희가 마당에 쌓은 상자들을 세며 말했다.

"10개씩 묶은 묶음이 모두 10개예요. $10 \times 10 = 100$이니까 총 100개예요."

분희가 말했다.

"그리고 100은 10의 배수이고요."

초이도 한마디 거들었다.

"아저씨, 그런데요, 5개씩, 10개씩 묶는 것 말고 다른 방법은 없어요?"

초이가 시계 상자 더미를 큰 상자에 옮겨 담으면서 아저씨에게 물었다.

"있고말고. **특정 물건을 특정 개수만큼 묶어 세는 경우도 꽤 많아. 그럴 경우에 그 묶음이 단위로 쓰이기도 한단다. 연필을 12개씩 묶어서 1다스를 만들거나, 달걀 30개를 묶어서 1판으로 만드는 것처럼 말이야.** 마늘 한 접은 100개를 말하고, 바늘 한 쌈은 24개란다. 예전부터 묶어 세던 개수가 단위가 된 것이지."

분희가 무언가가 생각난 듯 손가락을 튕겼다.

연필 1다스= 12 개

계란 1판 =30개

일주일= 7일

5

하루= 24 시간

"물건 말고 시간도 묶어 셀 수 있어요!"

"시간을 묶어 세다니?"

"그게 무슨 말이냐, 분희야?"

두 사람의 시선이 모이자 분희가 씨익 웃었다.

"아이참. 7일을 묶어서 1주일이라고 하잖아. 1주일이 곧 7일을 뜻하고."

"아하, 맞아. 12달을 1년이라고 해."

초이가 맞장구쳤다.

"하하, 그렇구나. 그렇게 따지면 하루의 시간도 묶을 수 있어. 60초는 1분이고, 60분은 1시간이고, 또 오전 12시간과 오후 12시간을 합친 24시간은 하루로 묶이잖니."

그 순간 초이의 머리에 작업실에서 만졌던 시계가 떠올랐다. 아저

시간의 규칙을 찾아서

씨의 이야기대로라면 무언가 잘못 만진 것이 틀림없었다.

"저…… 아저씨, 여쭤 볼 게 있어요. 오전 12시간, 오후 12시간이면 모든 시계는 숫자가 1에서 12까지 있는 건가요? 10까지만 있고 11, 12가 없는 시계는 잘못된 거예요?

아저씨는 고개를 갸웃하며 대답했다.

"음…… 하루의 반이 10으로 나눠진 시계라? 잘못됐다고는 할 수 없을 것 같구나. 예전에 프랑스에서 11과 12가 없는 시계가 잠깐 등장했다고 해. 하루를 20시간으로 바꾸려는 사람들이 있었거든. 하지만 오래전부터 하루를 24시간으로 나누어 생각했기 때문에 그 방식이 쉽게 바뀌지 않았지."

11과 12가 없는 시계 이야기에 초이의 얼굴이 다시 어두워졌다. 얼른 작업실에 들어가 잃어버린 11과 12를 찾아 붙여야 했다.

"초이야, 왜 그래? 표정이 안 좋은데."

"괜찮아. 갑자기 궁금한 게 생겨서. 아저씨, 그런데 왜 하필 낮과 밤을 12개로 나눈 거예요? 다른 숫자도 많잖아요."

"맞아요! 10개로 나눠도 되었을 텐데……."

분희도 맞장구쳤다.

"원래 하루가 24시간이라서가 아닐까? 24의 절반이 12잖아."

"아빠, 옛날 사람들은 엄청 머리가 좋았나 봐요. 하루가 24시간인 걸 알았으니까요."

"하하. 분희야, 하루가 24시간인 것을 알았다기보다는 하루를 24시간으로 나누기 시작했다고 말하는 편이 옳을 것 같구나. 기원전 3000년쯤 이집트 인들이 하루를 24시간으로 나누어 쓰기 시작했는데 그게 ⭐ 수메르 인들의 영향을 받은 것이라지."

"에취!"

그때 초이가 크게 재채기를 했다. 아저씨가 겉옷을 고쳐 입으면서 말했다.

"애들아, 우리 이것부터 다 옮겨 놓고 들어가서 이야기하자꾸나. 아직 초봄이라 해질 무렵에는 쌀쌀해."

"네."

아저씨를 도와 짐을 옮기는 사이에도 초이의 호기심은 꺼지지 않았다.

"그런데 분희야, 수메르 인은 왜 시간을 나누기 시작했을까?"

"음…… 그건."

분희가 대답하지 못하자 아저씨가 거들었다.

"조금 힌트를 주마. 수메르 인들은 한자리에 정착해서 농사를 짓고 살았어. 너희들은 농촌에서 지내 보지 않아 모르겠지만 농사를 지을 때는 계절의 변화를 읽는 것이 매우 중요하단다. 아마 당시 사람들은 농사를 잘 짓기 위해서 해마다 되풀이되는 계절의 흐름을 연구했

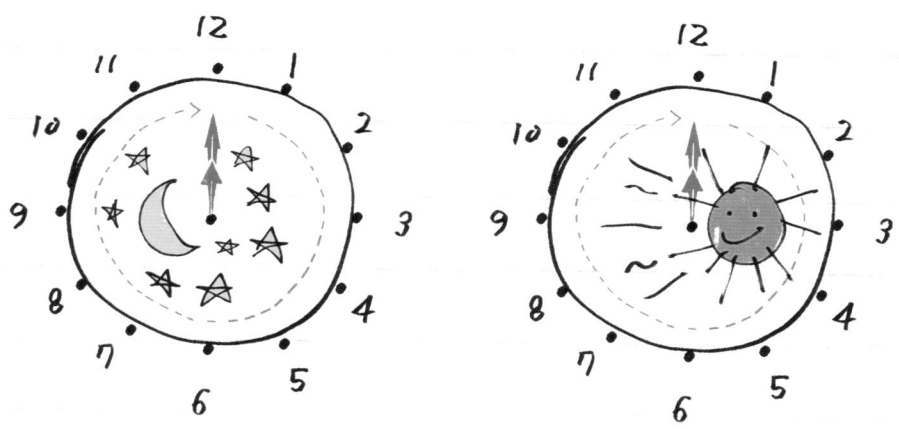

을 거야.”

“아, 알겠어요. 날마다 계절의 변화를 살피다 보니…….”

“자연스럽게 시간의 흐름에도 관심이 생겼겠네요.”

분희가 시작한 말을 초이가 맺었다.

“그렇지. **수메르 인은 계절은 물론이고 매일 낮과 밤이 규칙적으로 바뀐다는 사실도 알았단다. 그래서 생활하기 편하도록 낮과 밤 시간을 적당한 간격으로 나눈 것이지.** 그들이 밤 시간을 12개, 낮 시간을 12개로 나누어 하루를 24시간으로 사용하던 것이 지금까지 이어져 오고 있는 것이란다.”

아저씨가 말을 이었다.

“옛날에는 시간을 일정한 간격으로 나누지 않았다고 하더구나. 시간의 단위라는 개념도 확실치 않았을 거야. 아마 처음에는 해가 뜨고 지는 간격이 일정하다는 정도만 알았을 거다. 그러다 사회가 발달하면서 하루라는 시간을 일정한 간격으로 정확하게 나누고 숫자를 매겨 구분하게 됐단다."

"왜 굳이 시간이라는 걸 재고, 힘들게 시곗바늘을 읽어야 하는 건지 모르겠어요."

초이가 조그맣게 중얼거렸다. 옆에서 그 소리를 들은 분희가 웃으면서 말했다.

"만약 시간을 정하지 않으면 얼마나 불편하겠어? 약속 시간이 정확하지 않으니까 친구를 하루 종일 기다려야 될지도 몰라."

"그래. 시간이 재각각이면 정말 불편할 거야. 자, 이제 시계를 큰 상자에 다 담았으니 들어가서 이야기하자꾸나. 초이가 아까부터 안색이 안 좋은 게 감기 기운이 있는 것 같아."

아저씨는 부엌으로 들어가서 초콜릿 쿠키가 담긴 쟁반을 들고 나왔다.

"상자 나르느라 힘들었지? 간식 먹자."

"와! 감사합니다."

초이와 분희는 눈이 동그래져서 초콜릿 쿠키를 집어 먹었다. 일하고 난 뒤라 더 맛있었다.

"그래, 이걸로 설명해 주면 되겠구나!"

"네에?"

초이와 분희는 입안에 쿠키를 가득 넣고 아저씨를 바라봤다. 아저씨는 쟁반에 남은 12개의 쿠키 중 2개를 집어서 주먹 안에 감췄다.

"애들아, 잠깐 멈춰 봐. 지금 쿠키가 10개 남아 있는데 이걸 우리 셋이 똑같이 나눠 먹으려면 어떻게 해야 할까?"

"에이, 갑자기 웬 수학 문제예요?"

"어렵게 생각하지 말고 한번 말해 보렴."

아저씨가 빙긋이 웃으면서 다시 물었다. 초이가 입을 삐죽이며 대답했다.

10개는 셋이 나누기 어렵네.

하나가 남아.

"10÷3을 하면 몫이 3이고 나머지가 1이니, 각자 3개씩 먹으면 돼요. 남은 1개는, 음…… 어떻게 하지? 그냥 가위바위보 해서 이긴 사람이 먹기로 해요."

"하지만 그건 똑같이 나눠 먹는 것이 아니잖아. 공평하지 않아."

분희가 볼을 부풀리며 말했다.

"가위바위보가 얼마나 공평한데."

"마지막 1개도 세 조각으로 쪼개서 나눠 먹어야지."

"자자, 이러다 싸우겠다. 그럼 여기 쿠키 2개를 더할게. 이제 12개야. 12개를 셋이서 똑같이 나누려면 어떻게 하지?"

아저씨의 말이 떨어지자마자 초이가 대답했다.

"12÷3=4로 나누어떨어지니까 한 사람이 4개씩 먹으면 돼요. 이건 공평하지?"

초이가 분희에게 물었다.

"그래."

분희도 바로 끄덕였다.

"하하. 얘들아, 아까 수메르 인이 왜 낮과 밤을 12개로 나누었는지 물었지? 지금 너희들이 그 답을 알아낸 거야. 수메르 인들도 10개보다 12개로 묶어 세는 것을 좋아했을 거야."

"네?"

"12로 묶어 세는 것을 좋아했다고요?"

68

시간의 규칙을 찾아서

초이와 분희가 동시에 물었다.

"그래. 10개는 나누기 어려웠지만 12개는 쉽게 나눴잖니."

"야아옹."

그때 마당을 맴돌던 왓치가 쟁반 위의 초콜릿 쿠키에 다가왔다.

"왓치, 너도 먹고 싶니? 너까지 끼면 넷으로 나눠야 하는데……."

초이의 말에 분희가 외쳤다.

"앗! 12개는 4로 나누기도 편한걸. 12÷4=3이니까 3개씩 먹을 수 있어."

"6명이면 어떻겠니?"

아저씨가 분희에게 다시 물었다.

"12개를 6으로 나누면 6명이 각각 2개씩 먹을 수 있어요!"

"그래. 어떤 수를 나누어떨어지게 하는 수를 그 수의 약수라고 한단 다. 12는 1, 2, 3, 4, 6, 12로 나누어떨어져. 10은 1, 2, 5, 10으로 나 누어떨어지지. 12는 약수가 6개고 10은 약수가 4개지? 그래서 10개보 다 12개일 때 여러 명이 나누어 가지기 쉬운 거란다."

초이와 분희가 쿠키 12개를 이리저리 옮겨 보며 고개를 끄덕였 다. 아저씨가 다시 덧붙였다.

"아마도 낮과 밤도 같은 이유로 12로 나누게 되었을 거야. 물건을

12로 묶어 세는 수메르 인의 풍습이 시간을 헤아리는 데에도 쓰인 셈이지. 하지만 먼 과거에는 지금처럼 하루를 일정한 간격으로 24 등분 하지는 않았다고 하는구나. 그 당시에는 밤하늘의 별 12개를 정해 놓고 별 1개가 질 때마다 1시간이 지난 것으로 생각했다고 해. 요즘처럼 24시간으로 정확히 나누기 시작한 건 기계식 시계가 등장하면서부터란다."

"그럼 낮에는요?"

"막대를 세우고 막대의 그림자가 지나가는 길을 12개로 나누었다고 하지."

"그러기 위해서는 계속 별을 보고 있거나 그림자를 보고 있어야 했겠네요."

"그렇게 힘들게 시간의 규칙을 찾아낸 거예요?"

초이와 분희가 동시에 외치고 서로를 바라봤다.

"그렇지. 그런 노력 덕분에 시간의 개념을 이해하고 시간을 잴 수 있게 된 거 아닐까?"

초이는 시간의 흐름을 읽어낸 과거 사람들의 노력에 놀라지 않을 수 없었다.

"애들아, 수메르 인들이 좋아했던 숫자가 또 있단다. 몇인 줄 아니?"

"글쎄요?"

초이와 분희가 고개를 갸우뚱했다.

"바로 60이란다."

"60도 약수가 많은가요?"

분희의 질문이 끝나기도 전에 초이가 대답했다.

"가만 있어 봐, 내가 찾아볼게. 60을 나누어떨어지게 하는 숫자! 1은 무조건 들어가고, 짝수니까 2로 나누어떨어지고, 3으로도 나누어떨어지고, 4는 되나 안 되나? 음…… 아저씨, 약수를 어떻게 구해야 할지 모르겠어요."

"후훗. 내가 더 잘할 수 있거든. 나누어떨어지게 하는 숫자뿐 아니라 몫도 약수가 된다는 사실을 알아야지! 곱셈으로 찾아야겠다."

분희는 방으로 쪼르르 달려가서 공책과 연필을 가져왔다. 그리고 곱해서 60이 되는 식을 모두 써 내려갔다. 1분도 지나지 않아 분희가 고개를 들었다.

"다 했다. 60의 약수는 1, 2, 3, 4, 5, 6, 10, 12, 15, 20, 30, 60."

초이는 분희가 종이에 써 놓은 60의 배수를 보고 박수를 쳤다.

"분희, 대단하다! 약수가 무

려 12개야!"

"1부터 6까지가 모두 60의 약수
라니 신기해."

"게다가 5의 배수인 5, 10, 15,
20도 포함되어 있어. 60개로 세
어 두면 여러 경우에 물건을 나누
기가 무척 편리했겠는걸."

"그래. 60개씩 묶어 세던 것을 분
과 초에 적용하여 1분은 60초, 1시
간은 60분으로 나눠 재게 된 것이
란다."

$$5분 \times 12 = 60분$$
$$10분 \times 6 = 60분$$
$$15분 \times 4 = 60분$$
$$20분 \times 3 = 60분$$
$$30분 \times 2 = 60분$$

아저씨가 둘의 대화를 거들었다.

"이제 하루가 24시간이 된 이유,
1시간이 60분이고 1분이 60초인 이유를 알겠어요."

분희가 활짝 웃으며 말했다.

"다들 고생했으니 잠시 쉬렴. 나는 올라가서 아까 붙여 놓은 시계
숫자 조각들이 잘 말랐는지 봐야겠다."

초이는 작업실에 올라간다는 아저씨의 말에 깜짝 놀랐다.

'어쩌지? 아저씨가 보시고 화내실 게 분명해. 이렇게 된 거 솔직
하게 말씀드리는 게 낫겠어.'

초이는 용기를 내기로 했다.

"저…… 드릴 말씀이 있어요."

"초이, 또 궁금한 게 있니?"

"실은 아까 혼자 있을 때 아저씨의 작업실에 들어갔어요. 거기서 왓치와 놀다가 아저씨가 작업하시던 시계를 떨어뜨렸지 뭐예요. 11과 12가 사라진 것도 모르고 1부터 10까지만 붙여 놓고 내려왔어요. 시계에 숫자가 꼭 12까지 있어야 되는지 아까는 몰랐거든요."

아저씨는 초이와 분희를 번갈아 보고 잠시 생각에 잠겼다가 초이의 등을 토닥여 주었다.

"그래서 아까 시계 숫자 이야기가 나왔을 때 그렇게 시무룩했구

시간의 규칙을 찾아서

나.”

“네. 죄송해요.”

“괜찮아. 말해 줬으니 됐다. 시계는 다시 만들면 되지. 우리 함께 올라가서 12까지 숫자 조각을 붙이자꾸나.”

“정말요? 감사합니다.”

아저씨의 말에 초이의 얼굴이 환해졌다. 비록 과거로 왔지만, 초이에게는 엄마와 외할아버지가 함께 있는 이 순간이 소중하게 느껴졌다.

초이의
시간 여행
퀴즈2

왜 하루의 반을 10시간이 아닌
12시간으로 나누게 되었을까요?
1시간은 왜 60분으로 나눌까요?

거꾸로 도는 해시계

"왓치, 분희는 언제 오는 걸까? 분희가 없으니까 심심하다."

분희가 학교에 간 지 한 시간밖에 지나지 않았지만 초이는 벌써 분희가 보고 싶었다. 마루에 앉아 혼자 공깃돌을 만지작거리자니 너무 지루했다. 왓치도 지루한지 마당을 어슬렁거리다가 나무 그림자 속으로 쏙 들어가 앉았다.

"너 햇빛이 안 드는 그림자에 숨어서 낮잠 자려고 그러는구나? 나랑 놀자, 왓치. 응?"

왓치는 초이의 말에 아랑곳하지 않고 그늘 한복판에 자리를 잡고 앉았다.

"쳇. 그래, 쿨쿨 자렴. 나 혼자 놀지 뭐."

초이는 또다시 공깃돌을 던지며 심심함을 달랬다. 아직 쌀쌀해서 햇볕이 잘 드는 따뜻한 구석에 자리를 잡았다. 혼자 하는 놀이라 재미는 없었지만 이런저런 생각을 하기에는 안성맞춤이었다.

'왜 과거에 오게 된 거지? 나는 평생 여기서 살아야 하는 걸까? 그건 말도 안 돼……'

'꼬르륵.'

꼬르륵 소리에 정신을 차려 보니 어느새 해가 높이 떠 있었다. 생각에 빠진 사이에 정오가 된 모양이었다. 초이는 손목에 차고 있던 디지털시계를 보았다. 하지만 액정에 아무 숫자도 뜨지 않았다.

'건전지가 다 닳았나 보다. 벽시계는 시곗바늘 때문에 아직 헷갈리는데, 지금 대체 몇 시지?'

나무 아래 앉아 졸고 있는 왓치를 언뜻 보니 한쪽 귀가 그늘 바깥으로 삐져나와 있었다.

"에고, 그늘로 쏙 들어가지. 왓치 너 이따가 깨면 눈부시겠는걸. 음…… 나는 뭘 좀 먹어야겠다."

초이는 먹을 걸 찾으러 부엌으로 갔다. 부엌 한쪽에 아저씨가 준비해 둔 점심 밥상이 놓여 있었다. 초이는 밥 한 그릇을 맛있게 비우고 빈 그릇을 깨끗이 씻었다. 혼자 먹은 밥상을 치웠을 뿐인데 땀이 흘렀다.

'집에서 엄마는 매일 이렇게 땀이 났겠구나. 힘든 일인 줄 알았으면 도와드리는 건데…….'

다시 마루에 나가자 집 앞의 작은 꽃나무들이 눈에 들어왔다. 햇살을 받아 잎사귀들이 반짝거렸다.

"오전에는 햇볕이 따뜻했는데 오후가 되니까 따갑게 느껴지네."

초이는 아까 앉았던 자리 대신 그늘진 곳으로 자리를 옮겼다.

"이제 그늘에 앉아서 놀아야지."

"이야옹."

초이의 목소리에 깼는지 왓치가 일어났다. 초이 역시 소리를 듣고

쿨쿨~

북

서

동

남

북

서

동

남

왓치 쪽을 바라보았다. 왓치는 해를 올려다보며 이마를 잔뜩 찌푸리고 있었다. 초이는 그 모습에 웃음이 터졌다.

"푸하하. 눈부셔? 너 아까 그늘에 들어갔었는데……."

초이는 말을 멈추고 왓치가 앉아 있던 자리를 다시 돌아봤다. 그러고 보니 나무 그림자 위치가 아까와는 사뭇 달라져 있었다.

"아, 나무 그림자가 움직였구나!"

초이는 눈이 동그래져서 왓치를 붙잡고 중얼거렸다.

"너도 봤지? 오전에서 오후로 시간이 지날수록 그림자가 서쪽에서 동쪽 방향으로 움직이고 있어."

"맞아. 나도 예전에 관찰한 적이 있어."

분희의 목소리가 초이를 거들었다.

"어? 분희야, 왔어? 나 오늘 하루 종일 너무 심심했다. 공기놀이하는 것도, 왓치랑 얘기하는 것도 하루 종일 하려니까 지겹더라고. 건전지가 떨어져서 시간도 모르겠고."

초이가 하고 싶던 말을 한 번에 쏟아 냈다. 분희도 반가운 표정으로 대답했다.

"나도 같이 놀려고 학교 끝나자마자 오는 길이야. 근데 저기 벽시계 있는 거 몰랐구나?"

분희의 질문에 초이는 조금 망설이다가 작게 대답했다.

"으음…… 아니. 사실은 내가 바늘이 돌아가는 시계를 잘 못 보거든."

"뭐? 아날로그시계를 못 읽는다고?"

"정확히 말하면 시계를 못 읽는 것은 아니지. 숫자가 나오는 디지털시계는 읽을 수 있어. 바늘이 돌아가는 시계를 못 읽는 것뿐이야."

그때 아저씨가 대문을 밀며 들어왔다.

"아저씨, 다녀오셨어요."

"아빠, 초이가 시계 보는 법을 모른대요."

초이는 창피한 마음에 눈을 내리깔고 있었다.

"그럴 수도 있지. 분희 너도 올해 초에 배웠으면서 뭘. 초이야, 아저씨가 가르쳐 주마. 아주 쉽단다."

"정말요? 감사합니다!"

초이는 꾸벅 인사를 했다. 시계를 직접 만드는 아저씨라면 쉽게 설명해 줄 것 같았다.

"분희야, 네 방에 있는 시계 좀 가져오렴."

아저씨는 분희가 가져온 시계의 시곗바늘 세 개를 차례로 가리키며 말했다.

"아날로그시계에는 보통 바늘이 세 개 있단다. 짧은 바늘이 시간을 나타내는 시침, 긴 바늘이 분을 나타내는 분침, 가느다랗고 가장 긴 게 초를 나타내는 초침이야. 초침이 없이 시침과 분침만 있는 시계도 있고."

"저도 시곗바늘은 구별할 줄 아는데요, 읽는 게 어려워요."

초이가 시계를 흘겨보며 작게 말했다.

"시간은 시침이 가리키는 숫자를 그대로 읽어 주면 돼. 시곗바늘이 1부터 2 사이에 있으면 1시, 2부터 3 사이에 있으면 2시란다."

"분과 초는 배수만 알면 읽기 쉬워. 기억 안 나?"

분희의 말에 초이의 표정이 밝아졌다.

"아, 생각났어! 곱하기 5! 숫자 1을 가리키면 5분, 2를 가리키면 10분, 3을 가리키면 15분이 되는 거였지?"

시간의 규칙을 찾아서

"맞아."

"그런데 분침이 숫자와 숫자 사이에 있으면 어떻게 읽어?"

"숫자와 숫자 사이를 자세히 보면 눈금이 그려져 있어."

분희가 시계판 가장자리의 눈금들을 가리키며 말했다.

"정말 있네."

"분침이 한 칸 움직이면 1분이 지난 거야. 초침이 한 칸 움직이면 1초가 지난 거고."

"시계에는 이 작은 칸이 모두 60개 있단다."

$$5분 : 30°$$
$$10분 : 60°$$
$$15분 : 90°$$
$$30분 : 180°$$
$$60분 : 360°$$

아저씨가 설명을 보탰다.

"이제 알 것 같아요! 초침이 한 바퀴 돌아서 60초가 지나면 1분이죠. 분침이 한 바퀴 돌아서 60분이 지나면 1시간이고요!"

초이가 자기도 모르게 크게 소리쳤다.

"그래. 그리고 시침이 한 바퀴 돌면 12시간이 흐른 거야."

"시침이 두 바퀴 돌면 24시간, 즉 하루가 돼요."

분희와 초이가 거의 동시에 말했다.

"이제 완전히 알았구나. 가끔 눈금이나 숫자판이 없는 시계도 있는데, 그럴 때는 바늘이 이루는 각도로 가늠하면 된단다. 한 바퀴가 360도이니까 반 바퀴는 180도, $\frac{1}{4}$바퀴는 90도야. 12시간의 $\frac{1}{4}$인 3시간은 90도인 셈이지. 즉 시침이 30도만큼 움직이면 1시간이 지난 거란다."

3시 38분 5초

초이는 고개를 크게 끄덕이면서 시계를 노려봤다.

"그럼 지금은 짧은 바늘이 3과 4 사이에 있으니까 3시, 긴 바늘이 7에서 작은 눈금 3칸을 더 갔으니까 38분, 3시 38분이에요. 초침은 5초를 지났고요."

"응. 40분이 되기 2분 전이니까 38분 맞아."

"처음부터 이렇게 잘 가르쳐 주지……."

"뭐라고, 초이야?"

초이가 중얼거리자 분희가 다가오며 물었다.

"하하. 예전에, 아니 미래에…… 있던 일이 생각나서."

"엉뚱하긴. 미래를 꼭 과거처럼 말하네."

초이는 분희의 모습과 엄마가 겹쳐져서 기분이 묘했다. 시계 읽는 법을 익힌 것이 밀린 숙제를 한 것처럼 개운했다. 그때 또 다른 호기심이 생겼다.

"옛날에는 시계 없이 어떻게 살았을까? 시간을 어떻게 측정했지?"

"옛날 사람들은 자연을 이용해서 시간을 측정했단다. 그 대표적인 예가 태양이야."

마루에 걸터앉은 아저씨가 지는 해를 바라보며 말했다.

"아저씨, 그게 해시계예요?"

북반구에서 해와 그림자의 이동 방향

"그래. 계속 태양을 바라봐야 하는 건 아니야. **해가 물체를 비출 때 드리워지는 그림자의 움직임을 읽는 거지.**"

초이는 아까 있던 일이 떠올라 말했다.

"오늘 제가 하루 종일 마루에서 봤는데, 마당에 있는 나무의 그림자가 조금씩 움직이더라고요."

"**해가 동쪽에 떠서 남쪽으로 돌아 서쪽으로 지기 때문이야.**"

"그림자는 태양의 반대편에 생기니까, 그림자가 태양과 반대 방향으로 움직이는 거였구나."

초이가 머릿속에 태양의 움직임을 그리면서 말했다.

"그래서 그림자는 서쪽에서 동쪽으로 움직이게 돼. 그리고 정오에 가까워질수록 그림자 길이가 짧아지고, 정오가 지나면 다시 길어져."

"그 이유를 알 것 같아요. 정오에 태양이 가장 높이 뜨기 때문에 그림자가 작아지는 거죠?"

"맞다. 태양의 ★ **고도**가 높을수록 그림자의 길이는 짧아져. 그래서 그림자의 길이는 낮 12시가 될수록 짧아졌다가 오후가 되면 점점 길어지지."

"초이, 너 제법인데."

> ★ **고도**
> 지평선을 기준으로 천체의 높이를 측정하여 각도로 나타낸 것. 한낮에 태양의 고도가 가장 높다.

분희가 놀란 눈으로 초이를 바라봤다.

"흐흐. 시계 말고 다른 건 꽤 안다고."

그때 분희가 마당에 있는 나무 막대를 주워 들었다.

"초이야, 나 재미있는 생각이 났어! 가만히 서 있어 봐. 아빠, 동쪽이 어디예요?"

"해가 뜨는 쪽, 저쪽이다. 그런데 그건 왜?"

"막대 대신 초이를 세우려고요."

분희는 초이를 가운데 두고 바닥에 동서남북 방향을 십자로 표시했다. 그러고는 초이에게서 열 걸음 떨어져서 초이를 중심으로 반원을 그리기 시작했다.

"왜 갑자기 바닥에 원을 그리는 거야?"

"앗, 그대로 있어!"

초이가 궁금해서 분희에게 다가가자 분희가 소리쳤다. 초이는 영문을 모르고 분희가 시키는 대로 그 자리에 서 있었다. 분희가 반원의 ⭐ 호에 일정한 간격으로 눈금을 그려 12칸을 만들었다.

⭐ **호**
부채꼴의 곡선 부분

"아하! 분희 너, 해시계를 만들 생각이구나."

눈금을 그리는 모습을 보고 아저씨가 소리쳤다.

"네, 아빠. 이제야 아신 거예요?"

분희가 눈을 찡긋했다.

"초이야, 네 키가 작아서 그림자가 너무 짧아. 그 자리에서 팔을 위로 높이 들어 봐."

"아, 내가 막대 대신이었어?"

그제야 초이도 분희의 생각을 알아챘다. 초이가 똑바로 서서 팔을 위로 뻗었다. 해 질 녘이라 그림자가 동쪽으로 길게 늘어졌다.

"여기 봐. 정확하진 않지만 네 그림자가 4시쯤을 가리키고 있어."

초이는 팔을 올린 채 분희가 가리키는 그림자 끝에 시선을 돌렸다. 정말 초이의 그림자 끝이 4시를 나타내는 눈금 가까이 걸려 있었다. 마치 시곗바늘이 시계의 숫자를 가리키는 것 같았다.

"이게 해시계구나. 하루 종일 움직이는 그림자를 보면 시간을 알 수 있겠네."

초이가 중얼거렸다.

"하하. 나보다 너희들이 해시계의 원리를 더 잘 이해했는걸."

"직접 해 보니까 쉬워요. 근데 나 언제까지 팔을 들고 있어야 돼?"

"아 참, 미안. 깜빡했다. 시계만 생각하다가."

세 사람은 마주 보고 한바탕 크게 웃었다. 그때 대문을 밀고 남자아이가 들어왔다.

"재각아!"

"아저씨, 안녕하세요. 분희야, 안녕. 그동안 잘 있었어?"

"응, 잘 있었어. 언제 왔니?"

"어젯밤에 비행기로 왔어. 점심때까지 잠들었다가 눈 뜨자마자 너희 집으로 왔어."

재각이가 수줍게 웃으며 대답했다. 분희도 그런 재각이를 보고 환하게 웃었다.

"네가 미국에 간 지 벌써…… 1년이나 지났네. 거기서 어떻게 지냈어?"

"처음에는 다른 환경에 적응하느라 고생했는데, 나중에는 친구도

시간의 규칙을 찾아서

재각이

많이 사귀고 즐거웠어."

"그래, 재각아, 아저씨도 반갑구나. 거기 서 있지 말고 들어오렴."

아저씨의 말이 떨어지기 무섭게 재각이가 분희에게 다가와 손에 든 걸 내밀었다. 작은 상자였다. 분희가 상자를 보고 물었다.

"그거 선물이야?"

"응. 너 주려고 가져왔어."

"그래? 뭔데?"

"풀어 봐."

상자 안에는 작은 아날로그 손목시계가 들어 있었다.

"손목시계? 와, 예쁘다. 고마워. 아꼈다가 찰게."

"네가 마음에 들어 하는 걸 보니 좋다. 그런데 이 아이는 누구야?"

재각이가 초이를 가리키며 물었다. 초이가 놀라서 뒤로 한 발짝 물러났다.

"당분간 우리 집에서 머무르는 친구야. 서로 인사해. 얘는 나의 베스트프렌드, 재각이야. 오재각."

"오재각이라고? 정말이야? 하하. 이름까지……."

초이는 자기도 모르게 웃음이 났다. 얼굴이 많이 낯익다 했는데, 이름까지 아빠와 똑같다는 사실이 믿기지 않았다. 어린 시절의 아빠까지 만나게 될 줄은 꿈에도 몰랐다.

"그래, 오재각이라고 해. 내 이름이 웃긴가? 네 이름은 뭔데?"

재각이가 입이 잔뜩 나와 초이에게 물었다. 그 모습이 화난 아빠의 모습과 그대로 겹쳐졌다. 초이는 긴장한 표정으로 재각이를 바라봤다.

'과거에서도 아빠를 만나다니. 잠시마나 아빠의 잔소리를 피할 수 있었는데…….'

"난 오초이야."

"오초이라고? 야, 네 이름도 재밌는데."

"뭐라고? 내 이름이 어때서?"

"애들아, 그만해. 만나자마자 싸우는 거야?"

초이와 재각이가 서로 노려보고 있자 분희가 나섰다.

"그러지 말고 우리 공기놀이 하자. 여기 공깃돌도 있네."

분희의 한마디에 재각이의 표정이 금세 풀어졌다.

"그래. 오랜만에 만났는데 공기 실력 좀 점검해 볼까?"

"오, 자신 있어?"

"공기 하면 오재각이지."

재각이는 언제 그랬냐는 듯이 활짝 웃으면서 대답했다. 그리고 초이를 흘끗 보고 물었다.

"너도…… 할래?"

아무래도 초이에게 화를 낸 게 미안한 모양이었다. 초이 역시 미안한 마음에 고개를 끄덕였다.

"그래, 셋이서 놀자. 제대로 한번 겨뤄 볼까."

초이와 분희, 재각이는 거실 바닥에 앉아 공기놀이를 시작했다. 큰소리를 쳤던 재각이가 셋 중 가장 앞섰다. 얼마 지나지 않아 재각이가 입이 찢어져라 하품을 했다.

"아함……. 그런데 왜 이렇게 피곤한지 모르겠어."

하품하는 재각이를 보고 초이가 말을 붙였다.

"아빠, 아니, 재각아. 나도 며칠 전에 그랬어. 시차 때문에."

"너도 그랬다고? 시차가 왜?"

"미국과 한국은 시간 차이가 나는데, 그곳에서의 시간에 익숙해진 몸이 아직 이곳의 시간에 적응하지 못한 거야."

"아, 그렇구나. 너도 외국에서 왔어?"

"아, 그게……."

"응. 초이는 엄마를 찾으려고 미국에서 왔어."

초이가 머뭇거리자 분희가 대신 대답했다.

"재각아, 오랜만에 왔는데 저녁 먹고 가렴."

시간의 규칙을 찾아서

아저씨가 부엌에서 재각이를 향해 외쳤다.

"네에! 아, 배고팠는데 맛있겠다."

재각이가 밥상을 가지러 부랴부랴 부엌에 들어갔다. 분희가 재각이의 뒷모습을 보고 조용히 미소 지었다.

엄마와 아빠를 모두 만났지만 초이의 마음은 편하지 않았다. 이대로 있다가는 영원히 원래 시간으로 돌아갈 수 없다는 생각에 숨이 막혔다. 어쨌든 혼자서는 방법을 찾기 어려웠다. 초이는 저녁 식사 시간에 속사정을 털어놓기로 마음먹었다.

다들 밥그릇을 비울 때쯤 초이가 어렵게 말문을 열었다.

"아저씨, 분희야, 재각아, 할 말이 있는데…… 사실 저는 2013년에 살고 있었어요."

초이의 말을 들은 세 사람은 한동안 아무 말도 하지 않았다. 아저씨는 전혀 믿지 않는 눈치였지만, 분희와 재각이는 놀란 표정이었다.

"초이야, 재미있는 이야기이긴 하지만 너무 말이 안 되는 농담이다."

"아저씨, 농담이 아니에요."

"시간을 거슬러 오다니, 그건 영화에서나 일어나는 일이야."

"저, 거짓말하는 거 아닌데……."

"네가 길을 잃었던 충격이 컸던가 보구나. 밤이 늦었으니까 얼른 방에 가서 쉬렴. 그럼 마음이 편안해질 거야. 재각이도 조금만 더 놀다가 집에 돌아가고. 응?"

아저씨는 이 말을 남기고 작업실로 올라갔다. 초이는 힘들게 꺼낸 말이 아무 소용 없는 것 같아 기운이 빠졌다. 자기의 말을 믿어 주지 않는 아저씨가 야속하기만 했다. 그때 분희가 속삭이듯이 말했다.

"있잖아, 초이야, 난 그럴 수도 있다고 생각해. 네가 왔을 때 뭔가 특별한 일이 일어날 것 같은 예감이 들었거든."

"역시 분희 너밖에 없구나. 고마워."

"초이야, 나도 그럴 수 있다고 생각해."

재각이도 얼른 분희를 따라 말했다.

"고마워, 재각아."

"그런데 미래로 돌아갈 방법은 알고 있니?"

재각이의 질문에 초이가 고개를 저었다.

"다시 돌아갈 방법을 알 길이 없어서 너희들에게 사실대로 말한 거야."

"그랬구나. 그런데 어쩌지? 우리도 미래로 가는 방법은 모르는데……."

재각이가 중얼거리자 초이가 다시 어깨를 늘어뜨렸다.

"우리 함께 생각해 보자. 같이 머리를 맞대면 방법이 떠오를지도 모르잖아."

분희가 초이의 등을 토닥였다.

그날 밤, 초이는 잠자리에 누워 이것저것 골똘히 생각했다.

'엄마와 아빠가 어릴 때부터 친했다는 말이 사실이었네. 내가 미래의 딸인 걸 알고 내 말을 믿어 주는 걸까? 엄마랑 아빠도 아직 어린데, 현재로 돌아갈 방법을 어떻게 찾지?'

이튿날 학교가 끝난 뒤 재각이가 분희와 함께 분희네 집으로 왔다. 재각이는 시무룩한 초이를 보고 안쓰러운 마음이 들어 괜히 말을 시켰다.

"초이야, 너는 안 피곤해? 나는 계속 피곤하지 뭐야. 완전히 미국

생활에 적응했나 봐. 미국으로 다시 가야 하나?"

"너 지금 미국에 있다 온 걸 자랑이라도 하는 거야?"

초이가 재각이를 흘끗 보면서 말했다. 늘 진지한 아빠가 장난치는 모습이 낯설면서도 반가웠다.

"자랑이 아니라 사실이거든."

"참, 초이야, 너 미래에서 왔다고 했잖아. 미래 사회는 어때?"

분희가 초이에게 물었다.

"음, 지금보다 높은 건물이 훨씬 많지. 아이들도 무척 바쁘게 살아야 하고……."

"그리고 또? 더 얘기해 줘. 미래에서 혹시 나랑 분희를 본 적이 있어?"

재각이가 초이의 눈을 똑바로 보며 물었다. 초이는 순간 당황해서 아무 말도 못했다.

"으음, 글쎄……. 내가 미래로 돌아갈 수 있는 방법을 찾으면 그때 더 얘기해 줄게."

"에이, 치사하게. 그냥 얘기해 주지 그래."

그때 초이와 재각이의 이야기를 듣고 있던 분희가 둘의 대화에 끼어들었다.

"미래는 정해진 게 아니라고 했어. 우리가 어떻게 살아가느냐에 따라 달라지는 거니까 말야."

초이와 재각이도 분희 말에 고개를 끄덕였다.

"맞아. 우리 어제 하던 공기놀이나 다시 하자. 나 오늘은 어제보다 더 잘할 수 있을 것 같아."

"그래."

아이들이 마루에 둥글게 모여 앉았다.

"순서를 정하자. 가위바위보를 해서 1등부터 시계 방향으로 돌아가는 거야."

"좋아. 자, 가위 바위 보!"

초이와 재각이는 주먹을 내고 분희는 보자기를 냈다. 분희가 신나서 소리쳤다.

"꺄! 내가 1등! 그럼 시계 방향이니까 두 번째는 초이, 세 번째가 재각이."

그러자 재각이가 따지듯 말했다.

"무슨 소리야. 내가 두 번째로 해야 돼."

그 말을 들은 초이도 재각이에게 따졌다.

"왜, 시계 방향이니까 내가 두 번째 맞지."

재각이가 잠깐 말을 멈췄다가 갑자기 의기양양한 표정으로 말했다.

시간의 규칙을 찾아서

"너희들 모르는구나? **호주에는 반대 방향으로 돌아가는 시계도 있어.**"

"뭐라고? 거짓말하지마. 너 먼저 하고 싶어서 지어 낸 거지?"

분희가 눈을 흘기며 묻자 재각이가 고개를 세게 저었다.

"정말이야. 아빠랑 호주로 여행 가서 봤어. **호주에 남아 있는 해시계는 우리의 시계 방향과 반대로 움직여.**"

"정말? 왜?"

"호주는 지구의 남반구에 있으니까."

"남반구가 뭔데?"

⭐ **적도**
지구를 남과 북으로 나누는 선. 자전축과 수직으로 지구 중심을 지나도록 자른 평면과 지표의 교선

초이가 눈을 동그랗게 뜨고 재각이를 쳐다봤다. 분희도 재각이의 말을 이해하지 못한 눈치였다. 재각이는 둘을 한 번씩 바라보고 씨익 웃었다.

"아, 이거 또 내가 설명해 줘야 되겠네. **지구가 동그란 공처럼 생겼잖아.** ⭐ **적도를 기준으로 위쪽은 북반구라고 하고 아래쪽은 남반구라고 해.**"

"그런데 그게 왜?"

"**북반구에 위치한 우리나라에서 볼 때는 해가 동쪽에서 떠서 남쪽으로 움직였다가 서쪽으로 져.** 그런데 호주는 남반구에 있어서 해가 움직이는 방향이 우리나라와 조금 달라."

"어떻게?"

"**남반구에서는 해가 동쪽에서 떠서 북쪽으로 움직이고 북쪽에서 서쪽으로 져.** 그래서 해시계 막대의 그림자도 막대를 중심으로 서쪽에서 남쪽, 그리고 동쪽으로 움직이게 되지."

"아, 그렇구나."

초이가 고개를 끄덕였다. 재각이의 말을 들으니 적도를 기준으로 지구의 북반구와 남반구에서 그림자의 이동 방향이 다르다는 사실이 이해됐다. 초이가 고개를 끄덕이자 분희가 나섰다.

"그래, 그건 알겠어. 그래서 재각이 네가 두 번째라는 거야?"

"어, 그렇다는 거지."

"말도 안 돼. 남반구에서는 해시계가 시계 반대 방향으로 돌아갈지 몰라도, 여긴 북반구니까 시계 방향으로 따지면 초이가 두 번째야."

아이들이 거실에서 아웅다웅하는 소리를 듣고 아저씨가 방에서 나왔다.

"왜 이렇게 소란스러운 거니?"

"아저씨, 공기놀이를 하는데 순서를 시계 방향으로 정하기로 했

남반구에서 해와 그림자의 이동 방향

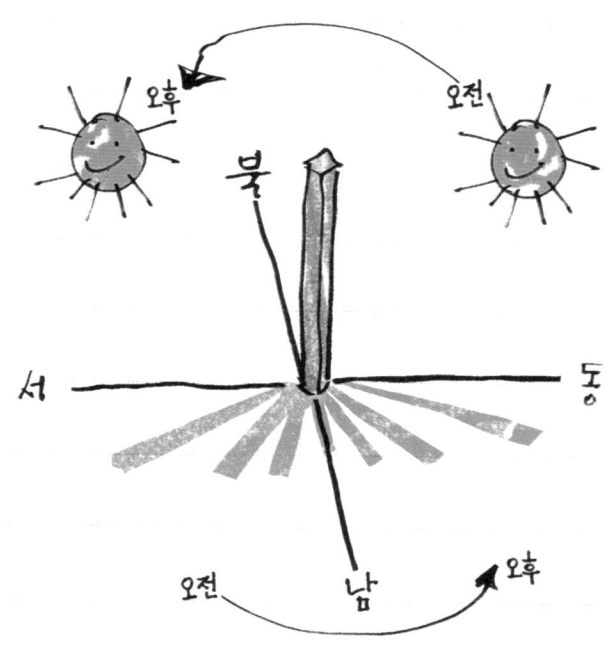

어요. 그런데 재각이가 호주에서는 해시계의 방향이 반대니까 자기가 두 번째라고 우겨요."

"하하, 녀석들. 난 또 뭐라고. 우리나라에서는 북반구의 해시계 방향을 따라야 하지 않을까?"

"그렇죠?"

"거 봐, 오재각."

아저씨까지 거들자 재각이가 입을 삐죽이며 중얼거렸다.

"그래, 그럼 내가 양보하지. 초이 네가 두 번째 해라."

"양보가 아니고 내가 원래 두 번째거든?"

"하하. 한국에 왔으니 한국식으로 해야지. 우리나라에는 세종 대왕이 만드신 앙부일구라고 하는 훌륭한 해시계도 있는데 말이다."

아저씨의 말에 아이들이 고개를 갸우뚱했다.

"앙부일구? 이름이 특이해요."

"해의 그림자를 나타내는 솥뚜껑이라는 뜻이야. 한자로 우러를 앙, 솥뚜껑 부, 해 일, 그림자 구를 쓴단다."

"솥뚜껑에 그림자가 나타난다고요?"

"그래. 속이 움푹 파인 청동 그릇인 시반 안에 시곗바늘 역할을 하는 영침이 비스듬히 세워져 있거든. 햇빛이 비추면 영침의 그림자가 시반의 눈금에 드리워지지. 영침의 그림자 끝이 가리키는 눈금으로 시간을 읽는단다."

시간의 규칙을 찾아서

"구조가 복잡하지는 않네요. 그런데 왜 앙부일구를 훌륭한 해시계라고 말하는 거예요?"

"앙부일구는 시간뿐만 아니라 절기 즉 날짜까지 알 수 있는 해시계거든."

"시계로 날짜까지 알 수 있다고요?"

"시반이라는 오목한 부분에 세로선(시각선) 7줄과 가로선(절기선) 13줄이 그어져 있는데, 세로선을 읽으면 그림자의 방향에 따라 시간을 알 수 있어. 또 가로선을 읽으면 그림자의 길이 변화에 따라 절기를 알 수 있지."

"어떤 원리로 그렇게 되는 건데요?"

초이의 질문이 계속됐다.

"지구는 자전축을 중심으로 하루에 360도 돌아. 하루는 24시간이니까 한 시간에는 360÷24, 즉 15도씩 회전한단다. **시반에 영침을 중심으로 15도씩 같은 간격으로 세로선이 있어. 그래서 해가 한 시간에 15도 이동할 때, 세로선에 드리워진 그림자가 15도만큼 이동하면 한 시간이 지난 걸 알 수 있지.**"

"와! 그림자가 움직이는 각도를 정확히 표시했다니 대단해요! 아빠, 그럼 날짜는 어떻게 아는 거예요?"

"그걸 알려면 먼저 24절기를 알아야 돼."

"저 알아요. 1년이라는 시간을 스물네 부분으로 나누어서 계절을 구분하는 거죠?"

재각이가 손을 높이 들고 외쳤다. 초이와 분희, 아저씨가 모두 깜짝 놀라 재각이를 바라봤다.

"재각아, 어떻게 알았니?"

"헤헤. 일기 예보에서 들었어요."

"오, 오재각 좀 아네?"

분희가 재각이를 보고 씨익 웃었다. 재각이가 쑥스러운 듯 머리를 긁적였다. 그 모습을 본 초이의 얼굴에도 미소가 피었다.

"**24절기란 계절의 변화에 맞게 1년을 스물넷으로 똑같이 나누어 구분한 것이야.** 계절이 변하는 가장 큰 요인은 태양의 고도란다. 태양의 고도가 높으면 여름이 되고, 고도가 낮으면 겨울이지."

"그런데 고도가 높으면 그림자가 짧아요."

"고도가 낮으면 그림자가 길고요."

초이와 분희가 연달아 외쳤다.

"그럼 그림자의 길이를 보고 계절 변화를 알 수 있겠네."

이번에는 재각이가 고개를 끄덕이며 말했다. 아저씨는 눈이 동그래져서 세 아이들을 둘러보았다.

"너희들, 혹시 미리 공부했니? 그래. **절기마다 정오 때 태양의 고도가 달라지지. 그래서 절기선에 드리워진 영침의 그림자 길이로 24절기의 변화를 읽을 수 있어. 태양의 고도에 따라 여름에는 그림자가 짧고 겨울에는 그림자가 길겠지?**"

분희와 재각이가 고개를 끄덕였다. 하지만 초이는 아직 궁금한 게 있었다.

"아저씨, 그런데 날짜는 어떻게 알아요?"

"**1년을 24개의 절기로 구분하니까 한 달에는 2개의 절기가 있는 셈이란다. 절기와 절기 사이가 15일이 되지. 그래서 절기를 보고 대강의 날짜를 알 수 있단다.**"

"아, 그렇군요. 우리 조상들 대단하시네요. 시간뿐만 아니라 날짜까지 알 수 있는 해시계를 만들다니. 그런데 사람들은 왜 시계를 오른쪽으로 돌아가게 만든 거예요?"

"아날로그시계가 해시계의 움직임을 본뜬 건 알고 있지? 지구 인구의 대부분이 북반구에 살기 때문에 지금은 모두 시곗바늘이 오른쪽으로 돌아가도록 만들고 있단다. 호주의 해시계 방향까지 알고 있다니 놀라운걸."

　　"헤헤. 그 정도는 기본이죠. 거꾸로 돌아가는 시계를 가지고 있으면 값어치 좀 나가겠는걸요."

　　"하하하. 아마도 그렇겠지?"

시간의 규칙을 찾아서

재각이는 금세 기분이 풀려 활짝 웃었다. 아이들은 공기놀이도 잊고 밤이 늦도록 해시계의 원리와 시계 방향 이야기에 시간 가는 줄 몰랐다.

왜 호주의 해시계는 우리나라의
해시계와 반대 방향으로 돌아갈까요?

초이의
시간 여행
퀴즈3

목도리와 부채

"초이야, 들었어? 재각이네 식구들 가을부터 겨울까지 호주에 다녀온대."

"그래? 미국에서 돌아온 지 얼마 안 됐는데, 또?"

초이는 며칠 사이에 정든 아빠가 떠난다니 마음이 허전했다.

'미래로 돌아갈 방법을 함께 찾을 수 있을 거라고 생각했는데…… 이렇게 헤어지게 되는 건가.'

"재각이는 좋겠지? 그런데 오자마자 다시 간다니 조금 아쉽네. 아직 너를 미래로 돌려보낼 방법도 못 찾았는데……."

분희도 힘없는 목소리로 말했다.

'엄마랑 아빠가 떨어지게 되는 것도 안타깝다. 둘이 좋아하는 것

같은데……'

여전히 생각에 잠겨 있는 초이에게 분희가 짐짓 명랑한 목소리로
말을 건넸다.

"초이야, 나 전에 재각이한테 선물 받았잖아. 이번에는 내가 선물
하려고. 네가 좀 도와줘."

"좋은 생각이네. 가을부터 겨울 동안 가 있는 거라고?"

"응. 어떤 선물이 좋을까?"

"겨울에는 추울 테니까 장갑이나 목도리 어떨까?"

4. 목도리와 부채

"음...... 내 목도리 중에 예전부터 재각이가 좋아했던 걸 선물할
래. 그럼 목도리를 두를 때마다 내가 생각나겠지?"

분희가 옷장 서랍을 뒤지기 시작했다. 그리고 조금 뒤 옷장 구석
에서 긴 털목도리를 꺼냈다. 초이는 그런 분희의 모습을 물끄러미
바라보다가 얼른 일어나 포장지를 준비했다.

"분희야, 내가 포장하는 거 도와줄게. 얼른 싸서 재각이네 집에
놀러 가자."

잠시 후 초이와 분희는 예쁘게 포장한 목도리를 들고 재각이네 집
으로 향했다. 왓치도 따라왔다.

'딩동딩동.'

"누구세요?"

집 안에서 재각이의 목소리가 들렸다.

"재각아, 우리야. 초이랑 나."

"들어와. 왓치도 왔네."

"이야옹."

현관을 들어서자 대리석이 깔린 넓은 거실이 펼쳐졌다. 거실 탁자
에는 작은 조각상들과 지구본이 놓여 있었다. 왓치는 거실에 들어
서자마자 바닥에 있는 야구공을 굴리고 노느라 정신이 없었다.

"어서 와. 웬일이야, 우리 집에 다 오고?"

"분희가 너한테 줄 게 있대. 나, 부엌에 가서 물 좀 마시고 와도

되니?"

"그래, 초이야."

초이는 혹시 분희가 쑥스러울까 봐 자리를 피해 줬다. 분희가 재각이에게 말을 건넸다.

"너 여행 간다고 해서 그 전에 보려고 왔지."

"겨울에 가는 건데, 뭘. 그리고 나는 별로 가고 싶지 않아. 아버지가 출장 가서서 따라가게 됐어. 하지만 나는 분희…… 아니, 너희가 있는 한국이 좋아."

재각이의 표정이 갑자기 시무룩해졌다.

"가서 안 오는 것도 아닌데 뭘 그래. 자, 이거 받아."

분희가 선물 꾸러미를 내밀며 말했다. 선물을 받은 재각이의 얼굴이 밝아졌다.

"선물이야? 고마워. 어? 이거 네 목도리잖아. 이거 나 줘도 되는 거야?"

"응. 가서 겨울을 나려면 목도리가 있어야 하지 않겠어? 춥지 않게 둘러."

"냐아옹."

'탁!'

그때 왓치의 울음소리와 함께 탁자 위에 있던 지구본이 바닥으로 떨어졌다. 왓치가 공을 가지고 놀다가 지구본이 놓인 탁자 다리를 건드린 것이다. 재각이는 금세 울상이 되었다.

"왓치, 이게 뭐야? 지구본이 떨어졌잖아. 깨졌으면 큰일이야."

분희도 놀라서 바닥에 떨어진 지구본을 집어 들었다. 지구본 한가운데를 지나가는 축이 삐딱하게 기울어져 있었다.

"깨지지는 않았는데 중심축이 기울어졌어. 망가진 거 같다."

"어떻게 해. 이거 아빠가 제일 아끼시는 건데."

재각이는 아예 바닥에 주저앉아 버렸다. 분희는 어찌할 바를 몰라 그대로 서 있었다.

"재각아, 나 식탁에 있는 사과 먹어도 될까?"

초이가 부엌에서 사과 하나를 들고 나오다가 재각이의 모습을 보고 발을 멈췄다.

"왜 그러고 있어? 무슨 일이야?"

재각이가 하소연하듯이 말했다.

"어, 마음껏 먹어. 그런데 어떻게 하지? 지구본 기둥이 망가졌어."

초이는 울먹이는 재각이를 보는 게 뜻밖이었다. 늘 엄한 아빠에게서 상상할 수 없는 모습이었다.

"괜찮아. 고장난 거 아니야. 우리 집에 있는 지구본도 이렇게 기울어져 있는걸."

초이가 재각이를 다독이며 어른스럽게 말했다.

"정말이야?"

으아앙!
지구본이
망가진 것 같아.

초이가 사과를 한입 베어 물고 우물거리며 대답했다.

"으응, 그렇다니까. 그것도 몰랐어? 내가 책에서 봤는데 지구본 가운데 있는 건 기둥이 아니라 지구 자전축이야."

재각이와 분희는 초이의 말을 못 알아들은 표정이었다. 초이가 부엌으로 가서 젓가락을 하나 가져왔다. 그리고 젓가락을 사과의 중앙에 꽂아 지구 자전축처럼 만들었다.

"뭐 하는 거야?"

"만약에 이 사과가 지구라면, **지구는 하루에 한 바퀴를 돌아.** 이렇게."

초이는 한 손으로 젓가락을 꼿꼿이 세우고, 다른 손으로 사과를 회전시켰다. 사과가 제자리에서 한 바퀴 돌았다.

"나도 알아, 지구의 자전!"

분희의 말에 초이가 고개를 끄덕였다.

"이때 지구는 자전축을 중심으로 돌게 돼. 이 젓가락 보이지?"

초이가 젓가락을 살짝 기울이면서 말을 이었다.

"그런데 지구 자전축은 수직이 아니라 이렇게 살짝 기울어져 있대. 저 지구본처럼."

'딩동딩동.'

그때 또다시 벨소리가 울렸다.

"누구세요?"

"분희 아빠다. 시계 가지고 왔다."

재각이가 문을 열자마자 초이가 아저씨에게 달려가 사과와 젓가락을 들이댔다.

"아저씨, 기울어진 거 맞죠? 이렇게요."

아저씨는 초이와 젓가락이 꽂힌 사과를 번갈아 보다가 바닥에 떨어진 지구본을 보고 웃음을 터트렸다.

"하하하. 혹시 지구 자전축에 대해 이야기하고 있었던 거니? 그래, **지구 자전축은 수직에서 23.5도 기울어져 있단다.**"

"휴. 난 또 망가진 줄 알았네."

재각이가 안도의 한숨을 쉬었다. 아저씨가 지구본을 바로 세우며

시간의 규칙을 찾아서

말했다.

"만약 지구 자전축이 기울지 않고 똑바로 서 있다면 일 년 내내 계절이 변하지 않을걸."

"아빠, 지구 자전축이랑 계절이 무슨 상관이에요?"

"그건 내가 알 것 같아."

다시 초이가 나섰다.

"음…… 태양 빛을 많이 받는 지역은 덥고, 태양 빛을 덜 받는 지역은 추워지거든."

"태양은 지구를 똑같이 비추는 거 아니야?"

재각이가 묻자 초이가 고개를 저으며 말했다.

"재각이 너 외국에 많이 다녔다며. 우리나라처럼 사계절이 있는 나라도 있지만, 늘 추운 나라도 있고 늘 더운 나라도 있어. 태양이 똑같이 비추지 않아서 그런 거야. 그렇죠, 아저씨?"

"지표면과 태양이 이루는 각도를 태양의 고도라고 한단다. 태양의 고도 때문에 지표면의 기온이 달라져. 예를 들어 적도 지방은 일 년 내내 태양의 고도가 높아서 여름이 계속돼."

"태양의 고도가 높은데 왜 여름이 계속돼요?"

분희의 질문에 재각이가 나섰다.

"정오에 해가 바로 머리 위에서 내리쬐면 뜨겁잖아. 같은 원리 아닐까?"

아저씨가 고개를 끄덕였다.

"맞아. 태양의 고도가 높을 때, 즉 **해가 머리 위에서 내리쬐면 태양 에너지가 좁은 면적에 집중되니까 지면이 받는 태양 에너지가 많아지지. 그래서 태양의 고도가 높은 여름에는 기온이 올라가고, 태양의 고도가 낮은 겨울에는 기온이 내려간단다.**"

아저씨와 재각이의 이야기를 듣고 분희가 환한 목소리로 말했다.

"아하! 그래서 **일 년 내내 태양의 고도가 높은 적도 부근은 항상 덥고, 태양의 고도가 낮은 극지방은 늘 추운 거네요.**"

"적도 지방에도 계절의 변화는 있어. 하지만 변하는 정도가 미약해서 일 년 내내 같은 날씨인 것처럼 느껴지지."

시간의 규칙을 찾아서

"아, 그렇구나."

하지만 초이는 여전히 생각에 잠겨 있었다. 우리나라는 왜 일 년 내내 덥거나 일 년 내내 춥지 않은지가 이해되지 않았다.

"아저씨, 그럼 우리나라는요? 왜 봄, 여름, 가을, 겨울이 생겨요?"

초이가 질문을 던지자 분희와 재각이도 한마디씩 했다.

"정말. 그건 왜 그래요?"

"그게 자전축 때문이에요?"

아저씨는 아이들을 둘러보더니 초이에게서 사과를 건네받았다. 그리고 거실을 두리번거렸다.

"태양이 있어야 설명하기 쉬운데…… 재각아, 집에 전등 있니? 잠깐 빌리자꾸나."

재각이가 안방에서 무릎 높이만 한 전등을 가지고 나오자, 아저씨가 거실의 형광등 불을 끄고 전등 스위치를 올렸다.

"자, 이걸 태양이라고 생각하렴."

어두운 거실에 전등만 밝게 빛나고 있었다. 아저씨가 젓가락을 꽂은 사과를 비스듬히 들고 말을 이었다.

"지구는 자전축을 중심으로 하루에 한 바퀴 자전해. 그리고 1년에 한 바퀴 태양의 둘레를 돌지. 그걸 공전이라고 한단다."

아저씨는 젓가락을 꽂은 사과를 들고 전등 둘레를 한 바퀴 돌았다.

"초이가 베어 먹은 부분을 우리나라라고 생각해 볼까? **자전축이**

기울어져 있기 때문에 이렇게 한 바퀴 공전하는 동안 우리나라에서는 태양의 고도가 바뀐단다. 태양의 고도에 따라 기온이 달라지니까 1년 동안 서서히 기온이 변하고."

"아, 그래서 계절이 생기는 거구나."

"태양의 주위를 1년에 한 바퀴 돌기 때문에 사계절이 매년 반복되고."

"그럼…… 만약 지구 자전축이 기울지 않았다면요?"

아저씨가 이번에는 젓가락을 수직으로 세웠다.

"지구 자전축이 이렇게 수직이라면, 지구가 공전해도 같은 지역

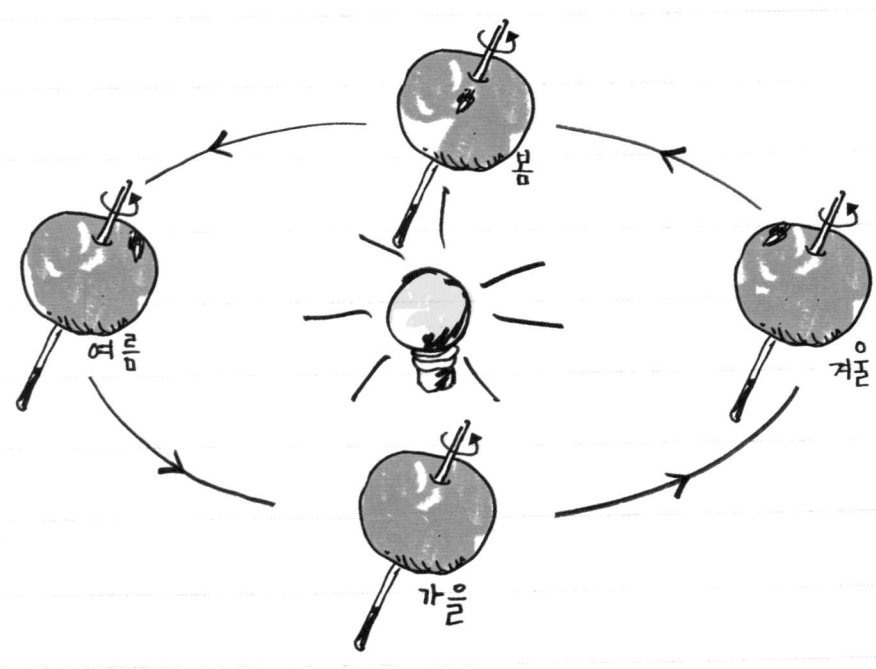

시간의 규칙을 찾아서

에서는 태양의 고도가 늘 일정하단다. 즉 지구 자전축이 기울지 않았다면……."

"일 년 내내 계절이 안 변해요!"

재각이가 소리쳤다. 분희가 지구본에서 우리나라를 짚으며 중얼거렸다.

"우리나라가 여기, 북반구에 있어서 사계절이 있는 거예요? 지구가 공전하면 우리나라에서 태양의 고도가 바뀌니까."

"맞아, 분희야. **우리나라가 적도나 극지방에 있었다면 큰 계절 변화가 없을 거다.** 적도와 극지방 사이에 있기 때문에 공전할 때 계절 변화가 생기는 거지."

아저씨와 분희의 대화를 듣자 초이도 계절이 바뀌는 이유를 완전히 이해할 수 있었다.

"그런데 애들아, 이거 아니? 지구 자전축이 기울어져 있기 때문에 낮의 길이도 변한단다. 낮의 길이에 따라 계절이 바뀌고."

"어떻게요?"

아이들이 입을 모아 물었다.

"낮의 길이가 길면 햇빛을 받는 시간이 길어져서 기온이 올라가고, 반대로 낮의 길이가 짧으면 햇빛을 받는 시간이 짧아서 기온이 떨어지거든."

"언제 낮의 길이가 가장 길어요?"

여름

N

대한민국

햇빛

적도

S ← 자전축

겨울

햇빛

N

대한민국

적도

S ← 자전축

"1년 중 태양이 가장 높이 뜨고 낮의 길이가 가장 긴 절기를 하지라고 해. 하지는 양력으로 6월 21일경이란다. 하지 전까지 낮이 점점 길어져서 하지 때 가장 길고, 하지가 지나면 낮이 점점 짧아지는 거야."

"아빠, 하지가 있는 6월이 가장 더워야 하는 거 아니에요? 그런데 왜 7월, 8월이 더 더워요?"

"정오에 해가 가장 높이 뜨지만, 하루 중 가장 기온이 높은 시간은 오후 1~2시경이란다. 태양 에너지가 가장 많이 모이기 때문이지. 계절도 이와 같아. 낮의 길이가 길어지면서 받은 태양 에너지가 모여서 6월보다는 7월 말, 8월 초에 가장 더워지지. 겨울도 마찬가지란다. 해가 가장 짧은 동지 때보다 동지 한 달 뒤에 가장 춥단다."

"태양으로부터 받은 에너지가 모여서 그렇게 되는 거였군요."

재각이가 이제야 알겠다는 표정을 지었다.

"그런데 재각아, 네가 가는 호주는 어디 있어?"

"여기!"

재각이가 지구본에서 호주를 찾아 가리켰다.

"정말 우리나라는 적도를 기준으로 위쪽에 있는데 호주는 적도를 기준으로 아래쪽에 있어."

"이렇게 보니까 그리 멀리 떨어진 것도 아니네."

재각이가 가리키는 곳을 살펴보던 초이와 분희가 웃으며 말했다.

재각이가 목도리를 목에 두르며 싱긋 웃었다.

"그래. 겨울 동안 네가 준 목도리 두르고 잘 지낼게."

아이들이 나누는 말을 듣고 있던 아저씨가 물었다.

"재각아, 너희 호주로 간다고?"

"네."

아저씨가 이번에는 분희에게 말했다.

"그런데 재각이한테 목도리를 선물한 거니? 저런."

"왜요? 재각이가 좋아하는 목도린데……."

"재각이가 거기 도착하면 아마 여름이 시작될 거야. 아쉽지만 그

우리나라가 겨울일 때 호주는 여름이라고요?

시간의 규칙을 찾아서

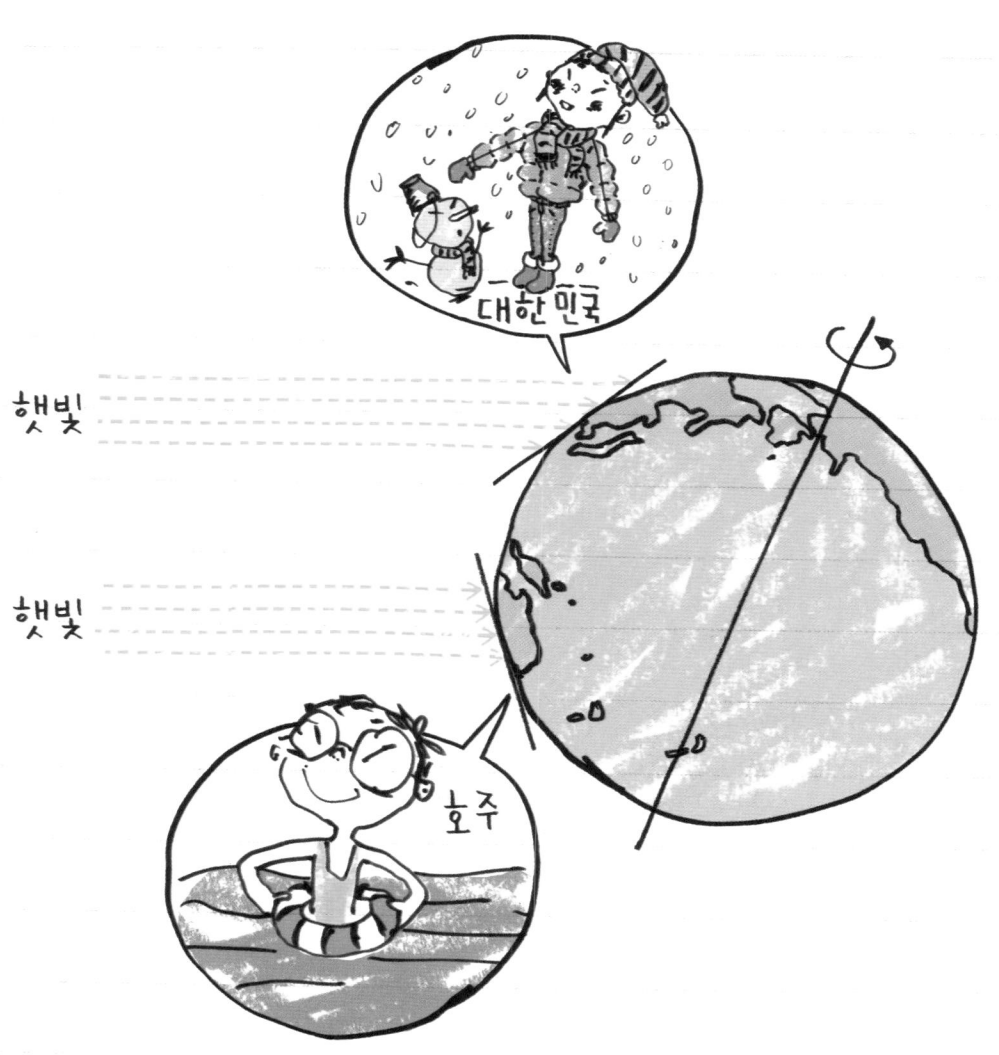

4. 목도리와 부채

목도리는 재각이가 한국에 돌아와 내년 겨울에나 매야 될 것 같구나."

"그게 무슨 말이에요? 호주에선 여름이 시작되다니요?"

"우리나라는 지구의 북반구에 있고 호주는 남반구에 있단다. 이 지구본을 보거라. 태양의 고도가 낮아 우리나라가 겨울일 때, 호주는 태양의 고도가 높은 여름이지. 북반구에 있는 우리나라와 남반구에 있는 호주는 계절이 서로 반대가 되는 거란다."

그 말을 들은 재각이가 다시 자리에 주저앉았다. 분희와 떨어지기 싫은 마음이 합해져서 왈칵 눈물이 쏟아졌다.

"그럼 가져가도 두를 수도 없네요. 아, 정말 호주에 가기 싫다."

그 모습을 보고 분희가 다가가 달랬다.

"돌아와서 같이 놀면 더 좋지 뭐. 목도리는 겨울에 매고, 여행 갈 때는 내가 아끼는 부채를 선물해 줄게, 울지 마."

"그래, 재각아. 선물을 받고 우는 사람이 어딨니? 하하."

"울보인 줄 몰랐네. 아빠, 아니, 재각이."

아저씨와 초이의 말에 재각이가 머리를 긁적이며 일어났다.

"아니. 난 그냥 못 보는 게 서운해서. 고마워, 분희야. 네가 아끼는 목도리 잘 간직했다가 겨울에 같이 놀 때 맬게."

"알았어. 꼭 같이 놀자."

분희의 한마디에 재각이의 표정이 또 금세 밝아졌다. 늘 엄하던 아빠에게 이렇게 여린 구석이 있었다니, 초이는 아빠가 달리 느껴졌다.

'조금 늦게 돌아가면 어때. 여기에 엄마랑 아빠가 함께 있는데.'

초이는 마음속으로 활짝 미소 지었다.

24절기로 계절 읽기

"개구리가 깨어난다는 경칩이 다가왔습니다", "처서가 시작되면서 더위가 한풀 꺾이겠습니다", "오늘은 밤이 가장 긴 동지입니다." 일기예보를 보면 종종 두 음절의 한자어로 날씨를 표현합니다. 바로 1년을 스물네 개의 기간으로 구분한 24절기입니다. 24절기는 봄, 여름, 가을, 겨울 사계절을 각각 6등분하여 약 15일간의 날씨나 기온을 표현하는 명칭을 붙인 것입니다. 동식물의 생태 변화와 농사 일정을 담고 있어서 절기를 알면 날씨 변화를 예측할 수 있지요. 각 절기의 뜻을 알아볼까요?

계절	절기	양력 날짜	날씨와 농사
봄	입춘	2월 4일	봄이 시작된다.
	우수	2월 18일	봄비가 내린다.
	경칩	3월 5일	개구리가 겨울잠에서 깨어난다.
	춘분	3월 20일	밤과 낮의 길이가 같아진다. 춘분 이후로 낮이 점점 길어진다.
	청명	4월 5일	날씨가 맑고 볕이 좋다. 봄 농사를 준비한다.
	곡우	4월 20일	농사에 필요한 비가 내린다.

여름	입하	5월 5일	여름이 시작된다.
	소만	5월 21일	식물 잎사귀가 푸르게 물든다. 본격적인 농사를 시작한다.
	망종	6월 6일	씨를 뿌린다.
	하지	6월 21일	1년 중 낮이 가장 길다.
	소서	7월 7일	본격적인 더위에 접어든다.
	대서	7월 24일	여름 더위가 한창이다.
가을	입추	8월 7일	가을이 시작된다.
	처서	8월 23일	더위가 물러간다.
	백로	9월 7일	이슬이 내린다.
	추분	9월 23일	밤과 낮의 길이가 같아진다. 추분 이후로 밤이 점점 길어진다.
	한로	10월 8일	찬 이슬이 내린다.
	상강	10월 23일	서리가 내리기 시작한다.
겨울	입동	11월 7일	겨울이 시작된다.
	소설	11월 22일	눈이 내린다.
	대설	12월 7일	큰 눈이 온다.
	동지	12월 22일	1년 중 밤이 가장 길다.
	소한	1월 5일	추위가 온다.
	대한	1월 20일	가장 큰 겨울 추위가 닥친다.

생일을 챙겨 줘

"왓치, 오늘은 분희랑 재각이 오면 뭘 하고 놀까?"

초이는 분희와 재각이가 학교에서 돌아오기 전부터 셋이 함께 놀 생각에 바빴다.

"휴. 그나저나 현재로 쉽게 돌아갈 수는 없는 건가 봐. 너도 좋은 생각이 나면 꼭 알려 줘야 해. 알았지, 왓치?"

"야옹."

"초이야, 우리 왔어."

그때 분희와 재각이가 집으로 달려 들어왔다.

"빨리 왔네. 우리 뭐 하고 놀까?"

"딱지치기 하자. 엄청 재미있어!"

시간의 규칙을 찾아서

재각이가 기다렸다는 듯이 대답했다.

"재각이 너한테만 너무 유리하잖아. 우리는 딱지치기 잘 못하는데."

"얘들아, 내가 살살 칠게. 내 딱지는 너희 것보다 작게 만들어서 치면 되잖아. 응? 딱지 치자."

재각이가 애원하는 표정으로 말했다. 초이는 어떻게든 딱지치기를 하려는 아빠의 모습이 귀엽게 보여 고개를 끄덕여 줬다. 분희도 잠시 생각에 잠겼다가 고개를 끄덕였다.

"그래, 한번 해 보자."

"좋았어! 분희야, 집에 빳빳한 종이 있어? 아, 저 달력 종이로 접으면 되겠다."

재각이가 벽에 걸린 달력을 가리키며 말했다.

"야, 그러다 아빠한테 혼나면 어떻게 해?"

"아저씨 모르게 뒷장인 12월부터 세 장만 뜯으면 돼. 10월 되기 전에 내가 집에 있는 새 달력 갖다 줄게, 걱정 마."

"그럼…… 그럴까?"

초이와 재각이는 분희의 말이 떨어지기 무섭게 달력으로 딱지를 접었다. 한창 딱지치기에 정신이 팔려 있을 때 아저씨가 돌아왔다.

"너희들 딱지치기 하는구나. 나도 어렸을 때 딱지 많이 접었지."

"아빠, 딱지치기 잘하셨어요?"

"그럼. 딱지는 말이야……."

'탁!'

아저씨가 재각이의 딱지를 쥐고 바닥에 놓인 딱지를 세게 내리치
자 바닥의 딱지가 뒤집어졌다.

"이렇게 정확히 내리쳐야 잘 넘어가지. 딱지가 빳빳해서 잘 넘어
가는구나. 무슨 종이로 접었니?"

순간 아이들은 말문이 막혔다. 셋이 서로 눈치를 보자 아저씨의

목소리가 조금 굳었다.

"설마 너희들, 올해 달력을 뜯은 거니?"

"……네."

분희가 작은 목소리로 대답했다.

"요 녀석들이. 물어보지 않았으면 말하지 않을 생각이었니?"

"뒤에서부터 12월, 11월, 10월을 찢었어요. 재각이가 새 달력을 가져다준다고 해서요."

분희의 말에 아저씨의 표정이 조금 누그러졌다.

"그래, 아빠 생일이 있는 부분은 안 뜯어서 그나마 다행이구나. 녀석들 하고는."

아저씨의 말에 이번에는 분희의 표정이 뽀로통해졌다.

"분희야, 왜 그래?"

초이가 분희의 얼굴을 들여다보며 물었다.

"아빠가 생일 이야기를 하시니까 갑자기 내 생일이 생각나서. 내 생일은……."

분희가 갑자기 말을 잇지 못하고 고개를 숙였다. 그리고 이내 울음을 터트렸다.

"분희 생일은 2월 29일이야. 그래서 4년에 한 번밖에 안 돌아와."

재각이가 초이의 귀에 작게 속삭였다. 초이도 엄마의 생일을 알고 있었다. 4년에 한 번만 있는 2월 29일이라 2월 28일에 대신 축하해

주곤 했다. 하지만 깜박하고 못 챙겨 준 해도 적지 않았다. 초이는 갑자기 엄마에게 미안한 마음이 들었다.

"대체 왜 4년에 한 번씩 2월 29일을 끼워 놓았을까요? 해마다 2월이 28일까지 있으면 나 같은 사람이 안 생길 텐데, 왜 내 생일만 이런 거야?"

참아 보려 했지만 서러움에 눈물이 다시 터져 나왔다. 아저씨가 놀라서 분희에게 다가갔다.

"많이 속상했구나. 그건 말이다, **달력에서의 1년과 지구가 태양 주위를 한 바퀴 도는 데 걸리는 실제 시간이 차이가 나기 때문이야.** 달

력에서 1년은 365일이지만 실제로 지구가 태양을 한 바퀴 도는 데에는 365일하고도 5시간 48분 정도가 더 걸리거든."

"정말요?"

분희가 눈물을 닦으며 물었다. 초이와 재각이도 처음 듣는 이야기에 귀가 쫑긋해졌다.

"응. 1년이 365일인 달력을 기준으로 할 때 **실제로 지구가 태양을 한 바퀴 도는 데에는 5시간 48분이 더 걸리니까 매년 약 6시간 정도를 따지지 않고 넘어가는 셈이란다.**"

"그럼 달력이 정확하지 않은 거예요?"

137

365일 6시간!   6시간 ×4 = 24시간 = 하루

재각이가 물었다.

"그대로 두면 정확하지 않아. **그래서 그 오차를 없애기 위해 달력에 하루를 더 만들어 넣었어. 매년 남는 6시간을 모아 4년마다 하루를 더 둔 거야. 그게 바로 2월 29일이지.**"

"6시간×4=24시간. 와, 정말 4년마다 하루가 더 생기네요."

"그렇게 해서 지구가 태양 주위를 한 바퀴 도는 시간과 달력의 시간을 똑같이 맞추는 거란다. 2월 29일을 윤일이라고 하고, 윤일이

시간의 규칙을 찾아서

들어 있는 해를 윤년이라고 하지."

"그럼 2월 29일이 없으면 달력이 점점 더 틀어지겠네요? 분희야, 네 생일이 없으면 달력이 이상해지겠다."

재각이의 말에 분희의 표정이 밝아졌다.

"뭐 그렇게까지. 아하하. 그래도 2월 29일이 있는 이유를 듣고 나니까 속이 시원해."

"그래서 4년에 한 번씩 2월 29일이 긴 윤년이 돌아왔던 거구나. 윤년은 366일이고."

"음…… 1984년이 윤년이었으니까 그로부터 4년 뒤인 1988년에 다시 윤년이 돌아오는 거야."

분희가 연습장에 1984년부터 4년씩 더해 윤년을 적기 시작했다.

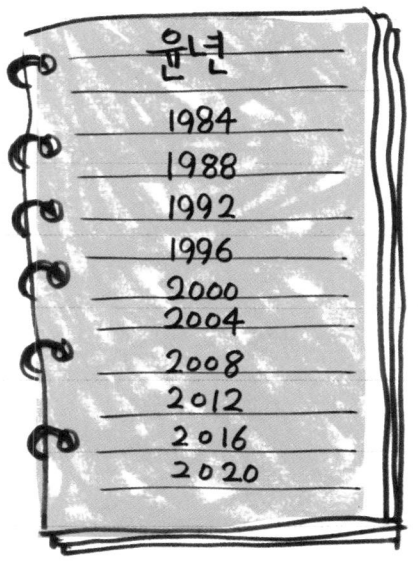

"그다음 윤년은 1988년이고, 그 뒤로 1992, 1996, 2000, 2004, 2008, 2012, 2016, 2020……."

"4씩 더하니까 윤년을 쉽게 알아낼 수 있네."

재각이가 노트를 보고 감탄

5. 생일을 챙겨 줘

하자 분희도 활짝 웃었다. 하지만 초이의 호기심은 쉬이 풀리지 않았다.

"아저씨가 아까 1년에 6시간씩 남아서 4년마다 윤일을 둔다고 하셨잖아요."

"그랬지."

"그런데 실제로는 5시간 48분이잖아요."

"응. 5시간 48분을 어림잡아 6시간으로 따진 거란다."

"그럼 5시간 48분보다 12분씩 더 센 거잖아요."

"맞다. 없는 12분씩을 더 따진 거지. 초이가 예리한 지적을 했네. 그 12분 때문에 특이한 해가 생긴단다. 윤년일 것 같지만 윤년이 아닌 해!"

"윤년일 것 같지만…… 윤년이 아닌 해라고요?"

초이와 아저씨의 대화를 듣고 재각이와 분희도 눈이 동그래졌다.

"그래. 윤년으로부터 4년째 되는 해가 모두 윤년이잖니. 그러면 100년째 되는 해는 어떻겠니? 암산이 빠른 분희가 말해 볼래?"

"100은 4로 나누어떨어지는 4의 배수예요. 그러니까 당연히 윤년으로부터 100년째 되는 해도 윤년이에요. 맞죠?"

"하하. 아빠가 쳐 놓은 함정에 걸려들었어. 100이 4의 배수인 건 맞는데, 100년째 되는 해, 200년째 되는 해, 300년째 되는 해는 특이하게 윤년이 아니란다."

"네?"

뜻밖의 대답에 분희가 고개를 갸우뚱했다.

"왜요? 100, 200, 300도 모두 4의 배수인데 왜 윤년이 아닌 거죠?"
재각이가 따지듯이 물었다.

"아까 초이가 궁금해한 12분 때문에 예외가 생긴 거란다. 세지 않은 12분 400년 치가 모이면 12분×400=4800분이야. 4800분은 80시간이니까 약 3일(72시간)이 되지. 실제로 없는 시간이 400년 동안 3일 정도 생기는 거야."

"12분도 400년이나 모이니 긴 시간이 되네요. 그래서요?"

"400년 동안 3일을 더 셌으니 400년 중에 3일을 빼야 달력과 실제 지구의 공전 시간이 맞아떨어지겠지?"

아이들이 천천히 고개를 끄덕였다.

"그럼 3일을 어디서 빼요?"

"아까 말한 것처럼 100년째 되는 해에 하루, 200년째 되는 해에 하루, 300년째 되는 해에 하루를 빼는 거란다. 그래서 100년째 되는 해, 200년째 되는 해, 300년째 되는 해는 366일이 아니라 365일이 되는 거고."

"와, 이렇게 세세한 부분까지 놓치지 않고 계산하다니 대단해요."

"그럼 윤년은 4년이 아니라, 정확히 말하면 400년을 주기로 반복되는 거네요?"

"그렇지. 정리하면, 4의 배수가 되는 해에는 모두 2월 29일이 있고 100의 배수인 해에는 모두 2월 29일이 없지만, 예외적으로 400의 배수인 해에는 2월 29일이 있는 거야."

"아, 그렇게 정리하니까 더 쉬워요. 4의 배수인지, 100의 배수인지, 400의 배수인지를 따져 보면 쉽게 윤년을 찾을 수 있겠다. 그렇지?"

초이가 재각이를 보며 물었다.

"아아, 나는 머리가 아파."

재각이가 머리를 잡고 마룻바닥에 대자로 누우며 중얼거렸다.

"허허허. 쉽지 않지. 셀 수 없이 오랜 시간 동안 수많은 사람들의 경험과 지식이 쌓여 지금처럼 정확한 달력이 만들어졌으니 말이다."

초이도 재각이를 따라 마룻바닥에 누워 천장을 올려다봤다.

"신기해요, 시간이란 거. 계속 흘러가니까요."

"그래. 난 너희들을 보면 기분이 묘하단다. 10년 전만 해도 이런 말썽꾸러기 녀석들이 세상에 없었는데 말이지. 하하하."

"10년 뒤에는 우리가 스무 살이 돼. 20년 뒤에는 서른 살이라니. 신기하지 않아?"

분희가 누워 있는 초이와 재각이를 보고 물었다.

"이야옹."

딱지를 가지고 놀던 왓치가 분희의 말을 알아듣기라도 한 것처럼 소리 내어 울었다. 왓치의 울음소리에 초이가 흠칫 놀랐다. 훗날 분희와 재각이가 자신의 엄마, 아빠가 된다는 사실이 새삼 믿기지 않았다. 그리고 분희와 재각이가 미래를 알려 달라고 할까 봐 마음이 조마조마해졌다. 그런 초이의 맘을 아는지 모르는지, 분희가 초이 옆에 걸터앉으며 말했다.

"시간이 흐르면 정말 우리도 어른이 될까? 잘 상상이 안 돼. 너도 그렇지, 초이야?"

"으응. 그런데 음…… 아저씨, 아저씨 생일은 언제예요?"

미래에 대한 이야기가 더 나올까 봐 초이가 말을 돌렸다.

"내 생일? 음력 7월 11일이란다. 너희들, 음력이 뭔지 알지?"

"네! 양력은 태양의 움직임을 중심으로 만든 달력이고, 음력은 달의 움직임을 중심으로 만든 달력이에요."

재각이가 몸을 일으키며 대답했다.

"들어 봤구나."

"기본 상식이죠, 뭐."

재각이가 우쭐대자 아저씨가 재각이의 머리를 쓰다듬으며 말을 이었다.

"양력은 지구가 태양의 주위를 한 바퀴 도는 데 걸리는 시간을 1년으로 잡았지? 음력은 달이 지구 주위를 한 바퀴 공전하는 데 걸리는 시간을 한 달로 잡는단다."

"양력은 1년을 주기로 정하고 음력은 한 달을 주기로 정하네요."

"더 정확히 말하면 우리가 쓰고 있는 음력은 태양과 달의 운동을 함께 생각해서 만든 태양태음력이란다."

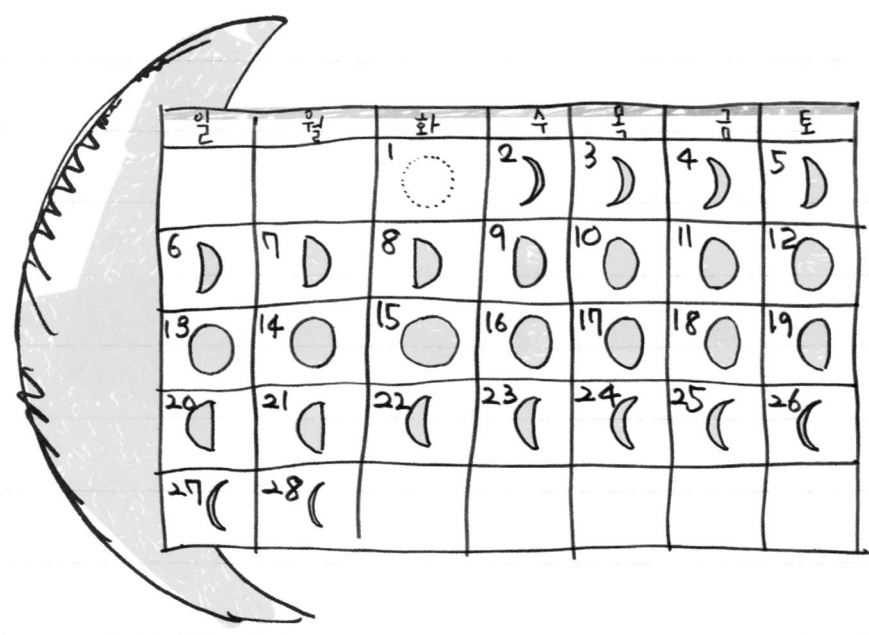

시간의 규칙을 찾아서

재각이가 분희에게 작게 속삭였다.

"음력은 너무 불편해. 우리 할아버지가 생일을 음력으로 쇠셔서 매년 놓치지 않으려고 내가 얼마나 신경을 곤두세우는데."

"너는 아빠 엄마 양력 생일도 잘 까먹잖아. 안 그래?"

분희가 재각이를 보고 웃는 사이 초이가 또 질문을 던졌다.

"왜 옛날 사람들은 음력을 썼어요?"

이번에는 분희가 나섰다.

보름달이 뜬 걸 보니 15일 무렵이구나.

"초이야, 나 알 것 같아. 달의 모습이 한 달 동안 눈에 띄게 바뀌니까 그 모습을 관찰한 거 아닐까?"

"그래. 달의 모습이 규칙적으로 변하는 걸 오랫동안 관찰하다 보니, 초승달이 뜨면 새로운 달이 시작되고 보름달이 뜨면 그 달의 중순인 15일이라는 걸 알 수 있었지. 그래서 인류는 시계나 달력이 생기기 전에 오랫동안 음력으로 날짜를 헤아렸단다."

"아빠, 지금은 정확한 달력과 시계가 있는데 아직도 음력을 사용하는 이유가 뭐예요?"

"풍습 때문이지. 달력이 없던 옛날에는 태어난 날짜를 음력으로만 기억했단다. 그래서 아직도 명절이나 생일을 음력으로 지내는 경우가 많아."

"저희 외할아버지도 생일을 음력으로 쇠셔서 엄마가 늘 헷갈렸다고 했어요. 놓친 적도 있고."

"응? 외할아버지? 입양됐는데 외할아버지를 아니?"

아저씨는 전에 초이가 한 말을 잊은 듯 물었다.

"아, 그게……."

초이가 어떻게 대답하나 망설이는 걸 보고 분희가 나서서 말을 돌렸다.

"달력의 규칙이야 어쨌든 저는 억울해요. 저도 다른 친구들처럼 해마다 생일 축하해 주세요."

"외할아버지, 아니, 아저씨, 그렇게 해 주세요. 제 생일이 4년에 한 번이라면 진짜 섭섭할 것 같아요."

"올해를 포함해서 앞으로 3년간 2월 29일이 없으니까, 세 번의 생일잔치를 한 번에 해 주면 어떨까? 내가 미국에 있는 동안 못 챙겨 준 작년 생일까지 합쳐서 네 번 축하해 주면 되겠다. 아저씨, 허락해주세요. 네?"

초이와 재각이까지 나서자 아저씨가 조금 당황했다.

"허허, 녀석들. 태어난 날이 아닌데 생일이라고 해도 되겠니? 정 원한다면 그렇게 하자."

분희의 얼굴이 환해졌다.

"고마워요, 아빠. 괜히 제가 어린애처럼 굴었어요. 음…… 그래도 생일은 꼭 축하해 주셔야 돼요."

"그래, 그러자. 앞으로 아빠가 꼭 챙겨 줄게. 말이 나온 김에 빵집에 다녀올 테니 잠깐만 기다려 보거라."

"아저씨, 제가 도와 드릴게요. 같이 가요."

재각이가 아저씨를 따라나섰다. 문을 나서는 아저씨와 재각이의 뒷모습을 보고 초이가 시무룩하게 말했다.

"분희야, 나는 지금 가진 게 없어서……. 우리가 나중에 만나면 꼭 축하해 줄게."

"너 정말이지? 나중에 모르는 척하면 나 삐칠 거다."

분희가 장난스럽게 말하자 초이도 활짝 웃었다. 둘이서 집을 정리하는 사이 아저씨와 재각이가 돌아왔다. 양손에 케이크 상자를 하나씩, 모두 네 개나 들고 있었다.

"아니, 케이크가 대체 몇 개야?"

재각이는 분희가 놀라든 말든 아랑곳없이 케이크 네 개를 꺼냈다. 아저씨도 미소를 띤 채 네 개의 케이크에 각각 초를 꽂고 불을 붙었다.

"긴말 할 거 없고, 자, 노래부터 시작! 생일 축하합니다. 생일 축하합니다. 사랑하는 분희의 생일 축하합니다."

재각이가 대답과 동시에 노래를 불렀다. 초이와 아저씨도 노래를 따라 불렀다.

"후아, 후아, 후아, 후아."

노래가 끝나자 분희가 네 개의 케이크에 꽂힌 촛불을 하나씩 불어 껐다. 분희의 눈에 다시 눈물이 맺혔다.

"아빠, 고맙습니다. 애들아, 고마워."

"뭘. 참, 나 너희한테 할 말이 있어."

재각이가 힘차게 말했다.

"뭔데?"

"나 겨울에 호주에 안 가게 됐어. 출장 기간이 짧아서 아빠만 다녀오신대. 잘됐지?"

"아! 겨울에도 같이 놀 수 있겠네. 신난다."

"재각이가 분희한테 가장 큰 생일 선물을 줬네. 안 그래, 초이야?"

아저씨가 초이에게 눈을 찡긋했다.

"초이, 재각이, 아빠랑 같이한 오늘 생일을 정말 잊을 수 없을 거야."

"그럼 기념사진을 남겨야지. 초이야, 우리 사진 좀 찍어 줘."

재각이가 어느새 폴라로이드 사진기를 가져와 초이에게 건넸다.

초이가 카메라를 들자 아저씨와 재각이가 분희 곁에 섰다.

"자, 찍을게요. 왓치, 너도 움직이지 마. 하나, 둘, 셋!"

'찰칵!'

초이의 시간 여행 퀴즈4

분희의 생일은 2월 29일이라 4년에 한 번밖에 돌아오지 않습니다. 4년에 한 번씩만 2월 29일이 끼어 있는 이유가 뭘까요?

시간의 규칙을 찾아서

시간이 차곡차곡 쌓인다

'주룩주룩.'

어젯밤부터 내리기 시작한 봄비가 아침까지 계속됐다.

"분희야, 초이야, 일어나야지! 벌써 7시다."

"조금만 더요. 일요일이잖아요."

방문 밖에서 아저씨가 소리쳤지만 분희와 초이는 여전히 이불을 뒤집어쓰고 있었다. 방 안에 빗소리가 조용히 울려 퍼졌다.

'똑, 똑, 똑.'

"앗, 차가워!"

초이가 화들짝 놀라 눈을 떴다. 초이 얼굴에 빗방울이 떨어지고 있었다.

151

6. 시간이 차곡차곡 쌓인다

"웬 물이지?"

그 순간 천장에서 물이 또 한 방울 떨어졌다. 왓치가 어느새 초이 곁에 다가와 바닥에 떨어진 물을 핥았다. 초이의 목소리에 분희가 부스스 일어났다.

"초이야……, 왜 그래?"

"비가 새나 봐."

초이가 이불로 얼굴을 닦으며 말했다. 분희도 천장을 올려다봤다.

'똑, 똑, 똑.'

"으앗! 계속 떨어져."

"잠깐 기다려 봐. 아빠한테 말씀드려야 할 것 같아."

그때 마침 방문이 열리고 아저씨가 들어왔다. 손에는 빈 분유 통이 들려 있었다.

"저런. 혹시나 했는데 역시 새고 있었구나. 작년 장마 이후에 방수 칠을 안 해 뒀더니 물이 새네.

시간의 규칙을 찾아서

잠시 이걸 받쳐 놓자."

아저씨가 물이 떨어지는 자리에 빈 분유 통을 놓았다.

'통, 통, 통.'

"분희야, 초이야, 너희 앞집 수리공 아저씨 좀 모셔 올래? 지금 계실지 모르겠지만."

"네."

분희와 초이는 서둘러 수리공 아저씨를 찾아갔다. 하지만 수리공 아저씨의 집 앞에는 '출장 중'이라는 팻말이 붙어 있었다.

6. 시간이 차곡차곡 쌓인다

"벌써 나가셨네. 다른 집에 수리하러 가셨나 봐."

"어쩔 수 없지. 일단 집으로 가자."

분희와 초이는 쏟아지는 비를 헤치고 집으로 돌아왔다. 천장에선 여전히 물이 떨어지고 있었다. 아저씨가 방바닥에 떨어진 물을 닦으며 말했다.

"안 계시니? 오늘은 우선 저 통으로 받쳐 놓자꾸나. 나는 작업실에 올라가서 시계에 습기가 찼는지 확인하고 올게. 다른 데서 또 물이 새면 이야기하렴."

"네. 저희는 숙제하고 있을게요."

분희와 초이는 우선 방 안을 정리했다.

"분희야, 숙제해야 돼?"

"응. 나 좀 도와줘. 동시를 지어야 돼."

분희는 가방에서 공책과 연필을 꺼냈다.

"재미있겠다. 같이 해 보자."

학교에 가지 못하는 초이는 분희의 숙제가 오히려 반가웠다.

"봄을 떠올리면서 동시를 짓는 게 숙제야. 가장 멋진 시를 써 온 사람에게 상을 주신대."

"봄? 봄비에 대해 써 볼까……."

분희와 초이는 방바닥에 앉아 각자 생각에 잠겼다. 대화를 멈추자 주변의 소리가 귀에 잘 들어왔다.

시간의 규칙을 찾아서

'째깍, 째깍, 째깍, 째깍.'

'똑.'

'째깍, 째깍, 째깍, 째깍.'

'똑.'

"냐아옹."

한참 주변의 소리를 듣던 분희에게 재미있는 생각이 떠올랐다.

"초이야, 나 신기한 걸 알아낸 것 같아."

"뭔데?"

"시계 소리하고 분유 통에 떨어지는 물방울 소리 말이야. 잘 들어 봐. 굉장히 재미있어."

초이도 소리에 귀를 기울였다.

"물방울 소리와 시계 소리가 규칙적이네? 겹치기도 하고."

"잘 들어 보면 시계의 초침이 네 번 째깍거릴 때 물이 한 방울 떨어져."

분희가 씨익 웃으면서 말을 이었다. 초이가 눈을 감고 다시 소리에 집중했다.

'똑.'

'째깍, 째깍, 째깍, 째깍.'

'똑.'

'째깍, 째깍, 째깍, 째깍.'

"정말이네! 물방울이 4초에 한 방울씩 떨어져. 물방울이 규칙적으로 떨어지니까 물방울도 시계가 될 수 있겠다."

초이가 눈을 반짝이며 말했다.

"하하. 물방울 시계? 그거 말 된다."

분희는 물방울 시계라는 말이 재미있어서 입으로 되뇌었다.

"봄비랑 물방울 시계…… 잠깐만, 나 시상이 떠올랐어."

분희는 공책에 생각을 끄적이기 시작했다. 초이가 궁금해서 공책을 보려는 순간 분희가 고개를 들었다.

"다 썼지롱. 들어 봐."

그때 재각이가 큰 소리로 분희를 부르며 들어왔다. 우산을 제대로 쓰지 않았는지 어깨가 다 젖어 있었다.

"지금 너한테 전화하려고 했는데. 우리가 멋진 동시를 지었거든. 한번 들어 볼래?"

"진짜? 어쩐지 너희 집에 놀러 오고 싶더라. 텔레파시가 통했네."

재각이가 분희를 보고 활짝 웃었다.

"재각아, 나는 안 보여?"

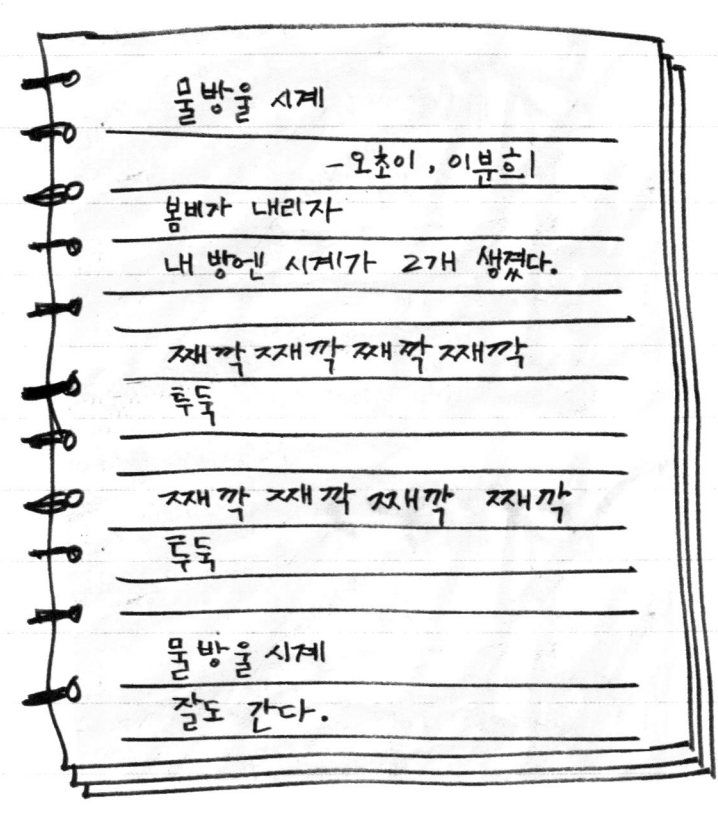

물방울 시계

　　　－오초이, 이분희

봄비가 내리자

내 방엔 시계가 2개 생겼다.

째깍 쩨깍 째깍 쩨깍

투둑

쩨깍 째깍 쩨깍 쩨깍

투둑

물방울 시계

잘도 간다.

　초이가 눈을 흘기자 재각이가 멋쩍게 웃으며 초이에게도 인사
했다.

　"초이야, 안녕? 나 동시부터 들려줘."

　"짝짝짝짝. 멋지다."

　초이가 박수를 치며 좋아했다. 재각이 역시 고개를 끄덕이며 박수
를 쳐 주었다.

시간의 규칙을 찾아서

"이게 바로 물방울 시계구나."

재각이는 방에 받쳐 둔 분유 통을 바라보았다.

"응. 시계가 1초에 한 번 째깍거리는 것처럼 4초에 한 번씩 물방울 떨어지는 소리가 나. 들어 봐."

초이의 말에 재각이가 눈을 반짝이며 말했다.

"잠깐만, 이걸로 정말 시계를 만들 수도 있겠어."

초이와 분희가 의아해하자 재각이가 두 사람을 번갈아 보며 천천히 말을 이었다.

"생각해 봐. **물방울이 4초에 한 방울씩 떨어진다면 우선 4초를 잴 수 있어. 그렇지?**"

"응. 그런데?"

"**만약 물방울이 4초마다 한 번씩 다섯 번 떨어지면, 4초×5=20초야. 그리고 물방울이 열 번 떨어지면 4초×10=40초거든.** 그럼 1분도 잴 수 있잖아. 1분은 60초니까."

"내가 해 볼래. **60초÷4초=15니까 물이 15방울 떨어지면 1분이구나!**"

초이가 무릎을 치며 말했다.

"맞아. 물의 양으로도 한번 생각해 볼까. 1분에 15방울이 떨어지니까, 10분이 지나면 15방울×10=150방울, 30분이 지나면 15방울×30=450방울, 60분이 지나면 15방울×60=900방울이야."

$\unicode{x1F4A7} = 4$초

$\unicode{x1F4A7}\unicode{x1F4A7}\unicode{x1F4A7}\unicode{x1F4A7}\unicode{x1F4A7} = 4$초 $\times$ 5방울 = 20초

$\unicode{x1F4A7}\unicode{x1F4A7}\unicode{x1F4A7}\unicode{x1F4A7}\unicode{x1F4A7}$
$\unicode{x1F4A7}\unicode{x1F4A7}\unicode{x1F4A7}\unicode{x1F4A7}\unicode{x1F4A7}$ $= 4$초 $\times$ 10방울 = 40초

$\unicode{x1F4A7}\unicode{x1F4A7}\unicode{x1F4A7}\unicode{x1F4A7}\unicode{x1F4A7}$
$\unicode{x1F4A7}\unicode{x1F4A7}\unicode{x1F4A7}\unicode{x1F4A7}\unicode{x1F4A7}$ $= 4$초 $\times$ 15방울 = 60초 = 1분
$\unicode{x1F4A7}\unicode{x1F4A7}\unicode{x1F4A7}\unicode{x1F4A7}\unicode{x1F4A7}$

초이가 덧붙였다.

"물방울이 계속해서 일정하게 떨어지면 물의 양이 일정하게 늘어나네. 그럼 물이 얼마나 고였는지를 보면 시간을 알 수 있겠다. 미리 물의 양을 표시해 두면 다음에 시계로 사용할 수 있고."

초이는 이제야 '시계를 만들 수 있다'는 재각이의 말이 이해됐다.

"내 말이 그 말이야! 초이 네가 내 마음을 읽다니."

시간의 규칙을 찾아서

재각이가 초이를 바라보고 소리쳤다.

"웬일이야, 둘이? 맨날 아웅다웅하더니."

"에이, 우리가 언제."

분희의 말에 초이와 재각이는 피식 웃었다. 물론 어린 시절의 아빠이지만, 초이에게는 아빠의 칭찬이 반가웠다. 아빠가 말한 물방울 시계를 직접 만들어서 더 큰 칭찬을 받고 싶어졌다.

"우리 지금 당장 만들어 보자."

"좋아!"

재각이가 고개를 끄덕이며 분유 통을 들고 나가 물을 쏟아 냈다. 분희는 비의 양을 표시할 유성 펜을 꺼내 왔다. 초이가 빈 분유 통과 유성 펜을 들고 떨어지는 물방울을 올려다보며 말했다.

"음…… 지금부터 물방울 수를 셀까?"

그 말에 분희가 고개를 저었다.

"아니. 물방울 수를 세다가 놓칠 수도 있잖아. 시계를 보고 10분마다 늘어난 물 높이를 표시하는 게 어때?"

"나도 그게 더 정확할 것 같아. 이제부터 10분 간격으로 눈금 표시를 하자."

이번에는 초이가 고개를 저었다.

"분유 통은 바깥에서 물 높이가 잘 보이지 않아. 분희야, 속이 들여다보이는 통은 없니?"

10분   30분   1시간

"꼭 분유 통처럼 생겨야 되는 거야?"

"아니. 윗면과 아랫면의 넓이가 일정한 기둥 모양이면 돼."

"원통 모양의 유리병이 있어. 잠깐만."

초이는 분희가 가져온 유리병을 분유 통을 놓았던 자리에 놓았다.

그리고 10분이 지날 때마다 물 높이를 표시했다. 그렇게 한 시간이

시간의 규칙을 찾아서

지나자 유리병에 일정한 간격으로 6개의 선이 그려졌다.

"60분! 한 시간이 지났어! 이제 물 높이만 봐도 10분 단위로 시간을 알 수 있겠다."

재각이가 큰 소리로 외쳤다. 밖에는 여전히 비가 세차게 내리고 있었다. 재각이의 외침에 졸고 있던 왓치가 일어나 유리병 가까이 다가왔다. 왓치가 유리병을 향해 앞발을 뻗었다.

"이야옹."

"왓치, 왜 그래?"

왓치가 바라보는 것은 물 위에 떠 있는 작은 스티로폼 조각이었다.

"어? 여기 스티로폼 조각이 떠 있어."

초이가 분희와 재각이에게 말했다.

"초이는 시계를 보고 있어서 몰랐구나. 이거 아까부터 있었어. 처음에는 바닥에 있다가 물이 차오르면서 점점 떠올랐잖아."

"나도 봤어. 저걸 보니까 왠지 장영실이 된 것 같지 않니?"

재각이가 갑자기 신이 난 듯 말했다. 초이와 분희는 고개를 갸우뚱했다.

"장영실이라면 조선 시대 과학자잖아. 장영실은 갑자기 왜?"

"장영실은 우리나라 최초로 자동 물시계를 발명한 분이야. 설마 우리나라 최초의 자동 물시계를 모르는 건 아니지?"

재각이가 으스대며 말하자 초이의 머릿속이 복잡해졌다.

"아…… 알아! 자…… 뭐였지? 자……."

"하하. 그것도 몰라? 자격루!"

"그래, 자격루. 나도 알아. 잘난 척하기는."

초이는 자기를 놀리는 재각이가 얄미워 눈을 흘겼다.

"에그. 둘이 친해진 줄 알았더니. 잠깐만 있어 봐. 음…… 자격루 앞에서 찍은 사진이 있었는데……."

분희는 앨범을 꺼내서 사진 한 장을 찾았다. 사진 속 분희와 아저씨 뒤쪽에 자격루가 보였다.

"예전에 아빠랑 덕수궁에 놀러 갔다가 찍은 사진이야."

"맞아, 저 안에 물통이 있다고."

파수호

구슬

잣대

수수호

재각이는 작게 중얼거리면서 사진 속 자격루를 들여다보았다. 분희가 기억을 더듬으며 말을 이었다.

"맑은 날에는 해시계를 쓸 수 있지만 오늘처럼 비가 오는 날에는 해시계를 쓸 수가 없었대. 그래서 일정한 양의 물을 떨어트려서 시간을 재는 물시계를 만들었다고 해. 기록에 따르면 우리 조상들은 신라 시대 때부터 물시계를 사용했고 세종 대왕 시절에 장영실과 과학자들이 자동으로 시간을 알리는 자격루를 만들었어."

"자동으로? 어떻게 시간을 자동으로 알릴 수가 있어?"

초이가 분희에게 물었다. 이번에는 재각이가 나섰다.

"그건 내가 설명할게. 며칠 전에 장영실에 관한 책을 읽었거든. **파 수호라는 물 항아리에서 물이 떨어지면 좀 더 작은 항아리를 거쳐서 수수호라는 기다란 통 안에 물이 조금씩 일정하게 차올라.** 우리가 빗물을 받은 유리병처럼 말이야. **수수호 안에 잣대라는 나무 막대가 들어 있는데, 물이 차오르면 잣대가 위로 떠오르지.**"

"잣대가 떠올라? 유리병 안에 들어 있던 스티로폼처럼?"

분희의 물음에 재각이가 고개를 크게 끄덕였다.

"응. 그런데 잣대는 위로 떠오르면서 구슬을 건드리도록 설치되어 있어. 구슬이 떨어지면서 종을 쳐서 시간을 알리는 거고."

"아하, **물이 차오르면 잣대가 떠올라 구슬을 건드리고, 구슬이 떨어지면서 종을 치는구나.** 정말 기발한데?"

초이의 머릿속에 자격루의 원리가 쉽게 그려졌다.

"감탄할 시간 없어. 비가 그치기 전에 우리가 만든 물방울 시계를 사용해 보자."

재각이가 유리병의 물을 비우면서 아이들을 재촉했다. 분희가 서둘러 나무 쌓기 보드게임을 꺼냈다.

"한 시간 동안 게임을 하고 그 안에 나무 기둥을 가장 덜 넘어뜨린 사람에게 상을 주는 게 어때?"

시간의 규칙을 찾아서

"좋아. 지금부터 시간을 잴게."

재각이는 그 말과 동시에 눈금이 그려진 유리병을 빗방울이 떨어지는 곳에 내려놓았다.

'투둑, 투둑.'

다시 유리병에 빗물이 고이기 시작했다. 한창 게임에 열중하고 있을 때 왓치의 울음소리가 들렸다.

"야옹."

시간을 잊고 게임을 하던 셋이 일제히 유리병을 쳐다봤다. 물이

비가 그치면서 물방울이 처음보다 조금씩 떨어진 거야.

60분을 가리키는 눈금 가까이 차 있었다.

"벌써 한 시간이 다 됐구나. 내가 이긴 것 같아!"

초이가 신나서 소리를 질렀다. 그런데 시계를 올려다보니 게임을 시작한 지 한 시간하고도 20분이 더 지나 있었다.

"어, 이상하다. 물시계가 틀렸어. 왜지?"

재각이와 초이가 서로 마주 보고 생각에 잠겼다. 그때 분희가 일어나서 창문을 활짝 열었다.

"애들아, 이것 봐. 비가 거의 그쳤어."

1 시간

4초에 한방울

8초에 한방울

1 시간

1 시간

"아! 비가 그치면서 물이 조금씩 떨어지게 된 거야."

재각이가 고개를 끄덕였다.

"그게 무슨 말이야?"

의아해하는 초이에게 재각이가 설명했다.

"초이야, 어렵지 않아. 우리가 유리병에 눈금을 그릴 때는 4초마다 물 한 방울이 떨어졌잖아. 그런데 빗줄기가 약해지면서 같은 시간 동안 물방울이 적게 떨어진 거야."

분희도 거들었다.

"예를 들어, 빗물의 양이 줄어서 8초에 한 방울씩만 떨어진다고 생각해 봐. 그럼 한 시간이 지나도 우리가 표시한 눈금의 반밖에 차지 않을 거야."

초이는 그제야 물시계가 틀린 이유를 알 수 있었다.

"빗물의 양이 줄어서 물이 차오르는 데 더 많은 시간이 걸린 거구나. 그럼 물시계는 물이 떨어지는 양이 늘 일정해야겠네. 너희가 알려 주니까 참 쉽다."

초이가 방긋 웃으며 말을 이었다.

"우리가 만든 물시계에 이름을 붙여 줄래. '차곡차곡 물시계' 어때? 물방울이 차곡차곡 쌓여서 시간을 알려 준다는 뜻이야."

"오, 괜찮은데. 초이 너, 이름 좀 짓는다."

분희가 엄지손가락을 세웠다.

"차곡차곡 물시계라고 하니까 생각났는데, 나한테도 재미있는 시계가 있어. 보여 줄게."

재각이가 가방에서 수건 뭉치를 꺼내면서 말했다.

"뭔데 그렇게 수건으로 꽁꽁 싸맸어?"

"앗, 모래시계잖아!"

재각이가 수건 뭉치에서 꺼낸 것은 모래시계였다. 장구처럼 가운데가 잘록한 유리그릇에 은빛 모래가 들어 있었다. 초이의 머릿속에 미래에서 있었던 일이 떠올랐다. 그동안 깨진 모래시계를 까맣게 잊고 있었다. 분희는 그런 초이의 맘을 아는지 모르는지 모래시계를 이리저리 뒤집어 보고 있었다.

"와, 모래가 정말 곱다. 꼭 은빛으로 빛나는 것 같아."

"하하. 오재각 님의 모래시계가 좀 멋있지?"

재각이가 팔짱을 끼며 으스댔다.

"내가 제일 아끼는 모래시계야. 아빠가 이집트에서 사 오신 건데 이집트 사막의 최고급 모래를 사용했대."

"최고급 모래는 뭐가 다른 거야?"

"물이 일정하게 떨어져야 정확한 물시계가 되는 것처럼, 모래시계도

6. 시간이 차곡차곡 쌓인다

모래가 일정한 양씩 떨어져야 정확하게 시간을 잴 수 있거든. 그래서 알갱이 크기가 거의 비슷하고 습기가 없는 모래를 넣는대.”

초이도 손을 뻗어 재각이의 모래시계를 뒤집어 보았다.

‘쏴아.’

고운 모래가 천천히 떨어지기 시작했다. 그때 아저씨가 마실 것을 가지고 들어왔다.

“얘들아, 이제 비 안 새지? 하늘이 맑게 갰다.”

“아저씨, 안녕하세요. 저희들이 물방울 시계를 만들었어요.”

재각이가 인사하자, 아저씨가 물방울 시계를 보며 고개를 끄덕였다.

“아빠, 재각이의 모래시계 좀 보세요. 멋지죠?”

“잠깐만. 내가 다른 모래시계도 보여 주마.”

아저씨는 작업실에 올라가서 여러 가지 크기의 모래시계를 들고

4시간   2시간   1시간   30분

시간의 규칙을 찾아서

내려왔다.

"재각이 것보다 큰 것도 있고 작은 것도 있네요."

아이들은 모래시계를 크기별로 나란히 세웠다. 초이가 모래시계에 들어 있는 모래를 들여다보며 중얼거렸다.

"큰 모래시계에는 모래가 더 많이 담겨 있네. 그럼 더 긴 시간을 잴 수 있나?"

"그렇지, **허리 부분의 폭이 같다면. 이 중에서는 4시간짜리에 가장 많은 모래가 담겨 있어.** 2시간짜리는 당연히 모래의 양이 그보다 적고, 1시간짜리에는 그보다 더 조금 들어 있단다. 3분을 잴 수 있는 더 작은 모래시계도 있었는데 예전에 재각이 아버지한테 두 개 선물했단다. 재각아, 그거 잘 쓰고 있니?"

"네. 하나는 계란 삶을 때 쓰려고 부엌에 두었고, 또 하나는……."

재각이가 쭈뼛쭈뼛 말을 이었다.

"그게…… 내가 양치질을 하도 대충 해서 말이야. 아빠가 3분 동안 시간을 재면서 하라고 화장실에 두셨어."

"뭐?"

"그게 정말이야?"

재각이의 말에 모두가 한바탕 크게 웃었다.

아저씨가 나간 뒤 초이가 조심스럽게 말문을 열었다.

"얘들아, 나 사실 과거로 올 때 깨진 모래시계를 들고 왔어. 나도 모르게 모래시계를 훔쳐 왔다가 집에서 깨트리고 말았거든. 그 바람에 모래시계 속 모래가 오래된 일기장에 쏟아졌어. 그때 굉장히 시끄러운 시계 초침 소리가 들렸는데, 아마 그 순간에 과거로 이동한 것 같아."

"혹시 내 책상 아래에 둔 모래시계가 그거니?"

분희가 묻자 초이가 고개를 끄덕였다.

"네 추측이 맞다면 그 모래시계 때문에 시간 여행을 하게 된 거네. 그 모래시계를 고치면 다시 돌아갈 수 있지 않을까?"

재각이가 마치 탐정처럼 진지한 얼굴로 말했다. 초이는 그 말에 눈이 동그래졌다. 모래시계를 고치는 건 지금까지 생각지도 못한 방법이었다.

"잠깐만. 내가 가져올게."

분희는 초이를 돕고 싶은 마음에 깨진 모래시계를 찾아왔다. 초이와 분희, 재각이가 모래시계를 앞에 두고 동그랗게 모여 앉았다. 하지만 깨진 모래시계 안에는 모래가 하나도 남아 있지 않았다.

"모래가 모두 쏟아져서 텅 비어 버렸어. 나는 이제 돌아갈 수 없는 건가 봐."

초이가 왈칵 울음을 터트렸다. 분희는 어떻게 할지 몰라서 울먹이는 초이를 바라보고만 있었다. 한참 동안 말이 없던 재각이가 초이에게 자신의 모래시계를 건넸다.

시간의 규칙을 찾아서

"이 모래시계를 너에게 줄게. 이 안에 들어 있는 모래를 네 모래시계에 넣고 깨진 부분을 랩으로 감싸자. 크기도 비슷하니까 모래를 다 넣으면 되겠다."

초이는 재각이의 말에 깜짝 놀라 울음을 멈췄다.

"하지만 이건 네가 아끼는 모래시계잖아."

"괜찮아. 너, 집으로 돌아가고 싶잖아."

"정말 고마워, 재각아."

초이의 가슴 한편이 뜨거워졌다. 재각이가 공구함에서 망치를 가져와 모래시계의 유리 한쪽을 깼다. 그리고 초이의 모래시계 안에 모래를 쏟아부었다. 분희는 부엌에서 가져온 랩으로 깨진 부분을 감싸 붙였다.

"와, 감쪽같아."

모래시계를 세워 놓자 모래가 아래로 떨어졌다.

"그런데 이제 어떻게 하지? 모래시계를 고쳤는데도 아직 과거에 있는데……."

초이가 생각에 잠겼다.

"분명히 무언가 다른 조건이 필요할 거야. 그건 다시 천천히 생각해 보자."

분희가 초이를 위로하면서 밝게 웃었다.

"그래. 일단 모래시계를 고쳤잖아. 오늘도 정말 많은 일이 있었네. 초이가 온 뒤 하루하루가 재미있어. 난 집에 갔다가 내일 또 놀러 올게."

재각이가 집에 가고 나서 분희와 초이는 잠자리에 들었다.

"초이야, 아무 생각 말고 오늘은 편히 자. 알겠지?"

"으응. 잘 자, 분희야. 여기서 너를 만나서 정말 다행이야."

하지만 초이는 과거로 오던 그날을 생각하느라 잠을 이룰 수가 없었다.

부피로 시간을 잰다, 모래시계

  최초의 시계는 기원전 **3000**년에 이집트에서 쓴 해시계로 알려져 있습니다. 해시계는 낮 동안 막대의 그림자 방향이 변하는 것을 눈금으로 표시해 시간을 측정하는 장치입니다. 그 후 그림자의 길이로 시간은 물론이고 계절까지 가늠할 수 있는 정교한 해시계도 만들어졌습니다. 물론 해시계는 해가 없는 밤이나 비 오는 날에는 사용할 수 없었지요. 그런 불편을 없애기 위해 일정한 양의 물이 흐르도록 만들고 고인 물의 부피로 시간을 재는 물시계가 고안되었습니다. 하지만 긴 시간을 재기 위해서는 큰 물그릇이 필요했기 때문에 물시계는 휴대하기 어려웠습니다. 이런 단점을 보완하기 위해 만들어진 것이 바로 모래시계입니다.

  8세기에 프랑스의 성직자 라우트프랑은 허리가 잘록한 유리병 안에 크기가 균일하고 잘 마른 모래를 넣어 모래시계를 만들었습니다. 물의 부피 대신 모래의 부피로 시간을 재는 원리입니다. 모래시계는 유리병 안의 모래가 위쪽에서 아래쪽으로 모두 떨어질 때까지의 시간이 늘 일정하기 때문에 단위 시간을 재는 데 편리합니다. 뒤집으면 곧장 다시 시간을 잴 수 있고, 크기가 작아 휴대하기도 좋지요. 모래시계는 현재까지도 달걀을 삶을 때와 같이 일정한 시간을 잴 때 널리 쓰이고 있습니다.

하늘을 도는 별자리 시계

"학교 다녀왔습니다!"

"분희 왔니?"

"네. 그런데 초이는요?"

분희가 책가방을 던지듯이 내려놓고 초이를 찾았다.

'어제 초이가 잠을 못 자고 계속 뒤척였는데, 혹시 혼자 어디로 가 버린 건 아니겠지.'

분희는 초이가 떠났을까 걱정되어 집 안을 살피기 시작했다.

"아저씨, 다 됐어요."

그때 초이가 큰 종이백을 들고 2층 작업실에서 종종걸음으로 내려왔다. 분희는 안도하며 초이에게 물었다.

"초이야, 그게 뭐야?"

"아저씨께서 수리하신 시계야. 가지고 내려오라고 하셔서."

"너희들 그 시계 좀 배달하고 오렴."

"배달이오?"

분희와 초이가 시계를 한 번 보고 다시 아저씨를 쳐다봤다.

"응. 약초 할머니께서 시계를 맡기셨는데 오늘 꼭 필요하다고 전화를 하셨지 뭐니. 건전지는 넣지 않았다고 말씀드리거라. 나는 중요한 약속 때문에 지금 나가 봐야 해. 부탁한다."

"알겠어요, 아빠. 약초 할머니가 뒷산 꼭대기에 살고 계시지요?"

분희가 가끔 약초를 들고 오시는 약초 할머니를 떠올리며 말했다.

"그래. 그렇게 높은 곳은 아니니 운동 삼아 다녀오렴."

"얼마나 걸리는데요?"

"우리 걸음으로 한 시간 반 정도면 올라갈 수 있어. 그렇죠, 아빠?"

"응. 재각이가 뒷산에 자주 간다고 해서 재각이에게도 와 달라고 부탁했단다. 재각이가 등산로를 잘 알고 있을 거야."

"재각이도요?"

재각이가 온다는 말에 분희의 표정이 밝아졌다. 그런 분희를 보고 초이도 미소를 지었다.

'엄마도 어릴 때부터 아빠를 좋아했구나.'

초이는 많이 걷는 걸 싫어하는 데다가 어른 없이 산에 간다는 게 걱정됐다. 하지만 그동안 자기를 돌봐 준 외할아버지의 심부름을 멋지게 해내고 싶었다.

"저희가 잘 배달하고 올게요. 걱정 마세요."

초이가 힘차게 대답했다.

"고맙다."

"참! 왓치도 함께 가도 돼요?"

"그럼, 왓치만 괜찮다면야."

"너도 좋지, 왓치?"

왓치가 초이의 말을 알아들은 듯 주변을 뱅글뱅글 돌았다.

"얘들아, 나 왔어!"

"마침 딱 맞춰 왔네."

분희가 대문을 열자 재각이가 등에 커다란 배낭을 메고 마당에 들어섰다.

"하하하. 너 에베레스트 산 올라가도 되겠다."

초이가 재각이를 보고 깔깔거리자 분희도 따라 웃었다.

"멋지지? 우리끼리 뒷산을 정복하기 위해 내가 단단히 준비해 왔지."

재각이는 탐험가라도 된 듯이 자신의 묵직한 배낭을 아이들에게 들이밀며 말했다.

"거기 삐져나온 과자나 잘 넣고 말해."

초이가 과자로 가득한 재각이의 배낭을 들여다보며 말했다.

"산에 가서 배고프면 어떻게 하려고 그래? 비상식량은 꼭 필요하다고! 너 나중에 먹기만 해 봐."

"쳇, 혼자 많이 먹어. 가방이 무거우면 더 힘들 텐데."

초이와 재각이가 투닥거리는 사이 아저씨의 목소리가 들렸다.

"가는 방법을 알려 줄 테니 잘 들으렴."

아이들의 눈이 아저씨에게 향했다.

"집 뒷마당으로 나가면 약수터로 올라가는 길이 있지? 약수터에서 이정표를 따라 등산로로 쭉 올라가면 된단다. 등산로 밖으로 나가면 위험한 거 알지? 산에서는 해가 일찍 지니 서두르렴."

"제가 등산로를 잘 아니까 걱정 마세요."

재각이가 씩씩하게 대답했다.

"그래, 그럼 잘 다녀오너라."

"다녀오겠습니다."

셋은 합창하듯이 인사하고 집을 나섰다.

"왠지 모험을 떠나는 기분이야."

초이가 신이 나서 말했다.

"맞아."

"이야옹."

재각이와 왓치도 맞장구를 쳤다.

"얘들아, 우리 놀러 가는 게 아니라 시계 배달 가는 중이거든."

초이와 재각이에게 핀잔을 주었지만 분희도 내심 기대되는 표정이었다. 신나게 걷다 보니 어느새 약수터 길에 접어들었다.

"난 벌써 힘들어. 우리 약숫물 한 모금씩 마시고 가자."

초이가 약수터로 먼저 다가가며 말했다.

"좋아."

아이들은 각자 바가지에 물을 한가득 담아 꿀꺽꿀꺽 소리가 나도록 마셨다. 초이는 두 바가지나 더 들이켰다.

"캬아, 시원하고 달아."

"이쪽으로 가면 돼."

재각이가 약수터 옆에 있는 표지판을 가리키며 말했다. 초이가 좋은 생각이 났는지 손가락을 튕겼다.

"우리 꼴등 한 사람이 1등의 소원을 들어주기로 하자!"

"좋아!"

분희와 재각이도 찬성했다.

"그럼 내가 먼저 가야지."

초이가 재각이와 분희를 앞질러 걸었다.

"무슨 소리! 1등은 내 거라고."

재각이가 질세라 초이 앞으로 달려 나갔다.

"누가 할 소리!"

분희도 지지 않겠다는 듯 재각이와 초이를 따라갔다. 초이, 분희, 재각이는 등산로를 따라 신나게 달렸다.

그렇게 한참 앞서거니 뒤서거니 하던 초이가 갑자기 멈춰 섰다.

"무슨 일이야?"

가장 앞서 가던 재각이가 초이를 돌아봤다.

"초이야, 너 어디 아파?"

분희도 따라와 물었다. 초이의 표정이 좋지 않았다. 두 아이가 멈춰 서자 초이가 머쓱한 미소를 지으며 대답했다.

"그게…… 화장실이 급해. 아까 약숫물을 너무 많이 마셨나 봐."

"뭐? 하하하."

재각이와 분희가 배를 잡고 웃기 시작했다.

"웃지 마. 난 급하다고."

"어, 미안. 숲 속에서 적당한 장소를 찾아봐."

분희가 애써 웃음을 참으며 말했다.

"어디 가지 말고 여기 있어. 뒤 돌아보지 말고."

초이는 왓치와 등산로를 벗어나 숲 안쪽으로 들어갔다. 풀이 우거져 있었지만 왓치와 함께 가니 무섭지 않았다.

"휴, 살았다. 왓치, 이제 가자."

하지만 숲에 함께 들어온 왓치가 보이지 않았다.

"왓치! 어디 갔지? 얘들아, 혹시 왓치 거기 있니?"

"아니, 없는데."

"왓치가 없어졌어!"

초이의 말을 듣고 분희와 재각이가 달려왔다.

"왓치가 없어졌다고?"

"분명히 여기 내려놓고 볼일을 봤는데 사라져 버렸어."

초이는 눈물이 그렁그렁한 채로 말했다.

"멀리 안 갔을 거야. 주변을 찾아보자."

"왓치! 왓치!"

아이들은 왓치를 찾아 한참이나 주변을 돌았다.

"냐아옹."

어둑어둑해질 무렵 멀리서 희미한 울음소리가 들렸다.

"애들아, 잠깐만! 왓치가 저리로 갔어."

초이가 소리 난 쪽으로 달려갔다. 분희와 재각이도 초이를 쫓아갔다.

왓치는 커다란 바위 앞에서 서성이고 있었다. 그 곁에 약초 할머니가 힘없이 앉아 있었다. 고개를 들지 못하고 끙끙대는 걸 보니 어딘가 다친 모양이었다.

"약초 할머니!"

"할머니, 괜찮으세요?"

평소에 할머니를 알고 지내던 분희와 재각이가 할머니를 부르며 다가갔다.

"아이고, 분희랑 재각이구나. 너희들이 온다기에 좀 주려고 약초를 뜯으러 나왔다가 큰 나무뿌리에 걸려 넘어졌지 뭐냐. 발목이 부어서 걸을 수가 없구나. 그런데 너희들 나를 어떻게 찾았니?"

약초 할머니!

시간의 규칙을 찾아서

"왓치를 찾다가요. 여기 초이라는 친구가 키우는 고양이예요."

분희가 초이와 왓치를 가리키며 말했다. 할머니가 재각이의 부축을 받으며 일어나 천천히 걸음을 뗐다.

"좀 걸을 만하구나. 너희들 아니었으면 숲에서 꼼짝도 못할 뻔했지 뭐냐."

"저희가 집까지 모셔다 드릴게요."

"고맙다. 같이 올라가자꾸나."

"그런데 할머니, 집에 돌아가는 길 아세요? 왓치를 찾느라 등산로를 벗어났더니 길을 잘 모르겠어요."

재각이가 주변을 두리번거리며 말했다.

"흠, 나도 길을 잃는 바람에 정확히는 모르겠구나. 아마도…… 내가 집에서 남쪽 방향으로 한 시간 정도 내려왔으니 북쪽으로 한 시간 정도 올라가면 집 근처에 닿을 수 있을 거야."

"그런데 어디가 북쪽이에요?"

초이가 난감한 듯 주위를 둘러보았다. 산속에는 이미 어둠이 내려 있었다.

"잠깐! 내 가방에 나침반이랑 지도가 있어!"

재각이가 소리치고 가방을 뒤지기 시작했다.

"어, 왜 없지? 아…… 과자를 넣느라 책상에 그냥 두고 왔나 봐!"

"뭐야, 오재각!"

분희와 초이가 동시에 외쳤다.

"어떻게 해. 이제 정말 캄캄해졌어."

"아빠가 걱정하실 텐데."

"할머니, 죄송해요. 제가 나침반을 놓고 와서 어디로 가야 하는지 알 길이 없어요."

재각이가 고개를 푹 숙이고 말했다.

"재각아, 걱정 말거라. 해가 지고 별이 보이면 나침반이 없어도 집에 갈 수가 있단다."

"정말요? 어떻게요?"

시간의 규칙을 찾아서

"세상에서 가장 큰 나침반과 시계가 저 위에 있거든."

할머니가 손가락으로 하늘을 가리켰다. 그 말에 아이들은 어리둥절해졌다.

"나침반과 시계요?"

"하늘에 그런 게 있을 리가 없어요."

할머니가 인자한 표정으로 아이들을 돌아보더니 하늘 한쪽을 가리켰다.

"저기 밤하늘 높이 밝은 별이 보이니? 저 별이 있는 방향이 북쪽

저 별이 늘 북쪽에 떠 있는 북극성이다.

이란다.”

할머니의 손끝에 밝게 빛나는 별 하나가 걸렸다. 초이가 할머니가 가리키는 별을 올려다보며 물었다.

“저 별이오? 그런데 저 별이 북쪽에 있다는 걸 어떻게 아세요?”

할머니가 초이를 향해 빙긋 웃고 대답했다.

“저 별은 북극성이란다. 작은곰자리라고 부르는 별자리에 속하고 언제나 북쪽에 있어. 그래서 북극성을 찾으면 북쪽이 어딘지 알 수 있단다.”

초이를 따라 재각이와 분희도 할머니의 손끝이 가리키는 북극성을 올려다보았다.

“늘 북쪽에 있다니 정말 나침반 같은데요.”

“그렇지.”

“그런데 할머니, 저 많은 별 중에 저 별이 북극성이란 걸 어떻게 알아요?”

재각이가 물었다.

“다 방법이 있단다. 너희들 북두칠성은 알지?”

“네. 국자 모양의 별이잖아요. 저기 있네요.”

재각이가 북두칠성이 있는 곳을 단번에 가리켰다. 특이한 모양 덕분에 금방 눈에 들어왔다.

“와, 정말이네. 책에서 봤던 북두칠성이다!”

어두운 하늘에 선명하게 빛나는 북두칠성을 보고 초이가 탄성을

시간의 규칙을 찾아서

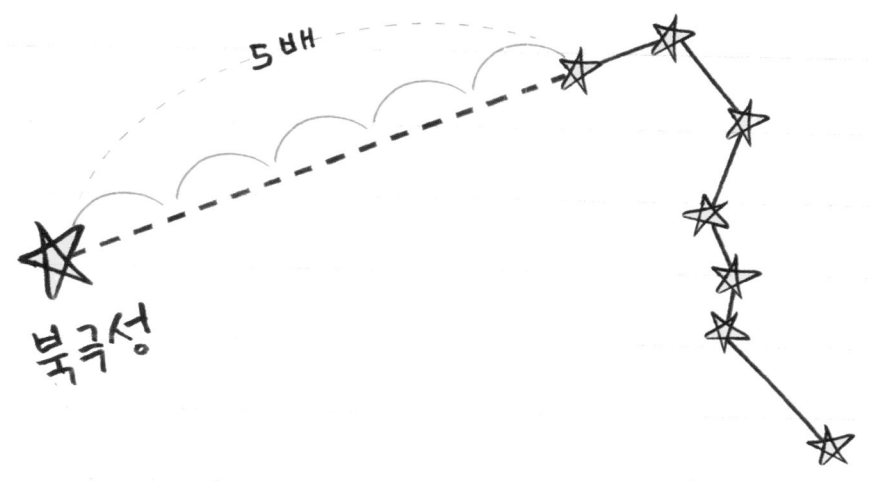

5배

북극성

질렀다.

"북두칠성을 이루는 일곱 개의 별 중에서 국자 모양의 끝 부분을 보거라. 입을 대고 마시는 부분에 있는 별 두 개 말이다. 그 두 별의 간격의 5배만큼 떨어진 거리에 북극성이 있단다."

"진짜네! 정말 신기해요."

북극성을 찾고 기뻐하던 초이가 할머니에게 물었다.

"할머니, 북극성은 어떻게 늘 북쪽을 알려 줘요?"

분희와 재각이도 할머니의 대답을 기다렸다.

"너희들, 자전이 무엇인지 아니?"

"네. 지구가 스스로 하루에 한 바퀴씩 도는 것을 자전이라고 해요.

지구가 자전축을 중심으로 돈다고 배웠어요."

분희가 말했다.

"잘 아는구나. 우주에서 지구를 바라보면 그렇게 보인
단다. 머릿속으로 자전축을 우주 공간까지 쭉 늘여 보
렴. 연장한 자전축과 아주 가까운 곳에 북극성이 있
단다. 즉 별이 지구의 북쪽 하늘에 있는 셈이
야. 그래서 지구 북반구에서는 북극
성을 찾으면 북쪽을 알 수가 있
지."

"그래서 북극성을 세상에서 제일
큰 나침반이라고 하셨군요."

초이가 고개를 끄덕였다.

"그럼 북극성은 북반구에서만 볼 수 있어요?"

"당연하지. 남반구에선 보이지 않는단다."

"쯔쯔. 남반구 사람들은 밤에 방향을 알 수 없겠네요."

재각이가 혀를 차자 할머니가 고개를 저었다.

"북극성은 없지만 남쪽에서는 남십자자리와 같은 별자리를 이용하
면 돼. 또 낮에는 태양이 뜨고 지는 것으로 방향을 알 수 있지."

분희가 고개를 끄덕이며 말했다.

"맞아요! 태양이 뜨는 곳이 동쪽이고 지는 곳이 서쪽이니까 방향

시간의 규칙을 찾아서

을 알 수 있어요. 재각이 넌 몰랐지?"

"쳇, 나도 그 정도는 안다고. 내가 전에 해시계에 대해서 설명한 것 잊었어?"

재각이가 입술을 내밀었다.

"정오, 즉 낮 12시에 태양의 방향을 보면 동쪽과 서쪽뿐만 아니라 남쪽과 북쪽도 찾을 수 있지. 북반구에서 본 태양은 동에서 떠서 12시쯤 남쪽을 지나 서쪽 하늘로 지니까 12시에 태양이 떠 있는 방향을 바라보면 그쪽이 남쪽, 태양을 등진 방향은 북쪽이 돼. 남반구에서는 12시쯤 태양이 떠 있는 방향이 북쪽, 그 반대 방향이 남쪽이 되겠지?"

재각이는 나침반이 없어도 방향을 알 수 있다는 사실이 놀라웠다.

"할머니, 이제 북극성으로 북쪽을 찾을 수 있어요. 그런데 저희는 나침반만 없는 게 아니라 시계도 없어요."

재각이가 할머니에게 조심스레 말했다.

"네. 아까 세상에서 가장 큰 시계도 저 하늘에 있다고 하셨잖아요. 그건 어떻게 보는 건지 가르쳐 주세요."

초이와 분희가 약초 할머니를 졸랐다. 할머니는 바닥에 동심원을 여러 개 그리고 가장 안에 있는 원의 중심에 별을 그렸다.

"이게 뭐예요? 양파같이 생겼어요."

"이 그림은 우리나라와 같은 북반구의 중위도 지방에서 북쪽 밤하

늘을 보았을 때 별들이 어떻게 움직이는지 나타낸 거야. **실제로 한 바퀴 도는 건 지구야. 하지만 우리가 지구에서 밤하늘을 올려다볼 때는, 지구가 아닌 별들이 회전하는 것처럼 보이지. 그걸 별의 일주 운동이라고 한단다.**"

"별의 일주 운동?"

"이 그림을 잘 보거라. 가운데에 있는 건 가만 있는 별이고 주변의 동심원들은 별이 움직인 궤적이야. 별들은 가운데에 있는 이 별

시간의 규칙을 찾아서

을 중심으로 하루에 한 바퀴씩 돌지. 이 별은……."

"북극성이죠?"

분희가 할머니보다 먼저 말했다. 할머니가 분희를 보고 고개를 끄덕였다.

"와, 어떻게 알았어?"

초이가 놀라서 분희를 바라봤다.

"아까 할머니께서 북극성은 언제나 북쪽에 있다고 하셨잖아. 그러려면 움직이지 않아야 하니까."

"분희 말이 맞다. 지구에서 보면 북극성도 한 바퀴 돌지만 움직임이 아주 작아. 그래서 지구에서 볼 때는 거의 움직이지 않는 것처럼 보인단다."

"그러니까 **북쪽 하늘의 별들은 북극성을 중심으로 동그라미를 그리며 움직인다는 말씀이죠?**"

재각이는 들은 내용을 천천히 떠올리며 다시 물었다.

"그래. 지구에서 보면 멀리 있는 별이든 가까이 있는 별이든 북극성을 중심으로 하루에 딱 한 바퀴 돈단다. 지구가 하루에 한 바퀴 도니까 말이다. 그래서 이 움직임을 보고 시간을 알 수 있어. 별을 시계처럼 사용하는 셈이지."

할머니의 말에 아이들은 놀라지 않을 수 없었다.

"별을 시계로 쓴다고요?"

"거짓말 같지? 너희들이 손목에 차는 시계랑 똑같이 생각하면 돼. 아날로그시계의 시침이 12시간 동안 한 바퀴를 돌지? 재각아, 한 바퀴가 몇 도인지 아니?"

"……360도요."

재각이가 며칠 전에 나눈 대화를 떠올리며 대답했다.

"그럼 한 시간 동안 시침이 몇 도 움직일까?"

재각이가 망설이자 초이가 도왔다.

"아날로그시계는 숫자가 12개니까 360도÷12=30도, 한 시간에 시침이 30도 움직여요."

"그래, 잘 아는구나. 북쪽 하늘의 별은 북극성을 중심으로 12시간이 아니라 24시간에 한 바퀴를 돌아. 그럼 한 시간에 얼마큼 움직이겠니?"

"360도÷24=15도니까…… 아, 한 시간에 15도만큼 움직여요."

이번엔 재각이가 계산해 냈다.

"맞아. 북쪽 하늘의 별은 북극성을 중심으로 한 시간에 15도씩 회전한단다."

"그러니까…… 별이 처음 위치에서 15도 정도 회전하면 한 시간이 지난 거네요."

"그 별이 한 바퀴 돌아서 다시 제자리에 오는 데 24시간이 걸려요. 맞죠?"

시간의 규칙을 찾아서

1 시간   1 시간

"그렇지."

초이가 하늘의 북두칠성을 가리키며 말했다.

"할머니, 그럼 저 북두칠성으로도 별자리 시계를 볼 수 있는 거죠?"

"물론이지. 북두칠성도 다른 별들과 마찬가지로 북극성을 중심으로 하루에 한 바퀴 도니까 말이다. 저기를 봐라. 벌써 조금 움직였잖니."

"정말이야! 북두칠성이 움직였어."

재각이도 신기한 듯 외쳤다.

"여기 계속 서 있다가는 감기 걸리겠다. 다리의 부기도 많이 가셨으니 걸으면서 이야기하자꾸나."

아이들은 다시 산에 오를 채비를 했다.

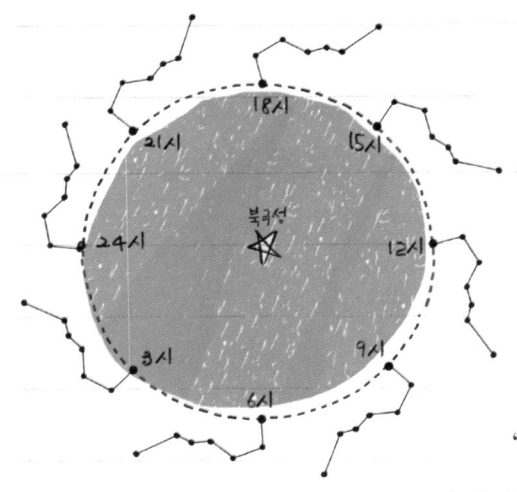

"한 시간 정도 올라가면 돼. 지금부터 별자리 시계를 보면서 한 시간 동안 북쪽으로 걷자꾸나."

"북두칠성이 15도만큼 움직일 때까지가 한 시간이죠?"

"그래. 각도기 없이 측정하는 게 어렵겠지만, 가 보자."

초이는 왓치를 한 손으로 안고 다른 손에는 배낭에서 꺼낸 손전등을 들었다. 재각이와 분희가 할머니를 부축하고 초이 뒤를 따랐다. 셋은 할머니의 걸음에 맞춰 천천히 북극성 방향으로 걸어 올라갔다.

"그런데요. 할머니, 별의 일주 운동이라는 거 좀 어려워요. 왜 별이 움직이는지…….."

앞서 가던 초이가 물었다.

"쉽게 이야기해 주마. 너희들 걸어가면서 옆의 나무를 보렴. 아니면, 기차를 타고 창밖을 본 적이 있지? 나무나 산이 어떻게 움직이더냐?"

"움직이는 건 나인데 멈춰 있는 나무나 산이 뒤로 움직이는 것처럼 보였어요."

시간의 규칙을 찾아서

재각이가 대답했다.

"그와 똑같은 원리야. 하늘의 별은 사실 고정되어 있는데, 지구가 자전하기 때문에 지구에 있는 우리에게는 별이 움직이는 것처럼 보이는 거란다."

"지구가 자전하기 때문에 별은 이와 반대로 움직이는 것처럼 보인다는 말씀인가요?"

"그렇지, 그렇지."

재각이의 물음에 할머니는 고개를 끄덕였다.

북두칠성이 15도 움직일 동안 북극성을 향해 걷자.

"그럼 태양이 동쪽에서 떠서 서쪽으로 지는 것도 같은 원리인가요?"

분희는 아까 재각이에게 들은 설명이 떠올라서 물었다.

"맞아. 태양이 움직이는 것이 아니라 지구의 자전에 의해 그렇게 보이는 거란다."

아이들이 고개를 끄덕였다.

"아, 이제 다리가 조금 아파요."

"할머니, 아직 북두칠성이 덜 움직였어요?"

열심히 걷던 초이와 분희가 지친 듯 한마디씩 했다.

시간의 규칙을 찾아서

"한 시간이 다 돼 가. 조금만 힘을 내자꾸나."

그때 재각이가 소리쳤다.

"저기 불빛이 보여요!"

재각이가 가리킨 산꼭대기에 천문대가 보였다.

"저 천문대 아래쪽이 우리 집이다. 드디어 다 왔구나. 고생했다."

세 아이들은 할머니의 집 거실에 들어섰다. 거실 한쪽 바닥에 말린 약초들이 가지런하게 놓여 있고 벽에는 커다란 별자리 지도가 펼쳐져 있었다. 탁자에는 투명한 구슬과 타로 카드도 놓여 있었다.

"들어와서 여기 잠깐 앉아 있거라. 분희 아버지께 먼저 전화하고 오마."

"네."

"할머니 댁에는 신기한 물건이 참 많다."

"뭔가 신비한 분위기인데."

아이들이 두리번거리며 한마디씩 하고 있을 때 할머니가 음료수를 가지고 거실로 나왔다.

"녀석들, 할미의 잡동사니들이 신기해 보이는 모양이구나. 분희야, 아버지께 말씀드렸다. 너희들 걱정을 많이 하셨나 봐. 오늘은 늦었으니까 여기서 하루 묵고 오라시네."

"오늘 할머니가 별자리 시계 보는 법을 안 가르쳐 주셨으면 저희는 꼼짝없이 산에서 밤을 새워야 했을 거예요. 감사합니다."

초이가 할머니에게 꾸벅 인사했다. 할머니가 흐뭇한 얼굴로 초이를 바라보았다.

"할머니는 하늘의 별에 대해서 어떻게 그렇게 잘 아세요? 약초를 캐다 보면 알게 되나요?"

분희가 조심스럽게 물었다.

"실은 나는 별의 위치와 움직임을 관찰하며 세상에서 벌어지는 좋은 일과 나쁜 일, 재앙과 복을 점치는 점성술사란다. 별을 자주 보다 보니 별의 규칙적인 움직임을 잘 알게 됐지. 해, 달, 별은 규칙적으로 움직이거든. 이런 규칙성은 오랫동안 관찰하지 않고서는 알 수 없단다."

"와, 할머니가 점성술사예요? 그럼 제 미래가 어떤지 점 좀 쳐 주세요."

재각이가 들뜬 목소리로 말했다.

"하하. 사람이 태어날 때 그 사람의 운명을 주관하는 별이 정해지지. 너희의 별을 찾으면 미래를 점쳐 볼 수 있어. 물론 나는 도움말을 전할 뿐, 미래는 자기 스스로 만들어 가는 거란다."

약초 할머니는 먼저 재각이의 생일을 듣고 별자리 지도에서 별을 찾았다.

"재각이는 손재주가 좋아서 멋진 기술자가 될 것 같구나."

"저, 실은 시계 같은 정교한 기계를 만드는 일을 하고 싶거든요.

시간의 규칙을 찾아서

분희 아버지처럼요."

초이는 내심 깜짝 놀랐다. 반도체를 다루는 미래의 재각이, 아빠가 떠올랐기 때문이다.

'약초 할머니, 정말 미래를 내다보시는 건가?'

초이가 생각에 잠겨 있는 사이 분희도 할머니에게 자기 생일을 말했다.

"분희는 음식 만드는 데 소질이 있을 것 같구나. 멋진 남편과 행복한 가정을 꾸릴 운명이야."

할머니가 재각이를 흘끗 보며 미소를 지었다.

"저는 요리 연구가가 되어 가족들에게 맛있는 음식을 해 주는 게 꿈이에요. 할머니가 제 마음을 꿰뚫어 보신 것 같아요. 신기하다."

초이의 차례가 되었지만 초이는 할머니에게 사실대로 말하기가 두려웠다.

"초이는 생일이 언제니?"

"저는…… 음…… 분희랑 같은 해에 태어났고 생일은…… 내일이 에요."

"내일이 생일이야?"

분희가 놀라서 물었다.

"어. 생각해 보니 그렇네. 내가 여기 온 지도 두 달이 다 돼 가. 나도 정신이 없어서 잊고 있었어."

초이가 멍한 표정으로 대답했다.

"내일 집에 가면 생일잔치 하자."

"좋지. 누구를 초대할까?"

아이들이 초이의 생일에 대해 이야기를 나누는 동안 할머니가 하늘에서 초이의 별을 찾았다. 한참 뒤 할머니가 의심 어린 표정으로 초이의 눈을 뚫어져라 바라보았다.

"초이 너, 이 시대 사람이 아니구나."

초이는 순간 심장이 멎는 것 같았다. 재각이와 분희도 놀라 숨을 죽였다.

시간의 규칙을 찾아서

"하…… 할머니, 그걸 어떻게 아셨어요?"

초이가 겨우 말문을 열었다. 재각이와 분희도 할머니를 쳐다보았다.

"하늘에 너의 별이 없어."

할머니의 목소리가 단호했다. 초이가 조용히 입을 열었다.

"저…… 실은 미래에서 왔어요."

약초 할머니는 어떤 별을 보고 북쪽 방향을 알아냈나요? 또 어떤 별자리의 움직임으로 시간을 추측했나요?

초이의
시간 여행
퀴즈5

톱니바퀴, 태엽, 크리스털

초이는 약초 할머니에게 지금까지 있었던 일을 모두 털어놓았다. 초이의 눈에 눈물이 가득 고였다. 이야기를 하다 보니 집이 더욱 그리워졌다. 말이 끝나자 할머니가 초이의 어깨를 두드려 줬다.

"갑작스럽게 마음고생이 많았겠구나. 내 생각에도 깨진 모래시계 때문에 네가 과거로 온 것 같다. 너무 걱정 마라. 분명 방법이 있을 거야. 오늘은 피곤할 테니 푹 자고 내일 함께 생각해 보자꾸나."

"와, 오늘 정말 할머니 댁에서 자는 거예요?"

재각이가 창밖을 내다보며 들뜬 목소리로 말했다.

"아빠가 걱정하셨다는데 넌 신이 나니?"

분희가 재각이에게 핀잔을 주었지만 재각이는 아랑곳하지 않고

시간의 규칙을 찾아서

천문대로 성큼성큼 걸어 올라갔다.

"연락드렸으니까 이제 괜찮아. 꼭 수련회 온 것 같지 않아? 이왕 산에 온 거 재밌게 있다가 가자."

분희와 초이도 재각이를 따라 올라갔다.

"여기선 별이 더 밝게 보여."

아이들이 밤하늘을 올려다보며 탄성을 질렀다.

"녀석들, 여기까지 올라왔구나. 아침에 분희 아버지께서 데리러 오신다니까 오늘 밤은 편히 지내거라. 방에 야식 갖다 놓았으니 먹고 쉬렴."

8. 톱니바퀴, 태엽, 크리스털

방에 가니 신선한 과일이 한 바구니 가득 놓여 있었다. 아이들은 누가 먼저랄 것도 없이 과일을 집어 들었다.

"아, 맛있다. 이제 살 것 같아."

재각이가 허겁지겁 과일을 삼키고 배를 두드렸다.

"힘들긴 했지만 오늘 정말 재밌었어."

분희가 이불을 펴면서 말했다.

"나도. 내가 너희를 만나지 않았다면 여기서 어떻게 지냈을지 상상이 안 돼."

초이가 방바닥에 누워서 중얼거렸다. 잘 시간이 훨씬 지나서인지 이내 잠이 쏟아졌다.

머리 위에 무언가 묵직한 것이 쏟아지는 느낌에 초이는 눈을 번쩍 떴다. 고개를 들고 올려다보니 좁은 구멍에서 모래가 흘러내리고 있었다. 사방은 두꺼운 유리벽으로 막혀 있었다. 자기 키보다도 큰 모래시계 안에 갇힌 것이다.

'내가 모래시계 안에 있는 거야? 말도 안 돼.'

바닥에 쌓인 모래를 헤치고 나가려는데 무언가가 다리에 걸렸다. 집어 들고 보니 손바닥만 한 크기의 투명한 보석이었다.

'이게 웬 보석이지? 어디서 본 적이 있는데······.'

초이는 보석을 쥔 채 유리벽 안쪽을 살폈다. 하지만 아무리 찾아도 나갈 틈이 보이지 않았다. 어느새 모래가 초이의 가슴까지 차올

으아아아, 살려 줘!

랐다. 초이는 점점 숨을 쉬기 어려웠다.

"살려 주세요! 살려 주세요!"

초이가 유리벽을 세게 두드렸지만 바깥에서는 아무 기척도 없었다.

'우르르르.'

땅이 울리는 소리에 고개를 돌리니 거대한 물체들이 초이를 향해 굴러 오고 있었다. 커다란 톱니바퀴였다. 피할 새도 없이 톱니바퀴가 모래시계에 세게 부딪쳤다.

'쨍그랑!'

순간 모래시계의 유리벽이 깨졌다.

"으아악!"

초이가 비명을 지르며 벌떡 일어났다. 그 소리에 옆에서 자고 있던 분희와 재각이가 깼다.

"왜 그래, 초이야?"

"나쁜 꿈이라도 꿨어?"

분희와 재각이가 물었다.

"어…… 꿈이었나 봐."

초이는 식은땀을 닦으며 마음을 추스렸다.

잠시 후 할머니가 방문을 열고 들어왔다.

"애들아, 일어났니? 아침이다. 재각이랑 초이는 이불도 안 깔고 방바닥에서 그대로 잠들었더구나. 너무 곤히 잠들어서 안 깨웠어. 10시쯤 분희 아버지께서 오신다니까 아침부터 먹자."

할머니가 어제 아이들이 배달해 준 벽시계를 올려다보며 말했다. 시계는 9시를 가리키고 있었다.

아침 밥상에 따끈따끈한 미역국이 올라왔다.

"오늘이 초이 생일이라고 해서 미역국 좀 끓여 봤다."

"와, 좋겠다. 저도 먹을래요."

"맛있게 먹겠습니다. 축하해, 초이야."

분희와 재각이가 서둘러 숟가락을 들었다. 하지만 초이의 머릿속에는 어젯밤 꿈이 여전히 생생했다. 멍하니 앉아 있는 초이에게 할머니가 다가왔다.

"초이야, 너 괜찮니?"

"아, 생일 챙겨 주셔서 고맙습니다. 실은 간밤에 이상한 꿈을 꿨어요."

"맞다! 너 아침에 막 소리 지르면서 일어났잖아."

분희도 초이를 걱정스럽게 바라보았다.

"무슨 꿈이었는지 말해 보렴. 내가 아는 데까지 도와주마."

초이는 모래시계 안에 갇혔던 지난 밤 꿈 이야기를 했다. 모래 틈에서 찾은 투명한 보석과 거대한 톱니바퀴 이야기도 빠트리지 않았다.

"투명한 보석? 혹시 이런 거?"

투명한 보석이라는 말에 분희가 목에 걸고 있던 것을 풀어서 보여 주었다.

"이건 꿈에서 본 거랑 똑같은 보석이잖아!"

초이의 말에 재각이도 놀라 들여다보았다.

"정말이야? 분희야, 이게 뭔데?"

"크리스털이야. 보석의 한 종류인데 ★ 수정이라고도 해. 외부에서 압력이나 전기를 가하면 수정이 스스로 진동하기 때문에 수정을 몸에 지니면 신체 리듬을 규칙적으로 조절할 수 있다더라. 아빠가 몸에 지니고 다니라고 사 주셨어."

★ **수정**
석영 중 결정체를
이루는 광물

"초이야, 네가 본 것과 똑같다면 네 꿈에 나온 보석은 크리스털인가 봐."

"그런 것 같아!"

초이는 분희의 크리스털 목걸이를 알아보았다. 꿈에서 본 것이기도 하지만 엄마의 방에서 본 것이기도 했다. 외할아버지가 주신 소중한 물건이라던 엄마의 말씀이 생각났다.

'그래, 맞아. 어디서 봤나 했더니 엄마의 목걸이에 박힌 보석이랑 같은 거였어.'

가만히 듣고 있던 할머니가 고개를 끄덕이며 말문을 열었다.

"아마도 미래에 있는 너의 별에서 계시를 보낸 것 같구나. 네가 집으로 돌아가기 위해선 톱니바퀴와 크리스털이 쓰인 물체를 찾아야 한다. 너희가 고친 모래시계가 다시 한 번 깨질 때 네가 집으로 돌아갈 수 있을 거야. 운명을 믿으렴."

"톱니바퀴와 크리스털……."

초이는 할머니의 말을 되새기며 톱니바퀴와 크리스털이 쓰인 물체가 무엇일지 생각했다.

"혹시 다른 건 못 봤니? 음…… 태엽이라든지……. 만약 태엽까지 있었다면 내가 생각하는 물건이 확실한데 말이지."

할머니는 초이에게 지난 밤 꿈에 대해 더 캐물었다.

"태엽이오? 뭔지 모르지만 그런 건 못 본 것 같아요."

"태엽은 강철 띠를 돌돌 말아 놓은 기계 장치란다."

"톱니바퀴 뒤로 무언가가 더 굴러 왔는데 혹시 그게 태엽이었을까요? 잘 생각이 안 나요."

"혹시 모르니 태엽이 쓰인 물체도 함께 찾아보거라."

아이들은 할머니의 알쏭달쏭한 꿈풀이를 듣고 머리가 복잡해졌다.

"이야옹."

인기척이 들렸는지 왓치가 문 쪽으로 갔다.

"약초 할머니, 안에 계세요?"

"너에게 큰 도움을 주실 분이 오셨구나."

할머니가 문 밖의 아저씨를 보고 빙긋 웃었다.

"아빠!"

"아저씨!"

분희가 재빨리 달려 나갔다.

"아빠, 보고 싶었어요."

초이와 재각이도 달려 나가 아저씨에게 인사했다. 할머니가 묵직한 보따리를 들고 나왔다.

"분희 아버지, 아침부터 올라오느라 고생하셨어요. 어제 아이들 덕분에 무사히 집에 올 수 있었어요. 저 고양이가 나를 발견하지 않았으면 산에서 큰 고생을 했을 거예요."

"이야옹."

할머니의 말에 왓치가 기분 좋은 울음소리를 냈다.

"별말씀을요. 집에서는 말썽꾸러기들인데요."

아저씨가 왓치를 쓰다듬었다. 할머니가 약초와 나물이 가득 담긴 보따리를 아이들에게 건넸다.

"애들아, 이제 어서 내려가렴. 그리고 초이는 할미 말 잊지 말고."

"네, 할머니."

할머니와 인사를 나누고 한 시간 남짓 등산로를 따라 내려가자 멀리 집이 보였다. 집에 다다를 즈음에 분희가 속삭였다.

"애들아, 우리 초이가 꾼 꿈에 대해서 생각해 보자. 할머니 말씀대로 그걸 알아야 초이가 집에 돌아갈 수 있을 것 같아."

"나는 모래시계를 가져올게."

초이는 재각이가 고쳐 준 모래시계를 찾으러 방에 들어갔다. 모래시계 옆에 초이의 디지털시계도 놓여 있었다.

'건전지를 다 써서 빼 놓았는데 여기 있었구나. 집에 가게 될지도 모르니까 일단 갖고 있어야지.'

초이는 디지털시계를 찬 뒤 모래시계를 들고 마루로 나갔다. 분희가 노트에 낙서를 끄적이며 중얼거렸다.

"톱니바퀴와 크리스털과 태엽이 쓰인 물체를 찾아야 한다고 하셨지. 톱니바퀴와 크리스털과 태엽……. 이 세 가지가 사용된 물체가 대체 뭘까? 어렵네."

시간의 규칙을 찾아서

고민하는 분희와 달리 재각이는 태엽이 달린 장난감 자동차를 만지작거리느라 정신이 없었다. 재각이가 옆에 달린 태엽 손잡이를 끝까지 돌린 뒤 바닥에 내려놓자 장난감 자동차가 앞으로 당겨지듯 나아갔다.

　'위이잉.'

　"아얏! 야, 오재각!"

　엎드려 있는 분희의 팔에 재각이의 태엽 자동차가 부딪쳤다.

　"지금 장난감 가지고 놀 때야? 너도 약초 할머니가 말씀하신 게 뭔지 생각해 봐."

분희가 화가 나서 소리치자 재각이도 발끈했다.

"쳇. 나는 톱니바퀴가 뭔지 모른단 말야! 태엽이라면 몰라도……."

재각이의 말에 분희가 주춤했다.

"뭐야, 모르면 모른다고 미리 말하지."

둘이 한동안 아무 말 없이 어색하게 앉아 있자 초이가 나섰다.

"재각아, 그런데 태엽이 뭐야? 나는 사실 할머니에게 처음 들었어."

"별거 아냐. 할머니가 말씀하신 것처럼 얇은 철 띠가 동그랗게 말려 있는 거야."

재각이가 손끝으로 뱅글뱅글 원을 그려 보였다.

"달팽이 껍질처럼 뱅글뱅글 돌아가는 거야?"

"응, 맞아."

초이는 재각이가 가지고 놀던 태엽 자동차를 집어 들었다.

"이 자동차 안에 태엽이 들어 있는 건가?"

"맞아. **손잡이를 돌리면 태엽이 감기고, 손을 놓으면 태엽이 풀리면서 앞으로 나아가는 거야.**"

"태엽이 감겼다가 풀린다고?"

재각이가 설명했지만 분희와 초이는 잘 이해하지 못하는 표정이었다. 재각이가 분희가 끄적거리던 종이를 집어 돌돌 말기 시작했

시간의 규칙을 찾아서

다. 판판한 종이가 어느새 긴 원통 모양이 되었다.

"그걸 말면 어떡해? 초이가 집에 갈 방법을 적고 있었단 말이야."

분희가 종이를 빼앗으려고 손을 뻗었다.

"아무것도 안 적어 놓고선 뭘. 자, 봐 봐."

재각이가 종이를 돌돌 말아 쥔 손을 초이와 분희 앞에 내밀었다. 그리고 종이를 쥔 손을 펴자 말린 종이가 스르르 풀렸다.

"종이를 말았다가 손을 놓으면 말려 있던 종이가 풀리면서 원래 모양으로 돌아가지? 얇은 철도 마찬가지야. **철로 된 띠를 돌돌 말았다가 잡아 주던 힘을 풀면 원래 모양으로 돌아가려고 하지. 그 힘으로**

자동차 바퀴가 돌아가는 거야."

"고무줄을 당겼다가 놓으면 원래 모양으로 돌아가는 것과 비슷한 원리인가?"

초이는 바지 주머니에서 머리 고무줄을 꺼내 길게 늘였다. 초이가 고무줄 한쪽을 놓자 고무줄이 줄어들면서 손을 때렸다.

"아얏."

재각이가 그런 초이를 보고 웃었다.

"맞아. 대부분의 고체는 힘을 주면 모양이 어느 정도 변했다가 원

시간의 규칙을 찾아서

래 모양으로 돌아가는 성질을 가지고 있어. 이런 걸 ⭐ 탄성이라고 해."

초이가 고개를 끄덕였다.

"네가 태엽에 대해 이렇게 잘 알고 있다니 놀라운걸."

분희가 재각이를 향해 미소 지었다.

'띠리리리.'

그때 부엌에서 타이머가 울렸다.

"어? 소리 난다. 시간 되면 보리차를 올려 놓은 불을 끄라고 아빠가 맞춰 놓고 나가셨을 거야."

"내가 끌게."

재각이가 부엌으로 가서 가스레인지 불을 끄고 식탁 위에서 울리고 있는 타이머를 들고 왔다.

"이 타이머는 투명해서 속이 들여다보이네. 이 안에 있는 게 바로 태엽이야."

재각이가 타이머 안에서 태엽을 찾아 손가락으로 가리켰다.

"아, 알겠다. 원하는 시간만큼 손잡이를 돌리면 태엽이 감기고, 시간이 지나 감겼던 태엽이 모두 풀리면 그때 소리가 나서 시간을 알려 주는 원리구나. 태엽이 쓰인 물체를 벌써 두 개나 찾았어. 태엽 자동차와 타이머."

초이가 손가락을 튕기며 말했다. 왠지 일이 잘 풀리는 듯해 기분이 좋았다.

"혹시 이 안에 크리스털도 있을까?"

초이가 양손에 태엽 자동차와 타이머를 들고 흔들어 보며 말했다. 분희가 고개를 저었다.

"그럴 것 같진 않아. 하지만 혹시 모르니까 일단 가지고 있자. 최대한 많은 태엽과 톱니바퀴와 크리스털을 모아 보자."

"응!"

초이가 힘차게 대답했다. 하지만 신이 나서 태엽에 대해 설명하던 재각이는 시무룩한 표정이었다. 분희가 재각이의 눈치를 살피며 말을 걸었다.

"재각아, 너 톱니바퀴는 본 적 없다고 했지? 잠깐만."

분희는 종이에 톱니바퀴를 그린 뒤 설명하기 시작했다.

"바퀴는 알지? 테 모양으로 둥글게 만들어 굴리는 것 말이야. **톱니바퀴란 바퀴 주위에 일정한 간격으로 톱니를 깎아서 그 톱니의 맞물림으로 힘을 전달하는 장치야. 자전거, 에스컬레이터, 회전목마 등 움직이는 장치라면 톱니바퀴가 안 쓰이는 곳이 없어.**"

"아, 자전거 체인을 거는 울퉁불퉁한 바퀴가 톱니바퀴였구나. 그건 알지."

그제야 재각이의 얼굴이 환해졌다.

"아빠 작업실에 올라가면 크고 작은 톱니바퀴가 많이 있어. 톱니바퀴는 시계의 부품으로도 쓰이거든. 같이 구경해 볼래?"

"정말?"

말이 떨어지기 무섭게 재각이가 작업실 계단으로 향했다. 분희와 초이도 따라 올라갔다.

'우당탕탕.'

"으아앗."

어두운 작업실에 불도 켜지 않고 들이닥치다가 재각이가 바닥에 넘어지고 말았다.

"괜찮아, 재각아?"

"문에 머리를 부딪쳤어."

분희는 얼른 작업실의 전등 스위치를 올렸다. 작업실 천장에 매달린 긴 전선 끝의 전등이 좌우로 왔다 갔다 움직이고 있었다. 전선이 연결된 부분이 녹슬었는지 전등이 움직일 때마다 날카로운 마찰음이 났다.

'끼익. 끼익.'

"윽. 저 소리 소름 끼쳐."

"나도."

초이가 손바닥으로 팔을 비볐다. 재각이도 귀를 막고 전등을 올려다봤다. 분희만 전등을 따라 고개를 좌우로 움직이고 있었다.

"1초, 2초, 3초. 1초, 2초, 3초."

"분희야, 뭘 세고 있어?"

"초이야, 재각아, 저 전등 말이야, 좀 신기해. **누가 조종하는 것도 아닌데 한 번 왔다 갔다 하는 데 걸리는 시간이 일정해.** 벽시계 소리를 들으면서 봐 봐."

분희의 말에 초이도 벽시계 소리에 귀를 기울이며 움직이는 전등

시간의 규칙을 찾아서

을 따라 좌우로 눈을 돌렸다.

"1초, 2초, 3초. 1초, 2초, 3초. 정말 한쪽 끝에서 다른 쪽 끝으로 갔다가 다시 돌아오는 데까지 3초씩 걸리네. 신기한걸."

"괘종시계 안의 진자랑 비슷하게 움직여."

"그게 무슨 말이야, 진자라니?"

재각이는 머리를 긁적이고 있었다.

추
진자

"괘종시계 안을 보면 아래로 늘어져서 좌우로 왔다 갔다 하는 것이 있어. 그게 진자야."

"분희야, 어디 있니?"

그때 마당에서 아저씨의 목소리가 들렸다.

"저희들 작업실에 있어요!"

"너희들 웬일로 여기 올라와 있니?"

아저씨가 작업실로 올라오자 왓치도 뒤따라 올라왔다.

"사실 저희가 톱니바퀴를 찾고 있거든요. 초이랑 재각이가 톱니바퀴를 보고 싶다고 해서 구경하러 왔어요. 근데 저걸 보고 특이한 점을 발견했어요."

분희가 손가락으로 여전히 흔들리고 있는 전등을 가리켰다. 아저씨도 분희가 가리키는 전등을 올려다봤다. 초이가 분희의 말을 이었다.

"재각이가 넘어지면서 문에 부딪치는 바람에 전등이 흔들리기 시작했거든요. 그런데 한 번 왔다 갔다 하는 데 걸리는 시간이 일정한 것 같아요. 확실해요. 초를 쟀거든요."

"꼭 괘종시계 안의 진자 같다니까요. 혹시 무슨 관련이 있어요?"

시간의 규칙을 찾아서

아저씨가 놀란 표정을 지었다.

"어떻게 알았니? 아주 밀접한 관계가 있지! **괘종시계뿐만 아니라 줄에 매달린 채 좌우로 왕복 운동하는 물체는 모두 진자라고 한단다. 전선에 매달려 흔들리는 전등도 진자인 셈이지. 진자는 한 번 왔다 갔다 하는 데 같은 시간이 걸려.**"

"시계 소리랑 겹쳐서 쉽게 알 수 있었어요."

분희가 대수롭지 않다는 듯 말했다.

"분희야, 네가 발견한 것은 진자의 등시성이라는 성질이란다. 갈릴레이가 피사의 사원에서 바람에 전등이 흔들리는 것을 보고 발견했다고 하지."

"아저씨, 그런데 전등이랑 진자의 등시성이 무슨 상관인데요?"

초이가 고개를 갸우뚱하며 물었다.

"진자가 왔다 갔다 진동하는 폭의 절반을 진폭이라고 하고, 진자가 한 번 왕복하는 데 걸리는 시간을 주기라고 해. 그네로 이야기해 볼까? 그네도 진자에 속하거든. **흔들리는 그네가 정지 위치에서 가장 높은 위치까지 이동한 거리가 진폭이 되고, 그네 줄이 뒤에서 한 번 앞으로 왔다 다시 뒤로 가는 데 걸리는 시간이 주기가 되겠지?**"

아이들이 그네를 상상하며 고개를 끄덕였다.

"그런데 이때 그네 줄의 길이가 같다면, 진폭이 넓거나 좁거나 두 그네의 주기가 같아."

초이가 아저씨의 말을 받았다.

"그러니까…… 그네가 앞뒤로 많이 움직일 때나 덜 움직일 때나 제자리로 돌아오는 시간이 같다고요?"

"그렇지. 진자의 줄 길이가 일정하면 진폭이 클 때는 비교적 빨리 움직이고 진폭이 좁을 때는 비교적 느리게 움직여서 결국 한 번 왔다 갔다 하는 데 걸리는 시간이 같단다. 바로 그걸 진자의 등시성이라고 하고."

"왔다 갔다 하는 시간이 늘 같으면…… 일정한 시간을 잴 수도 있겠네요!"

재각이가 눈을 반짝이며 물었다.

시간의 규칙을 찾아서

"맞다, 재각아. **네덜란드의 하위헌스라는** 과학자가 진자의 주기가 일정하다는 성질을 이용해서 시계를 발명했어. 괘종시계가 바로 진자를 이용한 시계란다."

"어라, 전등이 멈췄어요."

초이가 전등을 가리켰다.

"응. 마찰 때문에 서서히 운동이 멈춘 것이란다."

"그럼 진자를 쓰는 괘종시계도 멈추는 거예요?"

"시계가 멈추면 안 되지. 그래서 괘종시계에는 추가 들어 있단다. 추가 달린 끈이 톱니바퀴의 축에 감겨 있고, 추가 아래로 떨어지면서 시계의 톱니바퀴를 돌려. 이 톱니바퀴가 다른 톱니바퀴들을 돌

앵커

탈진바퀴

진자

앵커

2

탈진바퀴

진자

1

4

3

려서 시곗바늘이
돌아가지."

"아, **떨어지는
추가 톱니바퀴의 동
력을 만드는군요.** 그
런데 초침이 어떻게 1초에 딱 한
눈금씩 움직이는 거예요?"

분희가 물었다.

"시곗바늘이 규칙적으로 돌아가려면
줄이 일정한 간격을 두고 조금씩 풀려야만
해. 그렇게 만들기 위해서 앵커라는 장치를
사용한단다. **앵커는 진자의 윗부분에
연결된 갈고리 모양의 장치로,
본래 선박의 닻이라는 뜻
이야. 앵커는 진자와 연
결되어 있어서 진자가 같
은 주기로 좌우로 흔들리면
동시에 흔들려.** 흔들리는 앵
커가 일정한 단위 시간 동안
톱니바퀴를 돌렸다가 붙잡

는단다. 잠깐만, 직접 보여 주마."

아저씨가 괘종시계를 열고 그 안의 진자와 앵커를 가리켰다. 진자가 흔들리는 것에 맞춰 앵커도 좌우로 흔들렸다.

"여기 앵커 아래쪽에 앵커와 닿았다 떨어졌다 하면서 돌아가는 뾰족한 톱니바퀴 보이니? 탈진바퀴라고 한단다. **앵커는 양 끝이 갈고리처럼 생겨서, 탈진바퀴를 한쪽 방향으로 밀었다가 반대쪽에서 잡기를 반복하지. 탈진바퀴는 이 때문에 돌아갔다 멈췄다 해.**"

아이들이 앵커가 좌우로 움직이면서 탈진바퀴를 밀었다 잡았다 하는 모습을 들여다봤다.

"**탈진바퀴는 톱니바퀴의 일종인데 다른 톱니바퀴와 연결되어 있어. 진자의 주기는 늘 일정하잖아. 그래서 진자와 앵커, 탈진바퀴에 의해 시곗바늘이 정확한 양만큼만 회전하고 멈추지.**"

"진자의 주기가 일정해서 초침이나 분침이 늘 일정한 속도로 움직였다가 멈추는구나."

초이가 말했다.

"그런데 시계 안에는 톱니바퀴가 정말 많네요. 톱니바퀴가 없으면 시계가 움직일 수 없겠는데요. 큰 톱니바퀴랑 작은 톱니바퀴가 맞물려서 돌아가고 있어요."

재각이는 많은 톱니바퀴가 함께 돌아가는 모습에 눈이 휘둥그레졌다. 초이와 분희의 눈도 톱니바퀴로 향했다.

"톱니바퀴라는 게 굉장히 어려운 거라고 생각했는데 하나도 안 어려운데요. 이빨처럼 울퉁불퉁 튀어나온 부분이 서로 맞물리기만 하면 되네요. 저도 조금만 배우면 만들 수 있겠어요."

재각이가 어깨를 으쓱하며 말했다.

"정말이니? 하하. 보기에는 간단하지만 톱니바퀴를 이해하려면 수학이 필요하단다. 톱니 수에 따라서 톱니바퀴의 회전 수가 달라지거든."

"회전 수요?"

"톱니가 120개인 큰 톱니바퀴와 60개인 작은 톱니바퀴가 있다고 해 보자. 두 톱니바퀴가 맞물려서 돌아가면, 큰 톱니바퀴가 한 바퀴 돌 때 작은 톱니바퀴는 몇 바퀴 돌까?"

"60의 2배가 120이니까, 작은 톱니바퀴는 2바퀴 돌면 될 것 같아요."

"맞아요. 120은 60의 배수니까요."

재각이와 초이가 연달아 대답했다. 아저씨가 고개를 끄덕이고 다시 물었다.

"그럼 다른 경우도 생각해 보자. 톱니가 100개인 큰 톱니바퀴와 톱니가 60개인 작은 톱니바퀴가 맞물려 돌아간다면, 두 톱니바퀴가 처음 맞물렸던 위치로 돌아오려면 각각 몇 바퀴씩 돌아야 할까?"

초이가 고개를 갸웃거렸다.

"음…… 이건 잘 모르겠어요. 100은 60의 배수가 아닌걸요."

시간의 규칙을 찾아서

그때 재각이가 나섰다.

"이럴 땐 100의 배수와 60의 배수 중 겹치는 것을 찾으면 되지 않을까? 100의 배수는 100, 200, 300……이고, 60의 배수는 60, 120, 180, 240, 300……이니까 300이 서로 같잖아."

"나도 알아. **두 수의 공통되는 배수**를 공배수라고 해. 300은 100과 60의 공배수이면서도 가장 작은 공배수라서 최소 공배수라고 할 수 있어."

분희가 재각이의 말을 거들었다.

"너희도 공배수에 대해 아는구나. 맞다. 이럴 땐 **두 수의 최소 공배수를 생각하면 돼.** 100을 3배 하면 300이 되고, 60을 5배 하면 300이 되지. 그러니까 톱니가 100개인 톱니바퀴는 3바퀴, 톱니가 60개인 톱니바퀴는 5바퀴를 돌면 처음 맞물렸던 위치로 돌아온단다."

"최소 공배수를 아니까 정말 쉽네요."

재각이가 돌아가는 톱니바퀴를 가까이 들여다보며 중얼거렸다.

"그렇지. 두 톱니바퀴 중 하나를 A, 다른 하나를 B라고 하면, 'A의 톱니 수×A의 회전 수＝B의 톱니 수×B의 회전 수'가 성립한단다. 톱니가 60개인 톱니바퀴와 톱니가 15개인 톱니바퀴의 경우에는 어떻겠니?"

"음…… 앞의 것을 A라고 하고 뒤의 것을 B라고 하면, $60 \times A$의 회전 수 $= 15 \times B$의 회전 수가 돼요. $60 \times 1 = 15 \times 4$니까 A와 B가 처음 위치로 돌아오려면 A는 한 바퀴, B는 네 바퀴 돌아야 해요."

재각이가 대답했다.

"맞았다. 이 톱니바퀴들이 각각의 시곗바늘과 연결되어 있어. 그래서 초침이 한 바퀴 회전하는 데 걸리는 시간을 60초, 분침은 60분, 시침은 12시간이 되도록 톱니 수를 조절하여 시계를 만든단다. 재각아, 재미있으면 앞으로 틈틈이 배우러 오렴."

"네! 감사합니다."

재각이가 큰 목소리로 대답하고 꾸벅 인사했다.

"근데 분희야, 이 시계에는 돌돌 말린 태엽은 없는 것 같아."

초이가 분희의 귀에 속삭였다. 시계의 구조를 살펴보는 동안에도 초이의 머리에선 약초 할머니의 당부가 떠나지 않았다. 톱니바퀴와 태엽과 크리스털이 쓰인 물체를 찾고 싶은 마음이 간절했다.

"아빠가 손목시계 태엽을 감는다고 말씀하시는 걸 들어 봤어. 아빠, 시계에 혹시 태엽은 사용되지 않아요?"

분희가 서둘러 물었다.

"무슨 소리! **시계에 태엽을 쓰지 않으면 우리는 긴 추를 매단 괘종**

시간의 규칙을 찾아서

시계밖에 쓸 수 없을 거야. 시계를 움직이는 추 역할을 태엽이 대신하게 되었거든. 시계에 태엽을 사용하면서 추를 사용할 때보다 훨씬 오랫동안 시계를 작동시킬 수 있게 되었지."

아저씨가 자신의 손목시계를 내밀어 보이면서 말했다.

"그럼 이 안에 태엽도 들어 있어요? 직접 보고 싶어요, 아저씨."

초이가 아저씨의 손목시계를 이리저리 만지면서 물었다.

"마침 분해해 놓은 게 있다. 이리 와 보렴."

아저씨가 작업실 책상으로 아이들을 데리고 갔다. 뚜껑을 벗긴 손목시계 안에 작은 태엽이 들어 있었다. 분희가 감겨 있는 태엽을 집어 들었다.

"아, 감겨 있던 태엽이 풀리는 힘을 이용하는 거예요?"

"그렇지."

"생각보다 작네요."

"이 태엽은 손목시계에 맞는 크기니까 작지. 모두 풀릴 때까지 시곗바늘을 하루 정도 움직일 수 있는 힘을 낸단다."

"그럼 아빠가 아침마다 시계 밥을 주신다고 한 게……"

분희는 아빠가 시계 밥을 준다면서 매일 아침 손목시계를 만지작거리던 모습을 떠올렸다. 분희의 말에 아저씨가 씨익 웃었다.

"그래. 매일 아침 손목시계의 태엽을 감아서 시계가 움직일 동력을 마련하는 거란다. 대부분의 사람들은 태엽을 감지 않아도 자동으로 태엽이 감기는 자동 시계를 쓰지만, 나는 매일 아침 태엽을 감는 게 재미있어서 수동 태엽 시계를 쓰고 있어."

"그런데 아저씨, 손목시계에도 진자, 앵커, 탈진바퀴가 들어 있어요?"

재각이가 괘종시계와 손목시계를 번갈아 들여다보면서 물었다.

"오재각, 너 벌써 시계의 구조를 다 외운 거야?"

분희가 그런 재각이를 보고 의아한 표정으로 물었다.

"하하. 기본이지. 이 부품들을 이용해서 시간을 정확하게 재는 게 너무 신기하지 않니?"

재각이가 눈을 반짝이며 아이들을 돌아봤다. 아저씨가 재각이의 머리를 쓰다듬으며 대답했다.

"그렇지. 알수록 재밌단다. 작은 시계 안에도 큰 시계와 같은 기능을 하는 부품들이 들어 있어. 물론 크기는 작지. 진자를 장치하기에는 손목시계 내부가 너무 좁거든."

"진자가 없으면 시간의 간격을 일정하게 잴 수 없잖아요."

톱니바퀴가 잘 돌아간다.

시간의 규칙을 찾아서

"그래서 끈에 매달려 좌우로 흔들리는 진자 대신에 헤어스프링이라는 장치를 쓴단다."

아저씨가 시계 안의 헤어스프링을 가리켰다.

"아까 보여 주신 태엽과 다른 것이에요?"

"다르단다. 헤어스프링은 일정한 속도로 말렸다 풀렸다를 반복하면서 앵커를 좌우로 흔들어. 동력을 만들면서 소형 진자의 역할도 하지. 즉 헤어스프링은 태엽 겸 진자인 셈이야."

"아까 괘종시계에서 본 것처럼 앵커가 좌우로 흔들리네요. 그리

235

고 앵커 끝이 작은 탈진바퀴를 잡았다 놓았다 하고 있어요."

아이들이 모두 작은 손목시계에 고개를 디밀고 헤어스프링, 앵커, 탈진바퀴의 움직임을 지켜봤다.

"정말 멋지다. 시계에는 정밀하고 복잡한 과학이 들어 있는 것 같아요."

초이는 톱니바퀴와 태엽이 모두 들어 있는 손목시계를 물끄러미 바라보며 시계가 정말 멋진 물건이라고 생각했다.

"초이야, 그 손목시계 맘에 드니?"

아저씨는 초이의 표정을 읽고 초이에게 물었다. 초이가 가만히 고개를 끄덕였다.

"아저씨가 선물로 주마. 우리 집에 왔는데 아직까지 선물 하나도 못 줬구나. 다시 조립해 주마."

"정말요? 감사합니다!"

분희와 초이, 재각이는 아저씨가 손목시계를 조립하는 과정을 신기하게 바라보았다.

"자, 여기 있다."

그때 아저씨의 눈에 초이 손목의 디지털시계가 들어왔다.

"초이야, 이리 줘 봐. 건전지를 넣어 주마."

초이가 건넨 디지털시계를 받아 살펴보며 아저씨가 말을 이었다.

"사실 요즘 시계는 대부분 건전지를 쓰지. 태엽은 거의 매일 감아

시간의 규칙을 찾아서

주어야 하지만 건전지를 쓰면 그럴 필요가 없거든.”

“시계를 움직이는 동력이 과거부터 지금까지 추, 태엽, 건전지, 이런 식으로 변해 온 것이네요?”

“그렇지. 분희야, 재각이가 네게 선물한 시계 말이다, 그것 좀 보여 주렴. 그게 건전지가 들어가는 아날로그시계일 거다.”

“여기요.”

분희가 아저씨에게 시계를 내밀었다.

“괘종시계나 태엽 손목시계는 시간을 규칙적으로 흐르게 하기 위해서 진자나 헤어스프링을 사용하지만, 디지털시계에는……”

아저씨가 잠시 뜸을 들였다.

“보석을 사용한다. 특이하지?”

“어떤 보석요?”

분희가 혹시나 하는 마음에 물었다.

“분희야, 네 시계 숫자판 아래쪽에 영어로 뭐라고 써 있니?”

“Q, U, A, R, T, Z라고 써 있는데요? ……쿼츠?”

“그래. 시간을 규칙적으로 흐르게 하기 위해 쿼츠를 사용해.”

초이 얼굴에 실망한 표정이 스쳤다.

“쿼츠가 뭐예요?”

분희가 물었다.

“쿼츠에는 수정, 크리스털이라는 뜻이 있지.

시간의 규칙을 찾아서

"네?"

분희, 초이, 재각이는 자신들의 귀를 의심했다.

"정말요? 크리스털을 찾았어!"

초이와 분희가 서로 얼싸안았다.

"크리스털이 있어야 시간을 일정하게 흐르게 할 수 있거든. 그런데 쿼츠가 크리스털이라는 게 그렇게 좋니?"

아저씨가 의아해하며 물었다.

"사실 저희가 톱니바퀴와 태엽과 크리스털이 들어간 물체를 찾고 있었거든요. 그런데 시계 안에 모두 있을 줄은 몰랐어요."

"축하한다. 무슨 게임이지?"

아저씨는 아이들이 게임을 한다고 생각하고 물었다.

"그게…… 혹시 초이가 집에 돌아갈 방법이 있는지 찾는 거예요. 그런데 크리스털이 어떻게 시간을 일정하게 흐르도록 하는 건데요?"

아저씨는 뭔가 더 묻고 싶은 듯했지만 재각이의 질문에 대답해 주었다.

"그게 말이다. **수정, 즉 크리스털을 4밀리미터로 얇게 잘라 시계 안에 넣고 양쪽에 전기를 흘려 주면 수정이 1초에 3만 2768번 진동한다.** 이걸 수정 진동자라고 해. 건전지를 쓰는 아날로그시계의 경우 시계 안에 수정 진동자의 진동을 감지하는 센서를 넣는다. 그래

239

서 수정이 3만 2768번 진동하면 센서가 1초가 지났다는 신호를 내보내. 그 신호가 전동기에 보내지면 전동기가 만든 힘으로 시계 톱니를 움직이는 거란다."

"그런데 왜 하필 수정을 쓰는 거예요?"

"수정은 진동하는 주기가 짧고 일정하기 때문이지."

"그런데 아빠, 아날로그시계와 디지털시계는 뭐가 다른 거예요?"

"시간을 나타내는 방법이 다르지. 아날로그시계는 바늘의 움직임으로 나타내고, 디지털시계는 숫자로 시간을 나타낸단다. 초이는 둘 다 써 봤으니 잘 알지? 직접 써 보니 어떠니?"

초이가 아날로그시계와 디지털시계를 번갈아 보며 말했다.

"제가 아날로그시계의 시곗바늘을 못 읽을 때는 디지털시계만 봤어요. 디지털시계는 숫자가 바로 나와서 편리하거든요. 알람이랑 스톱워치 기능도 있고. 그런데 요즘은 아날로그시계를 더 많이 봐요. 1초 1초 시간이 흘러가는 게 눈으로 보여서 그런지 시간이 더 귀하게 느껴지는 것 같아요."

분희는 초이가 찬 디지털시계가 신기한지 이것저것 눌러 보고 있었다. 그 모습을 본 초이가 디지털시계를 분희에게 내밀었다.

"우리, 시계를 서로 바꾸면 어떨까?"

분희가 잠시 머뭇했다. 재각이에게 선물받은 시계였기 때문이다.

"분희야, 바꾸고 싶으면 바꿔. 내가 너에게 준 시계를 초이가 가지면 우리 셋이 우정의 징표를 나누는 셈이잖아."

재각이의 말에 아저씨도 고개를 끄덕였다. 초이는 아저씨가 준 시계를 왼쪽 손목에 차고 분희에게 받은 시계는 오른쪽 손목에 찼다. 양 손목이 묵직해지면서 초이의 가슴속이 따스해졌다.

① 초이의
시간 여행
퀴즈6

톱니가 100개인 톱니바퀴와 톱니가 40개인 톱니바퀴가 맞물려 돌아갈 때, 두 톱니바퀴가 처음 맞물렸던 위치로 돌아오려면 각각 몇 바퀴씩 돌아야 할까요?

다시 시간이 흐른다

"왓치, 나 이제 집에 돌아갈 수 있을까?"

초이는 시계를 찬 손으로 왓치를 번쩍 들어 올렸다. 집에 돌아갈 수 있다는 기대감에 절로 미소가 지어졌다.

"그래, 초이가 집에 돌아갈 방법을 아저씨도 수소문하고 있단다. 오래 걸리지 않을 테니 그동안은 걱정하지 말고 지금처럼 편히 지내렴. 가서 간식 좀 가져오마."

아저씨가 작업실 밖으로 나가자마자 분희가 초이를 덥썩 안았다.

"초이야, 톱니바퀴와 태엽과 크리스털을 모두 찾았어!"

"정말 축하해. 시계에 다 들어 있을 줄이야."

재각이도 다가와 기쁜 표정으로 속삭였다.

"너희들 덕분에 찾은 거야. 고마워. 그런데 이제 어떻게 해야 하지?"

"모래시계를 깨트려야 한다고 했어."

분희가 모래시계를 던지는 시늉을 했다.

"무턱대고 깼다가 혹시 소용이 없으면 어떻게 해. 모래시계는 하나밖에 없는데."

재각이가 고개를 가로저었다. 그때 부엌에서 아저씨의 목소리가 들렸다.

"분희야, 재각아, 와서 좀 거들어 주렴."

"초이야, 잠깐만 있어."

분희와 재각이가 아래층으로 내려가고, 작업실에는 초이 혼자 남았다.

'정말 모래시계를 깨트려도 될까?'

초이가 주머니에서 모래시계를 꺼내 바라보며 가만히 생각에 잠겼다. 그러자 왓치가 털을 곤두세우며 그르렁대기 시작했다.

"왜 그래, 왓치? 너는 이 모래시계만 보면 경계하는 것 같아."

초이가 걱정스럽게 말하는 순간 왓치가 앞발로 모래시계를 내리쳤다.

"왓치! 그러지 마."

"야아옹."

초이가 왓치를 나무랐지만 왓치는 멈추지 않고 모래시계에 달려들었다.

"아얏!"

왓치의 발톱이 초이의 손을 세게 긁었다. 초이는 그만 모래시계를 놓치고 말았다. 왓치가 떨어진 모래시계 끄트머리를 물고 작업실 선반으로 올라갔다.

"이리 와. 거기 올라가면 안 돼. 모래시계를 떨어트릴지 몰라."

초이가 왓치를 잡으려고 손을 뻗었지만 쉽게 닿지 않았다. 가까스로 초이의 손끝에 꼬리가 잡힌 순간, 왓치가 모래시계와 함께 선반에서 떨어졌다.

'쨍그랑!'

왓치는 바닥에 안전하게 내려섰지만 모래시계는 책상에 부딪쳐 깨지고 말았다. 모래시계 안에 들어 있던 모래가 왓치에게 쏟아졌다.

"야아아옹."

'째깍, 째깍, 째깍, 째깍.'

초이가 외할아버지의 작업실에서 들었던 시끄러운 초침 소리가 다시 한 번 귀를 찢을 듯 울려 퍼졌다.

시간의 규칙을 찾아서

에필로그

‘뻐꾹, 뻐꾹⋯⋯.’

뻐꾸기시계가 저녁 7시를 알렸다. 작업실의 풍경이 무언가 달라져 있었다. 초이는 서둘러 달력을 찾았다. 작업실 문에 2013년 2월의 달력이 걸려 있었다. 현재로 돌아온 것이 분명했다. 오랫동안 과거에 있었던 것 같은데 현재에선 몇 시간밖에 지나지 않은 모양이었다.

"집, 집에 돌아왔어! 잠깐, 내가 꿈을 꾼 건가?"

초이는 자신이 꿈을 꾼 건지 과거에 다녀온 건지 혼란스러웠다. 왓치도 정신이 없는 듯 바닥에 축 늘어져 있었다. 그때 초이의 양 손목에 채워져 있는 시계가 눈에 들어왔다.

시간의 규칙을 찾아서

"아저씨가 준 시계와 분희가 준 시계잖아."

작업실 책상 위에는 일기장이 다시 놓여 있었다. 초이는 재빨리 일기장을 집어 들고 마지막 장을 펼쳤다.

'사실이었어! 내가 과거에 갔다 온 거야.'

초이는 작업실 문을 박차고 나와 계단을 뛰어 내려왔다. 엄마와 아빠가 그대로 있는지 궁금해서 가만히 있을 수가 없었다. 1층에 있던 엄마가 깜짝 놀라 초이를 바라봤다. 초이를 찾고 있던 모양이었다.

"오초이! 너 어디 있었어? 엄마랑 아빠가 한참 찾았잖아."

"2층 작업실에 있었어요. 가끔 거기 올라가면 마음이 편해져서요."

초이가 기어들어 가는 목소리로 말했다. 엄마에게 과거에 갔다 온 이야기를 할 수는 없었다.

"작업실에 올라가 있을 줄은 몰랐지."

"그런 줄도 모르고 초이 네가 안 보여서 걱정했지 뭐냐."

방에서 아빠가 나왔다. 초이는 방금 전까지 함께 있었던 분희와 재각이가 떠올라 정신이 멍했다. 놀라서 그저 엄마와 아빠를 번갈아 볼 뿐이었다.

"걱정 끼쳐 드려서 죄송해요."

초이가 겨우 입을 뗐다.

"우리가 미안하다. 앞으로는 시계 읽는 것으로 부담 주지 않으마."

시간의 규칙을 찾아서

아빠가 초이를 안으며 미안한 표정으로 말했다.

"아니에요. 제가 적극적으로 배우려고 하지 않았던 것 같아요. 그리고…… 저 이제 시계 읽을 줄 알아요. 친절한 아저씨랑 멋진 두 친구가 가르쳐 줬거든요. 하나도 안 어렵던데요."

"정말이니? 그래. 엄마가 너만 했을 때 친하게 지냈던 친구도 시계를 볼 줄 몰랐는데, 외할아버지가 가르쳐 주셔서 금방 배웠단다."

초이의 엄마가 과거를 떠올리며 말했다.

"맞아요. 여보, 그 친구 이름이 초이였지?"

"초이라는 사람이 또 있었어요?"

초이가 혹시나 하는 마음에 아빠에게 물었다.

"그래. 엄마네 집에 고양이와 함께 나타났다가 사라진 친군데, 자기가 미래에서 왔다고 소개했었지. 그리곤 어느 날 갑자기 사라졌단다. 정말 미래로 돌아간 건지 모르겠지만…… 집으로 잘 돌아갔을 거라고 우린 믿고 있단다."

"난 초이가 미래로 돌아갔을 거라고 믿어요."

엄마가 아빠를 바라보며 말했다.

"그때 즐겁게 놀던 추억을 생각해서 네 이름을 초이라고 짓게 된 거야. 우리 고양이 왓치도 그렇고."

초이는 엄마와 아빠가 과거에 만났던 사람이 자신이라는 것을 확신했다. 초이는 소중한 추억을 괜히 깨트리고 싶지 않아 자신이 과거로 갔었다는 사실을 말하지 않기로 했다.

"아마 초이는 집에 잘 돌아갔을 거예요. 엄마, 아빠와 지낸 추억을 간직하고서……."

"하하. 그래, 초이 마음은 초이가 알겠지. 피곤해 보이는데 오늘은 일찍 자렴."

"네. 내일은 꼭 아빠랑 산에 갈 수 있게 지금 자야겠어요. 안녕히 주무세요."

초이는 방에 누워서 지금까지의 일을 떠올려 보았다. 시간에 대해 무관심했던 자신의 모습이 떠올라 머쓱해졌다. 분희와 재각이와 지낸 시간들 덕분에 아빠에 대해 서운했던 감정도 눈 녹듯이 사라졌다. 초이는 외할아버지와 엄마의 시계를 풀어 손에 들고 시곗바늘을 가만히 바라봤다.

'째깍, 째깍, 째깍, 째깍.'

초이가 과거와 현재를 생각하는 사이에도 시계의 초침이 열심히 돌아가고 있었다.

'시간은 지금도 흐르네. 다가올 미래에는 또 어떤 일들이 생길까. 소중한 시간, 한순간도 놓치지 말아야지.'

시간의 규칙을 찾아서

초이의 시간 여행 퀴즈 정답

퀴즈 1

정답 : 규칙적인 초이의 생체 시계가 밤을 알렸기 때문입니다. 초이는 저녁이 될 무렵에 모래시계를 깨트리고 과거로 이동했습니다. 도착한 시각은 정오가 지난 한낮이지만, 초이의 생체 시계는 늘 그래 왔던 것처럼 잠들 시간을 알려 준 것입니다.

퀴즈 2

정답 : 10보다 12의 약수가 많기 때문입니다. 약수의 개수가 많으면 수를 여러 가지 묶음으로 나누어 세기 편리합니다. 12는 1, 2, 3, 4, 6, 12의 6개의 약수를 가지고 있습니다. 60 역시 1, 2, 3, 4, 5, 6, 10, 12, 15, 20, 30, 60의 12개의 약수로 나누어떨어지기 때문에 시간을 나누어 세는 데 적합합니다.

퀴즈 3

정답 : 호주가 남반구에 있기 때문입니다. 북반구에서는 태양이 동쪽에서 남쪽을 거쳐 서쪽으로 지지만 남반구에서는 태양이 동쪽에서 북쪽을 거쳐 서쪽으로 집니다. 그래서 남반구의 그림자와 북반구의 그림자의 이동 방향이 서로 반대입니다. 현재는 북반구에서의 그림자 이동 방향을 시계 방향으로 씁니다.

퀴즈 4

정답 : 지구가 태양 주위를 한 바퀴 도는 데 365일 5시간 48분이 걸리는데 달력에서는 1년을 365일로 세기 때문입니다. 따지지 않고 넘어가는 5시간 48분(약 6시간)이 4년 동안 모이면 약 하루가 됩니다. 이 하루의 오차를 없애기 위해 4년에 한 번 달력에서 가장 날짜가 적은 2월에 29일을 끼워 넣습니다.

퀴즈 5

정답 : 북극성으로 북쪽을 찾고, 북두칠성의 위치로 시간을 추측했습니다. 지구는 자전축을 중심으로 하루에 한 바퀴를 돕니다. 그래서 북반구의 중위도 지방에서 북쪽 밤하늘을 올려다보면 별들이 북극성을 중심으로 24시간 동안 한 바퀴 도는 것처럼 보입니다. 따라서 북두칠성이 15도만큼 회전하면 한 시간이 지났다는 것을 알 수 있습니다.

퀴즈 6

정답 : 두 톱니 수의 최소 공배수를 찾으면 톱니바퀴의 회전 수를 따질 수 있습니다. 100의 배수 100, 200, 300⋯⋯과 40의 배수 40, 80, 120, 160, 200, 240⋯⋯ 중 최소 공배수는 200입니다. 100은 2배 하면 200이 되고 40은 5배 하면 200이 됩니다. 따라서 톱니가 100개인 톱니바퀴는 2바퀴, 톱니가 40개인 톱니바퀴는 5바퀴 돌아야 처음 맞물렸던 위치로 돌아옵니다.

새로운 수학·과학 교육의 패러다임

"지구는 둥근 모양이야!"라고 말한다면 배운 것을 잘 이야기할 수 있는 학생입니다.

"지구가 둥글다는 것을 어떻게 알게 되었나요?"라고 질문한다면, 그리고 그 답을 스스로 생각해 보고 궁금증에 대한 흥미를 느낀다면 생활 주변에서 배우고 성장할 수 있는 학생입니다.

미래 사회는 감성과 창의성으로 학문의 경계를 넘나드는 융합형 인재를 필요로 합니다. 단순한 지식을 주입하지 않고 '왜?'라고 스스로 묻고 찾아볼 수 있어야 합니다.

미국, 영국, 일본, 핀란드를 비롯해 많은 선진 국가에서 수학과 과학 융합 교육에 힘쓰고 있습니다. 우리나라에서도 창의 융합형 과학 기술 인재 양성을 위해 교육부에서 융합인재교육(STEAM) 정책을 추진하고 있습니다.

융합인재교육(STEAM)은 과학(Science), 기술(Technology), 공학(Engineering), 예술(Arts), 수학(Mathematics)을 실생활에서 자연스럽게 융합하도록 가르칩니다.

〈수학으로 통하는 과학〉 시리즈는 융합인재교육(STEAM) 정책에 맞추어, 수학·과학에 대해 학생들이 흥미를 갖고 능동적으로 참여하며 스스로 문제를 정의하고 해결할 수 있도록 도와주고 있습니다.

스스로 깨우치는 교육! 과학에 대한 흥미와 이해를 높여 예술 등 타 분야를 연계하여 공부하고 이를 실생활에서 직접 활용할 수 있도록 하는 것이 진정한 살아있는 교육일 것입니다.

3 수학으로 통하는 과학

시간의 규칙을 찾아서

ⓒ 2013 글 과학주머니
ⓒ 2013 그림 이지후

초판 1쇄 발행 2013년 10월 8일
초판 7쇄 발행 2021년 7월 5일

지은이 과학주머니
그린이 이지후
펴낸이 정은영

펴낸곳 |주|자음과모음
출판등록 2001년 11월 28일 제2001-000259호
주소 04047 서울시 마포구 양화로6길 49
전화 편집부 (02)324-2347, 경영지원부 (02)325-6047
팩스 편집부 (02)324-2348, 경영지원부 (02)2648-1311
이메일 jamoteen@jamobook.com

ISBN 978-89-544-3014-2(44400)
　　　978-89-544-2826-2(set)

이 도서의 국립중앙도서관 출판시도서목록(CIP)은 서지정보유통지원시스템 홈페이지(http://seoji.nl.go.kr)와
국가자료공동목록시스템(http://www.nl.go.kr/kolisnet)에서 이용하실 수 있습니다.
(CIP제어번호 : CIP2013018950)

께!

그림자로 지구 크기를 재어라!

그림자로 지구 크기를 재어라!

글 전영석 외 | 그림 이지후

|주|자음과모음

차례

우주에서 바라본 지구는 마치 파란 구슬 같습니다. 우리가 살고 있는 지구는 태양계에 있는 어떤 행성보다도 아름답지요. 아름다운 지구에 대해 얼마나 알고 있나요? 이 책에서는 지구의 생김새와 운동에 대해 알아보려고 해요. 지구는 자신의 모습과 움직임의 증거를 곳곳에 숨겨 두었답니다. 증거를 찾아내고 답을 알아내기 위해서는 과학과 수학의 힘이 필요하지요.

이집트 바하리야 사막에 여행 갔을 때 본 화석을 찍은 사진입니다. 그런데 뭔가 이상하지 않나요? 바다는커녕 물 한 방울 없는 사막에서 조개껍데기 화석이라니요! 이처럼 다른 나라를 여행하다 보면 일상적이지 않은 현상들을 종종 발견할 수 있습니다. 이들은 지구의 특징을 밝혀내는 단서가 됩니다.

　TV쇼 지구 여행단에 선발된 네 명의 친구 멍지, 룩희, 상남이, 지성이는 지구에 얽힌 비밀을 풀어내야만 세계 여행을 무사히 마칠 수 있습니다. 네 친구들이 가는 곳은 늘었다 줄었다 하는 나라, 시간이 시작되는 나라, 지구의 허리에 있는 나라, 땅이 생기는 나라 등 다양합니다. 그런 나라가 대체 어디 있느냐고요? 궁금하면 네 명의 친구들과 함께 직접 여행을 떠나 보세요. 여행을 즐기다 보면 지구가 숨겨 놓은 여러 단서들을 발견할 수 있습니다. 세계 여행을 무사히 마친 후엔 지구를 깊이 이해할 수 있을 테고요. 서두르세요. 지금 특별한 세계 여행을 시작합니다.

꺼내도 꺼내도 줄어들지 않는 마법의 과학주머니

등장인물

명지

붙임성 좋고 활기찬 왈가닥 소녀

궁금한 것은 누구에게든 묻고 의견을 나눈다. 여러 친구들과 함께 여행을 떠나고 싶어서 지구 여행단에 지원한다. 가끔 엉뚱한 행동을 하지만 관찰력이 좋아 문제의 단서를 쉽게 찾아낸다.

지성이

지구 여행단의 브레인

큰 저택에서 책 속에 파묻혀 있다 보니 아는 것은 많지만 용기가 부족하다. 책에서 읽은 상식을 무기로 세계 여행에 지원한다. 여행을 통해 경험과 지혜를 쌓고 소중한 친구들을 얻는다.

루히

지구 여행단의 행운의 아이콘

친구들을 잘 챙기고 어려운 일 앞에서도 늘 긍정적이다. 세계 구석구석의 멋진 풍경을 사진에 담기 위해 여행을 떠난다. 결정적인 순간에 사진으로 실마리를 제공한다.

상남이

말보다 행동이 먼저인 용감한 소년

남들이 대충 넘어가는 문제도 날카롭게 짚어낸다. 뭐든 직접 경험한 사실을 제일로 여긴다. 여행을 하면서 다른 친구들과 의논하는 법을 배워 나간다.

X맨

지구 여행단의 수상한 PD

지구에 관련된 어렵고도 재밌는 문제를 쉴 틈 없이 낸다. 지구에 대한 지식이 많고 남몰래 아이들을 챙긴다. 하지만 가만히 보면 행동이 어설프고 철부지 같다. 마지막 여행지에서 감춰둔 비밀이 탄로 난다.

프롤로그

지구 여행단을 모집합니다

서울 종로구, 룩희네 초등학교

"또 나침반이네."

룩희가 뽑기 기계에서 나침반을 꺼내며 작게 중얼거렸다.

"벌써 세 개째야."

"룩희는 늘 운이 좋다니까."

옆에서 구경하던 아이들이 부러운 듯 수군거렸다. 룩희가 머리를 긁적이며 아이들을 둘러봤다. 룩희가 뽑고 싶었던 건 작은 지구본이었다.

'나는 필요 없는데…… 이건 친구들 줘야겠다.'

룩희가 아쉬운 표정으로 나침반을 만지작거렸다. 그때 학교 정문

에서 한 친구가 룩희를 향해 뛰어왔다. 손에 작은 광고 전단지를 들고 있었다.

"룩희야! 좋은 소식이 있어."

"무슨 좋은 소식?"

"세계 여행할 학생들을 모집한대. 너 세계 곳곳을 여행하면서 사진을 찍고 싶다고 했잖아."

세계 곳곳을 누빌 지구 여행단을 모집합니다.

친구가 건네준 전단지를 보고 룩희의 눈이 동그래졌다.

"세계 여행을 공짜로 할 수 있다고? 이렇게 큰 행운이 나에게 올까?"

룩희는 비행기를 타고 다른 나라로 가는 상상만으로도 가슴이 두

TV쇼 지구 여행단
"세계 곳곳을 누빌 지구 여행단을 모집합니다."

세계 곳곳을 여행하며 지구의 비밀을 풀어낼 네 명의 친구를 모집합니다. 지구를 사랑하는 초등학생은 누구든지 지원할 수 있습니다. 함께 세계를 누빌 친구들은 세계 여행을 하고 싶은 이유를 이메일로 보내 주세요. 참가비는 무료입니다.

* 단, 여행 중에 주어지는 문제를 해결해야만 세계 여행을 끝까지 할 수 있습니다.

근거렸다.

"너는 운이 좋잖아. 한번 신청해 봐."

"아……그럴까? 나침반을 뽑은 게 우연이 아닐지도 모르니까……."

룩희는 떨리는 마음으로 전단지를 들여다봤다.

부산 수영구, 상남이네 집

"앗, 엄마, 잠깐만요!"

상남이가 갑자기 크게 소리치는 바람에 채널을 돌리던 상남이의

엄마가 리모콘을 놓쳤다.

"아이코, 깜짝이야. 왜? TV에 재미있는 거라도 나왔니?"

소파에 늘어져서 TV를 보던 상남이가 재빨리 채널을 되돌리고 TV 앞으로 바짝 다가갔다.

"저거요. 저 세계 여행 갈래요. 허락해 주실 거죠?"

상남이가 TV를 뚫어져라 보며 말했다.

지구를 사랑하는 초등학생은 누구든지 지원할 수 있습니다.

TV에서 지구 여행단을 모집한다는 안내 광고가 흘러나왔다. 동시에 세계 곳곳의 화려한 풍광이 화면 가득 펼쳐졌다.

"엄마도 보내 주고 싶은데 세계 여행 하려면 비용이 만만치 않을 거야. 다음에 꼭 가자."

하지만 상남이는 여전히 TV 화면에 집중했다.

"네……. 하지만 다른 나라에 직접 가 보고 싶은데……. 백만장자가 인심을 쓸 수도 있잖아요."

"에이. 어떤 사람이 그런 호의를 베풀겠어?"

상남이의 엄마가 말도 안 된다며 고개를 절레절레 흔들었다. TV 광고가 계속됐다.

참가비는 없습니다.

"와! 엄마, 보셨죠?"

상남이가 신나서 크게 소리쳤다.

대전 유성구, 멍지네 초등학교

"아, 심심해."

아이들이 모두 빠져나간 학교 운동장 벤치에 멍지 혼자 앉아 있다.

"오늘따라 말 걸 사람이 한 명도 없네."

평소에는 운동장에서 만난 친구나 꼬마들과 이야기를 나누면서 심심함을 달래지만, 오늘은 운동장이 텅 비어 있다.

"뭐, 괜찮아. 나의 보물 상자가 있으니까."

멍지가 늘 가지고 다니는 작은 상자를 열었다. 자석, 분필, 요요, 딱지와 같은 놀잇거리가 가득 들어 있었다.

"그래도 같이 놀 친구가 많으면 좋을 텐데……."

'딩동!'

그때 멍지의 휴대폰에 문자 메시지가 도착했다.

TV쇼 지구 여행단. 세계를 여행하며 지구의 비밀을 풀어낼

네 명의 친구를 모집합니다.

"이게 뭐지? 지구 여행단? 네 명이 함께 떠나는 건가? 진짜 재밌겠다."

문자 메시지의 링크 주소를 클릭하니 지구 여행단을 뽑는 광고 영상이 시작됐다. 멍지의 눈이 휘둥그레졌다. 인터넷 포털 사이트에

접속하자 'TV쇼 지구 여행단'이 이미 실시간 검색어 1위에 올라 있었다.

"와! 벌써 다들 아는 거야? 나도 당장 지원해야지!"

멍지가 혼잣말을 중얼거리며 재빨리 집으로 뛰어갔다.

전주 완산구, 지성이네 집

'똑똑!'

노크 소리에도 지성이는 고개를 들지 않았다. 서재 문이 열리고 지성이의 형이 들어왔다. 쌓여 있는 책들 사이로 지성이의 곱슬곱슬한 머리카락이 보였다.

"지성아, 또 책 읽고 있어? 나랑 밖에 나가서 축구 하지 않을래?"

지성이는 여전히 책에 머리를 묻고 고개만 좌우로 흔들었다. 오늘도 세계 여행에 관련된 책에 푹 빠져 있었다.

"치, 그럴 줄 알았다. 여기 방송국에서 편지가 왔어. 볼래?"

지성이가 그제야 고개를 들고 형을 쳐다봤다.

"무슨 편진데?"

"모르겠어. 내가 열어 볼게. 음…… 세계 여행에 참여할 사람을 찾는다는데."

지성이의 형이 편지를 뜯으면서 말했다. 그 말에 지성이가 자리에서 일어났다.

그림자로 지구 크기를 재어라!

"어떻게 참여하는 건데? 어느 나라로 가는 건데?"

목소리는 침착했지만 지성이의 가슴은 두근두근했다. 수많은 책으로 세계 곳곳의 정보를 접했지만 직접 찾아가 본 적은 없었다. 여행은커녕 밖에서 뛰어놀아 본 것도 한참 전 일이다.

"이거 읽어 봐. 한두 군데를 가는 게 아닌데. 너는 매일 지구본이랑 세계 여행 책만 보잖아. 한번 신청해 봐."

지성이의 형이 편지를 건넸다.

지구를 사랑하는 초등학생은 누구든지 지원할 수 있습니다.

지성이의 마음이 다시 부풀었다. 지성이는 서재에 있는 커다란 지구본을 천천히 한 바퀴 돌리며 마음먹었다.

'그래, 한번 도전해 보자.'

'딩동!'

축하합니다! 약 3000명의 지원자 중에서 지구 여행단으로 선정되셨습니다. 문자 메시지를 받은 네 명의 지구 여행단은 다음 달 1일 인천 국제공항에서 출발합니다. 먼저 비행기 표 예매를 위한 신상 정보를 답장으로 보내주세요. 그리고 출발하는 날 개인 짐과 세계 지도, 나침반, 카메라를 가지고 오전 9시에 인천 국제공항 X항공사 발권 창구 앞에서 모이겠습니다.

"와!"

서울에 사는 룩희, 부산에 사는 상남이, 대전에 사는 멍지, 전주에 사는 지성이가 문자 메시지를 보고 동시에 환호성을 질렀다. 그리고 같은 시각, 문자 메시지를 보낸 한 사람이 조용히 미소 짓고 있었다.

1

그림자가 둥근 지구

대한민국 인천

여행을 시작하는 날 오전 9시. 인천 국제공항 X항공사 발권 창구 앞에 지구 여행단의 출발을 알리는 현수막이 걸려 있었다. 룩희와 상남이, 지성이가 일찌감치 약속 장소에 나와 있었다. 가족의 품을 떠나 또래 친구들과 여행을 간다는 사실에 다들 들떠 있었다. 하지만 처음 보는 사이라 서먹한 분위기가 감돌았다. 잠시 후 명지가 상기된 표정으로 세 아이들 쪽으로 달려왔다.

"안녕, 친구들! 모두 축하해. 나도 함께 여행을 떠나게 되었어. 내 이름은 명지. 넌 이름이 뭐야?"

"나? 나는 지성이야. 안녕."

지성이가 명지의 살가운 태도에 놀라 어색하게 대답했다.

"그렇구나. 난 일주일 전부터 너무 떨려서 잠을 잘 못 잤어. 어떤 아이들이 올지 얼마나 궁금하던지. 나는 내가 이렇게 뽑힐 줄은 꿈에도 몰랐는데. 아참! 내가 이름을 물어봤던가?"

"어, 방금 전에."

지성이가 다시 어색하게 대답했다. 쉴 새 없이 말하는 명지를 보고 놀란 표정이었다.

"아, 지성이였지. 너무 기뻐서 정신이 없나 봐! 넌 어떤 나라에 가장 가고 싶어? 난 낭만의 도시 프랑스 파리에 가고 싶어. 가서 에펠탑도 구경하고 센 강에서 유람선도 타고 싶고."

"음…… 나는 아프리카 대륙에 가 보고 싶어."

"거기 두 명! 조용히 좀 해 봐. 이제 여행에 대해 설명해 주실 것 같아."

그때 상남이가 구석에 서 있는 한 사람을 가리켰다.

"저 사람이 누군데?"

조용히 서 있던 룩희가 아이들을 둘러보며 물었다.

"우리에게 문자 메시지를 보낸 아저씨가 아닐까?"

"형사 같은 차림새인데, 어린이 같기도 하고 어른 같기도 하고."

아이들이 수군거리며 상남이가 가리킨 곳으로 고개를 돌렸다. 구석에 바바리코트를 입은 남자가 서 있었다. 바로 네 명의 친구들을 불러 모은 사람, TV쇼 지구 여행단의 PD였다.

"행운의 주인공들, 안녕하세요. 이번 여행에 참가하게 된 것을 축하드립니다. 저는 여러분을 세계 곳곳으로 안내하고 여러분의 안전을 책임질 이 프로그램의 PD입니다. 아, 또한 이 여행을 계속할지 멈출지 결정하는 역할도 하지요."

그가 네 아이들을 한 명씩 바라보며 낮은 목소리로 말했다. 하지만 코트 깃을 세우고 짙은 색 선글라스를 쓰고 있어서 얼굴이 잘 보이지는 않았다.

1. 그림자가 둥근 지구

"네? 여행을 멈출지 결정한다고요? 세계 여행이 중단될 수도 있나요?"

멍지가 실망한 목소리로 끼어들었다.

"멍지 학생, 참가자 지원서 아래쪽에 작게 조건을 적어 놓았는데 읽어 보지 않았군요. 아, 그리고 저는 그냥 아저씨가 아닙니다. 이 여행을 기획한 사람을 대신하러 왔으니까 특별히 'X맨'이라고 불러 주세요."

X맨이 공항 의자에 한쪽 다리를 얹고 잠시 말을 멈췄다.

"X맨, 설명을 계속해 주세요."

TV쇼 지구 여행단의 여행 규칙

1. 세계 여행은 그냥 주어지지 않는다. 세계 여행을 계속하려면 각 나라에서 제시되는 지구에 대한 문제를 해결해야만 한다.
2. 주어진 문제는 여행에 참가한 네 명의 지구 여행단원이 힘을 합쳐 해결해야 한다. 지구 여행단이 아닌 사람에게 직접 물어볼 수는 없다.
3. 문제를 해결하면 다음 여행지로 떠나는 비행기 표가 주어진다. 하지만 해결하지 못하면 집으로 돌아가는 비행기 표를 받게 된다.

그림자로 지구 크기를 재어라!

"아, 그러죠. 여러분이 세계 여행을 계속하려면 각 여행지에서 문제를 해결해야 합니다. 여행 규칙을 적어 왔으니 함께 읽어 보세요."

여행 규칙을 읽고 멍지의 표정이 시무룩해졌다.

"이게 뭐야. 문제를 풀어야만 하다니……. 그냥 신나게 여행할 수 있도록 해 주면 얼마나 좋아."

"내 이럴 줄 알았어. 공짜로 보내 준다는 말을 순순히 믿다니, 내 잘못이지."

상남이도 투덜거렸다. 하지만 룩희는 여전히 밝은 표정이었다.

"걱정 마. 아직 문제가 나온 것도 아닌데 뭘. 우리 넷이 같이 하면 할 수 있을 거야!"

"그래, 나도 힘을 합할게."

룩희의 말에 지성이도 차분하게 말했다. X맨은 아이들이 투덜거리든 말든 상관하지 않고 말을 이었다.

"이제 세계 여행의 규칙을 잘 알아 두었죠? 간단해요. 문제만 풀면 세계 여러 나라를 여행할 수 있답니다. 자, 이제 우리는 모두 한 배를 탄 동료이니 잘해 봅시다. 여러분이 성공적으로 세계 여행을 해야만 저도 여행을 할 수 있으니까요. 준비가 되었으면 출발합시다!"

아이들은 태연하게 말하는 X맨이 얄미웠다. 하지만 막상 비행기 탑승구에 들어서자 여행에 대한 기대가 앞섰다.

"그런데 첫 번째 여행지는 어디인가요?"

상남이가 물었다.

"여러분의 첫 여행지는 정열의 나라 스페인입니다. 스페인을 여행하다 보면 여러분이 해결해야 할 질문을 만나게 됩니다. 질문의 답을 알아 오세요. 답을 찾지 못하면 세계 여행도 하지 못한다는 규칙 기억하고 있죠? 자, 다들 비행기에 오르시죠."

아이들의 좌석은 일렬로 붙어 있었다. 명지는 비행기 안 구석구석을 살펴보고 있었다.

떠나자, 스페인으로!

그림자로 지구 크기를 재어라!

"너, 이름이 뭐라고 했더라? 멍……."

옆자리의 상남이가 멍지에게 말을 건넸다.

"멍지! 귀엽고 발음하기도 쉽지? 다음엔 꼭 기억해 줘, 상남아."

"아! 미안. 내 이름을 기억하고 있구나. 나도 다음엔 잊지 않을게. 우리, 스페인으로 향한다고 했지? 멍지야, 넌 스페인 하면 뭐가 제일 먼저 떠올라?"

"난 정열의 춤, 플라멩코. 직접 볼 수 있으면 좋겠다. 너는?"

"스페인 하면 축구지! 세계 최고의 축구 실력을 가지고 있잖아."

상남이와 멍지는 스페인에 대한 이야기로 시간 가는 줄 몰랐다. 책만 보던 지성이와 낯을 가리던 룩희도 조금씩 말문을 열기 시작했다. 목적지인 스페인의 세비야에 도착하기까지 비행기를 두 번이나 갈아타느라 1박 2일에 가까운 시간이 걸렸다. 오랜 비행 끝에 비행기에서 내릴 때는 네 아이들이 함께 세계 여행에 대한 이야기를 나누고 있었다.

스페인 세비야

공항에 내리자 X맨이 아이들을 불러 세웠다.

"긴 시간 동안 비행하느라 고생하셨습니다. 드디어 세계 여행의 첫 목적지, 스페인에 도착했습니다. 스페인은 여러분이 잘 알고 있듯이 축구를 잘하는 나라입니다. 투우를 떠올리는 분들도 많겠죠.

여행을 시작하겠습니다."

"X맨, 비행기를 오래 타서 그런지 피곤해요. 너무 졸리고. 바로 여행을 시작하나요?"

룩희가 X맨에게 물었다.

"아닙니다. ★ 시차 때문에 피곤하죠? 일단 숙소로 가서 짐을 풀고 자기소개를 나눠 보세요. 숙소에는 여러분이 해결해야 하는 문제도 기다리고 있습니다."

★ **시차**
세계 표준시를 기준으로 한 세계 각 지역의 시간 차이

아이들은 X맨이 무슨 말을 하는지 이해되지 않았지만, 숙소로 들어가 쉬고 싶은 마음에 대강 고개를 끄덕였다.

"아함, 졸려. 우리 그냥 숙소 가는 길에 서로 소개할까?"

멍지의 말에 아이들이 고개를 끄덕였다.

"그래, 멍지야. 먼저 해."

"음, 내 이름은 잘 알고 있지? 친구들은 내가 좀 엉뚱하고 소란스럽다고 종종 얘기하던데, 정말 그런 것 같니? 앞으로 잘 지내 보자."

멍지가 말을 마치면서 상남이를 바라봤다.

"난 상남이야. 부산에서 왔고, 이런 여행이 처음이라 얼떨떨해."

"끝이야? 뭐가 그리 짧니?"

지성이가 멍지와 상남이를 보고 웃으며 말문을 열었다.

"나는 지성이고, 책을 많이 좋아해. 세계 여행이랑 과학을 다룬 책이 제일 재밌고. 이렇게 직접 여행하는 건 처음이지만 세계 여러 나라에 대한 책을 많이 읽어 두어서 아는 건 많아. 여행하다가 궁금한 게 있으면 나한테 물어봐. 모르는 것 빼고 다 알려 줄게."

"나만 소개하면 되겠구나. 난 룩희라고 해. 서울에 살고 있고, 긍정적이라는 말을 많이 들어. 많은 나라는 아니지만 가족들과 함께 몇 번 해외여행을 한 적이 있어. 아, 난 사진 찍는 걸 좋아해. 여행 사진은 내가 찍어 줄게."

"그런데 우리가 해결해야 한다는 그 문제는 어디 있는 걸까? 너무 어렵진 않겠지?"

룩희가 말을 마치자 지성이가 걱정스럽게 물었다. 하지만 룩희는 아직 여유로운 표정이었다.

"일단 여행만 생각하자. 밖을 봐. 너무 멋지지 않니? 여기까지 와서 문제만 풀고 있을 수는 없잖아. 오늘은 쉬고, 내일 세비야를 구경하고 나서 고민해 보자."

다음 날 정오. X맨이 그때까지도 자고 있는 아이들을 깨워 식당으로 불러냈다.

"여러분, 부에노스 타르데스!"

"상남아, 무슨 말이야?"

멍지가 옆에 있는 상남이에게 물었으나 상남이는 당황한 표정만 짓고 있었다. 상남이 옆에 있는 지성이가 나섰다.

"부에노스 타르데스, 스페인 어로 점심 인사야."

"책을 많이 읽었다더니 정말 아는 것이 많구나."

"여러분 정말 곤히 자더군요. 시차에 적응하라고 깨우지 않았습니다. 벌써 점심 시간이 됐네요. 그건 그렇고, 문제는 찾으셨나요?"

갑작스런 X맨의 물음에 아이들은 당황했다. 어제는 문제를 찾을 생각도 하지 않고 잠들어 버렸기 때문이다.

"아니요. 그런데 문제는 어디에 있어요?"

"아직도 찾지 못했나요? 문제는 우연히 여러분 앞에 나타날 수도 있고, 어딘가 숨겨져 있을 수도 있어요. 때에 따라 다릅니다."

"네? 우리는 여기 처음 왔는데 어떻게 문제를 찾죠?"

상남이가 따지듯이 물었다.

"주의를 기울이면 찾을 수 있어요. 또 한 가지 여러분에게 전달

그림자로 지구 크기를 재어라!

하지 않은 사실이 있는데, 문제를 푸는 데에는 제한 시간이 있다는 것입니다."

"제한 시간이라고요?"

"제한 시간이 지나면 정답을 말해도 소용없어요. 여러분이 조금 더 긴장했으면 좋겠네요."

"정말요? 그럼 진작 이야기를 해 주셨어야죠. 오늘은 여행을 하고 문제는 나중에 풀려고 아직 문제에 대해서 생각하지 않았단 말예요. 시간이 얼마나 남았는데요?"

룩희가 볼멘소리로 말했다. 그러자 X맨도 퉁명스럽게 대답했다.

"여러분이 문제를 찾을 생각도 하지 않으니 답답해서 말해 주는 거예요. 그럼 문제를 찾는 힌트를 하나 드리죠. 문제는 지구 안에 있습니다."

"네에?"

X맨은 그 말만 남기고 자리를 떴다. 아이들은 갑자기 마음이 다급해졌다.

"얘들아, 빨리 문제를 찾아보자."

"지구 안에 있다고? 우리도 지구 안에 있잖아. 그게 무슨 힌트라는 거지?"

"그러게. 힌트가 너무 애매하잖아."

룩희는 뾰족한 생각이 나지 않아 로비 여기저기를 어슬렁거렸다.

'지구 안에? 저기 지구본이 있네. 스페인이 어떻게 생겼나 한번 볼까?'

룩희가 스페인을 찾으려고 팽그르르 지구본을 돌렸다. 그러자 지구본 뒤쪽에서 빨간색 편지 봉투가 툭 떨어졌다.

"얘들아!"

"룩희야, 무슨 일이야?"

"문제를 찾았어! 나 정말 운이 좋은가 봐!"

룩희의 말을 듣고 상남이가 냉큼 달려가 빨간 봉투를 주워들었다. 상남이가 봉투를 여는 순간 멍지가 다가와 봉투 안에서 손바닥만 한 종이를 꺼냈다. 네모난 종이에 짧은 문제가 적혀 있었다.

TV쇼 지구 여행단
"지구가 둥글다는 증거를 찾으시오."

제한 시간 : 세비야를 떠나는 날 아침 식사 전까지

* 단, 지구의 위성 사진을 증거로 제시하는 것은 안 됩니다.

그림자로 지구 크기를 재어라!

"이게 문제구나. 지구가 둥글다는 건 내 동생도 다 알아. 그런데 무슨 증거가 필요하지?"

"그러게. 위성 사진이 안 되면 대체 뭘로 증거를 대지?"

"어이쿠, 제한 시간이 세비야를 떠나는 날 아침이래. 내일이면 우리 떠나는 날 아니니?"

"그러게. 시간이 많은 건 아니구나."

아이들은 일단 숙소를 나와 세비야의 과달키비르 강가에 모여 앉았다. 하지만 아이들은 문제를 풀어야 한다는 생각에 푸른 강의 멋진 풍경을 제대로 즐길 수 없었다.

"너무 당연해서 이유를 찾을 수가 없어."

"우리 이러다가 여기서 바로 한국으로 돌아가는 거 아닌가?"

다들 걱정을 늘어놓는데 멍지 혼자 작게 노래를 흥얼거리고 있었다.

"앞으로 앞으로 앞으로 앞으로! 지구는 둥그니까 자꾸 걸어 나가면 온 세상 어린이를 다 만나고 오겠네."

"멍지야, 넌 걱정도 안 돼?"

상남이가 멍지를 보고 한숨을 쉬며 물었다.

"아니, 지구가 둥근 증거에 대해 생각하다 보니까 자연스럽게 이 노래가 생각나서."

"그래, 맞아! 그 노랫말처럼 계속 앞으로 항해해서 정말로 세계 일주를 한 사람이 있긴 하다. ★마젤란!"

룩희가 자신 있는 목소리로 말했다.

"와, 너 그런 것도 알아?"

상남이가 룩희의 말에 놀라고 있을 때 지성이가 말을 꺼냈다.

"룩희야, 마젤란이 세계 일주를 시도한 것은 맞아. 하지만 세계 일주 중에 죽고 말았대. 마젤란의 일행 중 몇몇이 살아 돌아왔으니 마젤란의 일행이 세계 일주를 했다고 하는 게 맞을 거야."

"정말 지성이 넌 아는 게 많구나. 그럼 마젤란과 그 일행은 지구가 둥글다는 증거를 직접 보여 준 거나 마찬가지네!"

놀란 멍지를 보고 지성이가 말을 이었다.

"우리가 앉아 있는 이곳 과달키비르 강에서 마젤란이 세계 일주를 시작했어. 게다가 ★ 콜럼버스가 신대륙을 찾기 위해 항해를 시작한 곳도 이곳이야."

"와, 진짜? 우리의 첫 여행지가 왜 이곳 세비야인지 알겠다. 역사적인 항해가 시작된 곳이었구나. 지성아, 더 생각나는 거 없어? 이야기하다 보면 문제를 풀 방법이 떠오를 것 같기도 한데."

멍지가 다시 물었다.

그림자로 지구 크기를 재어라!

"음, 글쎄? **아주 옛날 사람들은 지구가 둥글다는 걸 몰랐다고 하더라. 그래서 바다 끝은 낭떠러지라고 생각했대.** 지구가 워낙 커서 우리가 서 있는 땅도 평평하게 보이잖아. 그러니 그렇게 착각할 만하지."

지성이의 말에 상남이가 중얼거렸다.

"바다 멀리서 배가 다가올 때 돛대 끝부터 서서히 모습이 드러나는 걸 보면 알 수 있었을 텐데."

"그래? 상남아, 넌 어떻게 그런 걸 알아?"

"우리 집 앞이 바다라서 심심할 때면 망원경으로 항구에 배가 들어오는 모습을 보거든. **멀리서 배가 다가올 때 처음에는 돛대 끝이 보이고, 배가 가까이 올수록 그 아래 부분이 드러나.**"

"맞다. 상남이가 부산 사나이였지. 이거 지구가 둥글다는 정확한 증거 아니니?"

룩희가 무릎을 치며 말했다.

"그럼 우리 배를 타고 바다로 나가서, 멀리서 오는 배의 모습을 사진으로 찍을까?"

멍지가 자리에서 벌떡 일어났다.

"멍지야, 우리에게 남은 시간이 별로 없어. 몇 시간 뒤면 해가 질 거거든. 바다로 나가기에는 시간이 부족할 거야."

상남이의 말에 아이들의 표정이 시무룩해졌다. 룩희가 조심스레 말문을 열었다.

배가 다가올 때
돛대 끝부터 보여.

그림자로 지구 크기를 재어라!

"얘들아, 그 문제는 내일 생각하고, 오늘은 세비야 시내를 둘러보자. 처음이자 마지막 여행지가 될 수도 있으니까. 혹시 알아? 내일 아침에 갑자기 방법이 생각날지."

"그래."

아이들은 잠시 문제를 잊고 세비야 시내를 둘러봤다. 이국적인 풍물을 구경하며 돌아다니는 사이 어느덧 해가 지기 시작했다.

"얘들아, 벌써 땅거미가 지고 있어. 어? 그런데 저기 달 좀 봐."

아이들이 하늘을 올려다보니 상남이의 말대로 달의 모습이 조금 달랐다.

"세비야에서는 달도 색다르구나."

룩희가 달을 보며 중얼거리자 상남이가 말했다.

"잘 보면 한쪽은 어둡고 한쪽은 밝아. 좀 이상하지 않니?"

"내가 아까 올려다봤을 때는 분명 보름달이었어. 그런데 지금은 반달도 아니고 초승달도 아닌 것이 조금 이상하다. 달의 모습이 하루 중에 저렇게 변할 수도 있나?"

멍지도 고개를 갸웃거렸다. 달에서 눈을 떼지 못하던 지성이가 잠시 후 무언가 떠오른 듯 손가락을 튕겼다.

"얘들아, 저건 월식 현상이야. 한국에 있었으면 뉴스를 보고 알았을 텐데, 여행 중이라 월식이 오늘 밤에 나타나는지도 몰랐네. 우리 정말 운이 좋다. 월식도 보고 말이야."

1. 그림자가 둥근 지구

"월식이 뭐야?"

"**월식은 지구의 그림자에 달이 가려지는 현상이야.** 말로만 설명하기에는 조금 복잡한데, 잠깐만."

지성이가 가방에서 메모지랑 연필을 꺼내 들더니 그림을 그리기 시작했다. 태양 주변을 도는 지구와, 지구 주변을 도는 달의 그림이었다.

"여길 봐. **지구는 1년에 한 바퀴 태양의 주변을 돌아. 그리고 달은 한 달에 한 바퀴 지구의 주변을 돌지.**"

그림자로 지구 크기를 재어라!

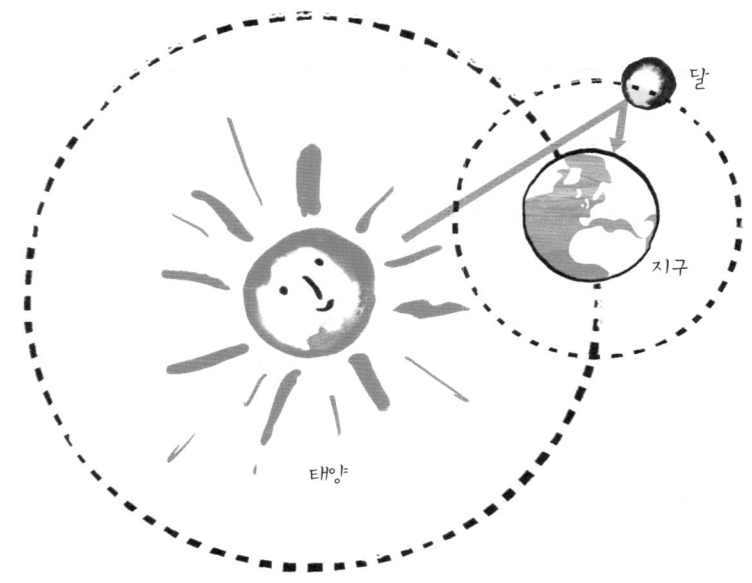

"나도 알아. 햇빛이 달에 반사되어 달이 우리 눈에 보이는 거잖아."

멍지가 말했다. 지성이가 고개를 끄덕이고 말을 이었다.

"그래. 그런데 달이 지구를 돌 때 지구의 그림자가 달에 드리워질 때가 있어. 이 그림처럼 말이야."

"정말 지구의 그림자가 달에 걸렸네."

멍지가 지성이의 그림을 자세히 들여다봤다.

"응. 이렇게 지구의 그림자 때문에 달이 가려져 보이는 게 월식 이야. **달의 일부가 가려지면 부분 월식, 전부가 가려지면 개기 월식**

월식이 생기는 원리

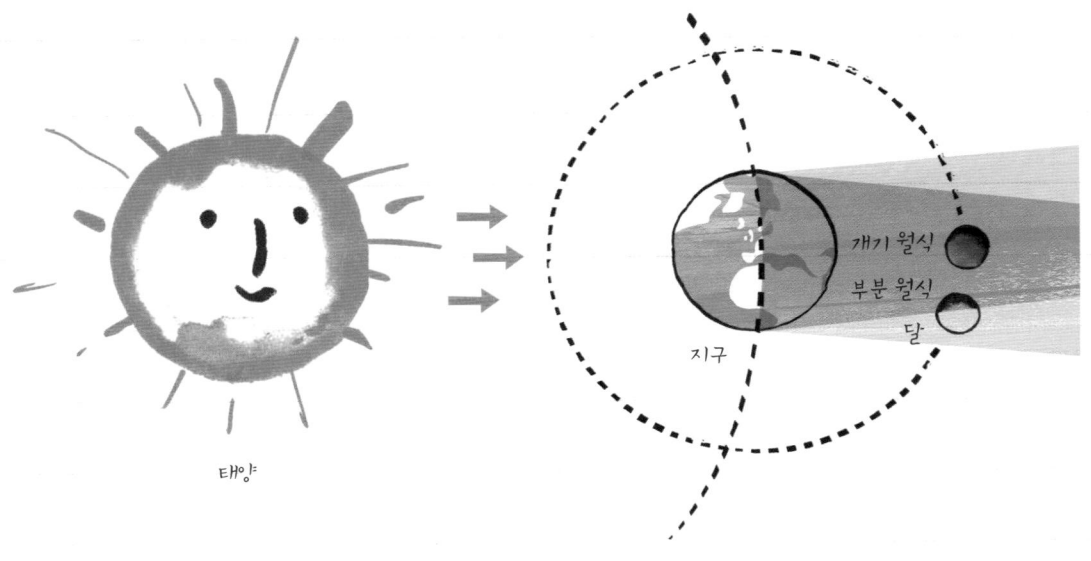

태양

지구

개기 월식
부분 월식
달

이라고 해."

"그렇구나. 지금은 부분 월식이 일어났네. 흔한 일이 아니니까 기념사진이라도 찍어 둬야지."

룩희가 나서서 월식 모습을 디지털 카메라에 담고 아이들을 둘러봤다.

"얘들아, 우리도 기념사진 한 장 찍을까? 바로 인화되는 폴라로이드 카메라도 있어."

"그래."

"어두우니까 이쪽 밝은 곳에서 찍자. 여기 모여 봐."

아이들이 식당 앞에 환하게 켜 놓은 전등 아래로 모였다. 상남이, 지성이, 멍지, 룩희가 전등을 등지고 나란히 섰다. 그런데 룩희의 폴라로이드 카메라가 아이들의 발밑을 향하고 있었다.

"룩희야, 왜 땅을 보고 있어? 어서 지나가는 사람에게 찍어 달라고 하자."

상남이가 룩희를 불렀지만, 룩희는 대답도 없이 땅바닥을 향해 셔터를 눌렀다.

'찰칵! 위잉.'

"룩희야, 대체 어딜 찍은 거야? 바닥에 뭐가 있어? 혹시……?"

"그림자!"

멍지와 룩희가 동시에 외쳤다. 상남이와 지성이는 아직도 어리둥절한 표정이었다.

"뜬금없이 그게 무슨 소리야? 그림자라니?"

상남이도 고개를 갸우뚱하면서 발밑을 내려다봤다. 아이들 뒤의 전등 불빛 때문에 발 아래 각자의 그림자가 드리워져 있었다.

"내 옆에 곱슬머리 지성이, 그 옆에 삐삐머리 멍지. 이 그림자?"

"응, 맞아. 너희들."

"이게 그렇게 놀라운 일이야? 재밌긴 하다. **그림자만 봐도 누군지 알 수 있으니까.**"

상남이의 말에 룩희가 미소를 지었다.

"바로 그거야. 그림자만 봐도 누구인지 알 수 있잖아. 그림자는 원래 물체의 모습과 닮았으니까."

"그런데?"

상남이가 계속 묻자 이번에는 멍지가 나섰다.

"아직도 감이 안 오니? 우리가 아까 본 **월식도 지구의 그림자가 드**

그림자와 실제 모습이 닮았어.

그림자로 지구 크기를 재어라!

리워진 거였어. 그런데 그 그림자의 끝 부분이 둥글잖아. 한마디로, 그림자를 보고 지구의 모습이 둥글다는 걸 알 수 있어!"

"둥근 지구의 그림자는 당연히 둥그니까!"

지성이가 고개를 끄덕였다.

"우리가 찍은 월식 사진이 퀴즈의 답이 될 수 있을까?"

룩희가 카메라에 담긴 달 사진을 다시 돌려 보며 물었다. 지성이가 사진 속 달의 모습을 더 자세히 들여다봤다.

"지구가 커서 원이 다 드러나진 않지만 원의 일부분인 건 분명해."

"무슨 근거로?"

상남이는 여전히 모르겠다는 표정이었다.

"그림자의 테두리가 직선이 아니라 곡선이잖아!"

"맞아. 완만하긴 하지만 분명 곡선의 일부야."

"아, 그렇구나."

상남이도 사진을 다시 보고 고개를 끄덕였다.

"정확한 증거인 것 같아."

"아, 오늘 밤은 편하게 잘 수 있겠다."

아이들은 뿌듯한 마음으로 숙소로 돌아가 잠을 청했다. 늦은 시각까지 돌아다니느라 피곤했는지 모두들 금세 깊은 잠에 빠져들었다.

"부에노스 디아스. 어, 일찍들 내려오네요?"

다음 날 아침, X맨은 생각보다 빨리 나타난 아이들을 보고 놀랐다. 아이들은 정답을 빨리 말하고 싶어서 입이 근질거렸다.

"문제를 해결했나요? 표정을 보니 뭔가 알아낸 모양인데."

X맨의 말이 끝나기 무섭게 룩희가 월식을 찍은 카메라를 내밀었다.

"흠. 지구가 둥글다는 증거를 가져와야 하는데 웬 달 사진이죠?"

"이건 그냥 달 사진이 아니라 월식의 모습이에요. 달에 드리워진 지구의 그림자를 보세요. 끝 부분이 직선이 아닌 곡선입니다. 즉, 지구가 둥글다는 뜻이에요."

룩희가 자신 있게 말했다.

그림자로 지구 크기를 재어라!

"정답입니다. 허허, 제법이네요. 힌트를 주기 위해서 일부러 스페인에서 월식이 관측되는 날에 맞춰 이곳에 도착한 거랍니다. 하지만 월식을 보고 단번에 알아낼 줄은 예상치 못했네요."

X맨이 얼떨떨한 표정으로 말했다.

"여러분은 다음 여행지로 갈 자격이 충분해요. 오늘이 스페인에서의 마지막 날이니 맛있는 요리를 대접하죠. 플라멩코 공연도 보고요. 그리고 저녁에 다음 여행지로 가겠습니다."

"와! 우리가 정답을 맞혔어!"

"다음 여행지는 어딜까?"

아이들이 신나게 떠들며 X맨을 따라갔다.

지구가 둥글다는 증거

옛날 사람들이 생각하는 세상은 평평했습니다. 고대 수메르인들은 평평한 땅 위에 둥근 천장이 있고, 태양과 달, 별과 같은 천체가 그 사이에서 운동한다고 생각했어요. 고대 인도에서는 커다란 뱀 위에 거북이 올라앉고, 그 위에 네 마리의 코끼리가 세상을 떠받들고 있는 모습을 상상했습니다. 고대 이집트인들은 하늘의 여신 누트가 평평한 땅을 하늘처럼 감싸고 있다고 생각했어요. 누트가 매일 저녁 태양을 삼키고 새벽에 토해 내서 낮과 밤이 생긴다고 믿었지요. 고대 중국에서도 '하늘은 둥글고 땅은 각지다'는 생각이 뿌리 깊게 자리하고 있었답니다. 그래서 배를 타고 바

고대 수메르인(왼쪽), 인도인(가운데), 이집트인(오른쪽)이 상상한 세계의 모습

다 멀리로 나아가면 언젠가 낭떠러지 아래로 떨어지는 줄 알았다고 해요.

하지만 사람들은 차차 천체의 움직임을 통해 지구의 형태를 추측하기 시작했어요. 월식 때 달 표면에 생긴 지구의 둥근 그림자를 관찰한 학자는 그리스의 아리스토텔레스입니다. 달에 드리워진 지구의 그림자가 곡선인 것을 보고 지구가 둥글다고 추측한 것이에요. 배가 항구로 들어올 때 돛대가 먼저 보이는 것도 지구가 둥글다는 대표적인 증거입니다. 만약 지구가 평평하다면 배의 전체 모습이 작게 보이다가 다가올수록 커질 테니까요.

그때까지도 사람들은 지구가 둥글다는 추측에 대해 믿음 반 의심 반이었다고 해요. 이후 1492년 콜럼버스가 신대륙을 발견하고 1522년 마젤란의 일행이 세계 일주에 성공하자, 그제야 대부분의 사람들이 지구가 둥글다는 확신을 갖게 되었습니다.

배가 다가올 때 돛대 끝부터 보이는 이유

2 늘었다 줄었다 하는 그린란드

스페인에서 문제를 멋지게 해결한 네 아이들은 앞으로의 여행에 자신감이 생겼다. 다음 여행지로 떠나기 위해 공항에 도착하니 X맨이 기다리고 있었다.

"X맨, 안녕하세요. 언제부터 공항에 와 계셨어요? 부지런하시네요."

붙임성 좋은 멍지가 X맨에게 인사를 건넸다. X맨은 여전히 커다란 선글라스를 쓴 모습이었다.

"멍지 학생, 안녕. 여러분 모두 안녕. 새로운 여행지로 떠날 준비가 되었나요?"

"네! 자신 있어요."

그때 상남이가 X맨을 찬찬히 살펴보며 말문을 열었다.

그림자로 지구 크기를 재어라!

"그런데 왜 카메라는 없어요? TV에 나오는 거면 카메라로 촬영하셔야 하지 않나요?"

"아, 카메라는 이미 설치되어 있어요."

X맨이 조금 떨리는 목소리로 말했다.

"정말요?"

"어디에요?"

X맨의 말에 아이들이 일제히 고개를 두리번거렸다. 멍지와 룩희는 공항 벽과 의자 밑을 들여다보고, 지성이는 천장을 올려다봤다.

상남이는 의심쩍은 듯 X맨을 살폈다. 그리고 스마트폰을 꺼내 첨단 카메라의 종류를 검색하기 시작했다. 그러자 X맨이 당황한 목소리로 아이들을 말렸다.

"그렇게 카메라를 의식하면 TV에 어색하게 나옵니다. 첨단 초소형 카메라를 곳곳에 설치해 놨으니 자연스럽게 행동하세요."

"아, 그런 카메라가 있다니 신기해요. 어디 숨겼는데요? 나중에 꼭 보여 줄 거죠? 네?"

아이들이 떠들썩한 동안에도 상남이는 여전히 X맨을 흘겨보고 있었다.

'뭔가 숨기는 것 같단 말이야.'

"흠흠. 자, 카메라는 잊으시고. 이번에는 문제를 먼저 주도록 하겠어요."

X맨이 재빨리 말을 돌렸다.

"어? 이번에는 문제를 찾지 않아도 되는 거예요?"

"이번엔 두 문제를 풀어야 해요. 문제 하나는 그냥 알려 드릴게요. 다음 문제만 찾으면 됩니다. 첫 번째 문제는 어렵지 않으니 긴장하지 마세요."

"X맨, 너무해요!"

"한 문제도 어려운데."

아이들이 투덜거렸지만 X맨은 씨익 웃을 뿐이었다. 그리고 준비

그림자로 지구 크기를 재어라!

해 둔 빨간 봉투를 내밀었다.

"저는 저쪽 발권 창구에서 기다리겠습니다."

아이들은 불평할 새도 없이 허겁지겁 봉투를 열었다.

TV쇼 지구 여행단
"세계에서 가장 큰 섬으로 찾아오시오."

제한 시간 : 지금으로부터 10분

항공권 발권 창구에 가서 올바른 이름을 말하면 다음 여행지로 향하는 항공권을 줍니다. 단, 틀린 이름을 말하면 한국으로 돌아가는 항공권을 줍니다.

"응? 이거 너무 쉬운 문제 아니야?"

상남이가 문제를 읽자마자 자신감에 찬 목소리로 말했다.

"상남아, 너 답을 알고 있어?"

"그냥 세계 지도 펼치고 제일 큰 섬을 찾으면 되잖아. 세계 지도보다 정확한 게 어디 있겠어."

"아하, 그렇구나! 빨리 찾아보자. 10분 내에 문제를 해결해야 해. 다들 세계 지도 가져왔지?"

아이들은 각자 가지고 온 세계 지도를 꺼내 펼쳐 봤다. 세계 여행을 꿈꾸던 친구들이라 전에도 세계 지도를 자주 봤지만, 지금처럼 집중해서 보는 것은 처음이었다. 그때 룩희가 고개를 갸웃거렸다.

"그런데 멍지야, 네 지도랑 내 지도가 좀 다르다."

"뭐가?"

그림자로 지구 크기를 재어라!

"네가 가져온 지도는 네 귀퉁이가 네모나. 그런데 내 지도는 귀퉁이가 모두 둥글게 돼 있어."

"어라, 왜 다르지?"

멍지의 지도는 직사각형 모양인데, 룩희의 지도는 타원에 가까운 모습이었다. 멍지와 룩희의 대화를 듣고 지성이도 자신의 지도를 펼쳤다.

"얘들아, 내 지도는 더 이상해."

룩희와 멍지가 지성이의 지도를 함께 들여다봤다. 지성이의 지도는 끝 부분이 마치 잘라 놓은 듯 불규칙했다.

"어? 지성아, 네 지도 원래 그렇게 생겼어?"

"뭔가 이상한 것 같아. 내 것으로 같이 보자."

"그, 그래."

지성이가 머리를 긁적이며 가져온 지도를 다시 말아 두었다.

"벌써 5분 지났어. 지도는 나중에 생각하고 일단 세계에서 가장 큰 섬을 찾아야 해."

상남이가 아이들을 재촉했다.

"그린란드가 제일 큰데. 북극 가까이에 있는 섬. 보여?"

멍지가 지도에서 그린란드를 가리키며 외쳤다. 함께 지도를 보던 지성이도 고개를 끄덕였다. 룩희도 자신의 지도에서 그린란드를 찾아서 멍지의 지도 옆에 가져다 댔다.

"나도 찾았어, 그린란드. 그런데 **멍지야, 네 지도에 그려진 그린란드보다 내 지도에 그려진 그린란드가 조금 작다.**"

룩희의 지도에 그려진 그린란드는 멍지의 지도에 그려진 그린란드보다 좀 작았다. 아이들은 두 지도를 놓고 고민에 빠졌다. 시간은 계속 흐르고 있었다.

"흠…… 지도에 표시된 섬 중에서는 그린란드가 가장 큰 것 같은데. 오스트레일리아가 있는 오세아니아도 크지만 거긴 대륙이니까."

그림자로 지구 크기를 재어라!

룩희의 말에 상남이가 큰 결심을 한 듯 고개를 끄덕였다.

"우리 우선 그린란드라고 말해 보자. 두 지도에서 그린란드의 크기가 다르지만, 다른 섬보다 큰 건 확실한 것 같아. 어차피 더는 시간이 없어. 시간이 지나면 우리 모두 집으로 돌아가야 해."

시계를 보니 1분도 채 남지 않았다. 아이들은 헐레벌떡 비행기 표 발권 창구로 달려갔다. 창구 직원이 시계를 보면서 아이들을 맞이했다.

"어디로 가시겠어요?"

"그린란드요!"

아이들이 입을 모아 큰 소리로 대답하자, 창구 직원이 빙긋 웃으며 비행기 표가 담긴 봉투를 내밀었다. 설레는 마음으로 항공권을 꺼내 보니 다음 목적지는 바로, 그린란드였다. 아이들이 함께 환호성을 질렀다.

"와! 정답을 쉽게 맞혔어."

"행운이 따르는데!"

"북극 가까이에 있는 그린란드로 가는 거야?"

"와, 신난다!"

아이들이 상기된 얼굴로 비행기로 향했다.

하지만 그린란드로 가는 과정은 쉽지 않았다. 아이들은 긴 시간

동안 비행기를 몇 번이고 갈아타느라 지쳐 갔다. 마지막으로 갈아
탄 소형 비행기는 계속 흔들려서 잠시도 편안히 있을 수가 없었다.

"비행기가 너무 흔들려. X맨, 우리 무사히 도착할 수 있을까요?"

지성이가 겁에 질린 목소리로 물었다.

"걱정 말아요. 도전해야 멋진 경험을 할 수 있답니다."

X맨이 지성이의 등을 토닥여 줬다.

그린란드 캉에를루수아크

공항에 내리자 쌀쌀한 공기가 감돌았다.

"으아, 공기가 차다. 외투를 걸쳐야겠어."

"빙하만 있을 줄 알았는데 파릇파릇한 풀도 보여."

그림자로 지구 크기를 재어라!

아이들이 외투를 걸치며 주변 풍경을 돌아보았다. 언덕에 초록색 풀밭이 보였다.

"북극과 가까워서 기온이 낮지만 지금 그린란드의 계절은 여름입니다. 이곳에서 유일하게 풀을 볼 수 있는 계절이죠."

X맨도 얇은 바바리코트를 여미며 말했다.

"아, 한겨울에 오지 않은 게 그나마 다행이네요."

"극지방에 오는 게 흔한 경험은 아니죠. 오늘 더 특별한 경험을 많이 하길 바랍니다. 우선 숙소로 가죠."

아이들은 서둘러 숙소에 들어가 짐을 풀었다. 긴 비행 후라 쉬고 싶은 마음이 간절했다. 따뜻한 차를 마시며 몸을 녹이고 있는데 어느새 X맨이 나타났다.

"여러분, 이렇게 늘어져서 쉬고 있을 때가 아닙니다. 찍어서 답을 맞춘 거 다 압니다. 여러분도 알고 있듯이 시간 제한이 있어요. 어서 두 번째 문제를 찾고 해결해야 아름다운 그린란드를 여행하고 다른 나라로 갈 수 있어요."

"그린란드는 생각만큼 아름답지 않은 것 같은데요."

상남이가 중얼거렸다.

"그렇지 않아요. 여러분이 공항에서 본 그린란드는 빙산의 일각에 불과해요."

"지성아, 빙산의 일각이 무슨 말이야?"

멍지가 지성이에게 물었다.

"빙산은 빙하에서 떨어져 나와 호수나 바다를 흘러 다니는 얼음 덩어리야. 덩어리 대부분이 물에 잠겨 있어서, 우리 눈에는 전체 빙산 중 아주 작은 부분이 보일 뿐이지. 빙산의 일각이라는 말은 우리가 전체를 보지 않고 일부분만 봤다는 거야."

"조금 이해가 되네. 쉬운 말로 하면 되지."

X맨이 그린란드에 대한 이야기를 계속했다.

"이번 문제는 그린란드에서 유네스코 세계 자연 유산으로 지정된 곳에 숨겨 놨습니다."

"유네스코 세계 자연 유산? 검색해 보자."

상남이가 스마트폰으로 '그린란드 세계 자연 유산'을 검색하니 여러 장의 '일룰리사트' 사진이 떴다.

★ 일룰리사트
그린란드의 서해안에 있는 얼음 피오르(빙하가 만든 골짜기에 바닷물이 들어온 계곡)

"그린란드 ★ 일룰리사트! 여기가 세계 자연 유산이네. 여기 있는 빙하는 하루에 19미터를 미끄러져 움직인대."

"정말? 빙하가 움직여?"

"직접 보고 싶어요. 어서 가요, X맨."

상남이와 멍지가 X맨의 팔을 잡고 졸랐다.

"좋아할 줄 알았습니다. 출발하죠."

그린란드 일룰리사트의 마을은 걸어서도 충분히 갈 수 있었다.

그림자로 지구 크기를 재어라!

얼음이 둥둥 떠 있는 바다를 보며 걷는 것도 특별한 경험이었다. 드디어 일룰리사트의 멋진 광경이 눈에 들어왔다.

"배에 올라타죠."

배를 타고 가까이 가서 본 빙하의 광경에 아이들의 입이 저절로 벌어졌다. 그때 멍지가 전에 봤던 것과 똑같은 빨간 봉투를 발견했다.

"얘들아, 저기 얼음 위에 빨간 봉투!"

"정말!"

멍지가 손을 뻗어 봉투를 집었다.

"세상에 늘어났다 줄어들었나 하는 나라도 있어?"

상남이가 말도 안 된다는 표정을 지으며 물었다.

"그러게 말이야. 제한 시간도 이상해. 태양이 바다에 가장 가까이 있을 때라니!"

룩희도 기가 막힌다는 표정을 지었다.

"제한 시간은 아무래도 지금부터 해가 질 때까지를 이야기하는 것 같아. 해질 무렵 바닷가에 가면 해가 바다에 빠지는 것처럼 보이거든. 그러니까 태양이 바다에 가장 가까이 있을 때는 해가 질 때이겠지."

지성이가 제한 시간에 대한 궁금증을 풀어 주었다.

"그럼 시간이 얼마 안 남았겠네. 해가 보통 저녁 7~8시 정도면 지기 시작하지 않니? 그럼 이번에도 시간이 촉박하네."

멍지가 아이들에게 물었다. 그 말을 들은 아이들의 얼굴에 걱정이 스쳤다. 하지만 X맨의 표정은 태평스러웠다.

"그런데 여러분, 너무 모르는 것 같아서 말해 주는 건데, 지금 이미 오후 9시가 넘었습니다."

"네? 그게 무슨 소리예요? 이렇게 밝은데. X맨은 은근히 우리를 방해하는 것 같아."

룩희가 X맨을 흘겨보며 말했다. 상남이는 그사이에 X맨이 차고 있는 손목시계를 훔쳐봤다. X맨의 손목시계가 오후 9시 10분을 나타내고 있었다.

"룩희야, X맨의 말대로 지금 오후 9시가 넘었어. 이 시계가 고장 난 게 아니라면 말이야."

"이 시계는 그린란드에 도착하자마자 그린란드 시간으로 맞춘 겁니다. 틀릴 리가 없죠."

"말도 안 돼요. 오후 9시가 넘었는데 어떻게 이렇게 밝을 수 있어요?"

"그건 여러분 스스로 생각해야죠. 흔히 볼 수 없는 광경이니 잘 감상해 보세요. 정말…… 환한 밤이네요."

X맨이 희미한 햇빛을 정면으로 바라보며 말했다. 아이들은 여전

59

히 믿을 수 없다는 표정으로 X맨의 시계와 희미한 햇빛을 번갈아 쳐다보고 있었다. 한참 뒤, 잠자코 고민에 빠져 있던 지성이가 외쳤다.

"환한 밤, 백야!"

"백야?"

지성이의 말에 아이들이 고개를 갸웃했다. X맨만 고개를 끄덕였다.

"맞아요, 백야. 극지방에 가까운 지역에서는 여름에 24시간 동안 해가 지지 않는 백야 현상을 경험하지요. 24시간 내내 해가 지지 않고 낮이 계속된답니다."

"하루 종일 낮이라니, 어떻게 그런 일이 가능해요?"

그림자로 지구 크기를 재어라!

백야가 생기는 원리

"지구가 기운 채 공전과 자전을 하기 때문에 밤이 되어도 해가 지지 않는 백야 현상이 생깁니다. **지구 자전축은 23.5도 기울어져 있는데 북극에서는 여름에 자전축이 태양 쪽으로 기울어져 있어요. 그래서 지구가 한 바퀴 자전하는 동안 햇빛을 계속 받아, 밤에도 어두워지지 않고 계속 환하답니다.** 이런 백야 현상은 극지방에 가까울수록 더욱 뚜렷하지요."

"그럼 우리의 제한 시간은 어떻게 되는 거지?"

"계속해서 해가 지지 않는다면 제한 시간도 없는 거 아냐?"

"설마 그럴 리가."

아이들이 계속 고민하자 X맨이 나섰다.

"음, 아무래도 너무 어렵나요? 아, 이러면 안 되는데…… . 알겠습니다. 이건 제가 도움말을 드리죠."

아이들이 놀란 표정으로 X맨에게 집중했다.

"해가 지지는 않지만 바다와 가장 가까워지는 때는 있답니다. 낮 12시에 태양이 가장 높이 뜨죠? 반대로 생각해 보세요. 언제 태양이 가장 아래로 내려갈까요?."

"아, 그렇군요. 그럼 밤 12시쯤이겠네요. 우리에게 2시간 반 정도 시간이 있어."

"우선 배에서 내려서 따뜻한 데로 가자."

"그래요. 여러분에게 시간이 필요할 것 같네요. 숙소에 과일을 준비해 놨으니 먹고 쉬면서 잘 생각해 보세요. 저는 그동안 얼음낚시를 즐기고 있겠습니다."

"와, 정말요? 안 그래도 배고파서 아무 생각도 안 났는데!"

배에서 내리자마자 아이들은 숙소를 향해 달렸다.

"먹을 게 뭐가 있지?"

가장 먼저 숙소에 도착한 멍지가 냉장고를 뒤졌다.

"와, 귤이 많이 있네. 귤부터 먹자."

멍지가 냉장고에서 귤이 든 봉지를 꺼냈다. 아이들은 거실 한가운데에 문제가 담긴 봉투를 놓고 동그랗게 둘러앉았다.
상남이가 귤 봉지를 받아 지성이와 룩희에게 귤
을 던져 줬다. 아이들은 누가 먼저랄 것 없이
허겁지겁 귤을 까먹었다. 바닥에 아이들이
까 놓은 귤껍질이 수북해졌다. 새큼
한 귤 향기가 방 안에 가득했다.

"아, 맛있다. 우리 이제 문제
에 대해서 생각해 볼까?"

상남이가 귤 두 개를 허공에
던지며 말했다.

"늘어났다 줄어들었다 하는 나라가 대체 어디 있어? 지도 속 그
림이 변할 리도 없고."

명지가 문제를 들여다보며 중얼거렸다.

"그런데 우리 그린란드로 오기 전 일 기억나니? 모두 다른 지도
를 가지고 있었던 것 같아. 특히 지성이는 찢어진 것 같은 지도를
가져왔는데."

룩희의 말에 상남이가 끼어들었다.

"나는 지성이의 지도를 못 봤어. 지성아, 어떻게 생겼는데?"

지성이가 말아 놓았던 지도를 다시 펼쳤다.

"이게 뭐야? 너 혹시 지도를 직접 그린 거야? 끝 부분이 왜 이렇

게 생겼어?"

"글쎄, 나도 잘 모르겠어. 그저 세계 지도를 구해 왔을 뿐인데."

"게다가 지성이의 지도는 룩희의 지도보다 그린란드의 크기가 더 작아."

상남이와 지성이, 멍지는 지도를 보고 고개를 갸웃거렸다. 룩희는 그사이 쓰레기 봉투를 가져와 바닥에 쌓인 굴껍질을 담기 시작했다.

"우선 바닥을 치우고 우리들의 지도를 다 펼쳐 보자. 상남아, 네 앞에 있는 껍질도 이리 줘."

"그래, 여기. 어? 잠깐만!"

룩희가 손을 내밀었지만 상남이의 손은 허공에 멈췄다.

"왜 그래? 이리 줘."

아이들이 모두 상남이를 바라봤다. 상남이의 눈은 굴껍질에 고정되어 있었다.

"이 굴껍질 모양을 봐. 지성이가 가져온 지도랑 비슷하지 않니? 자세히 봐 봐."

멍지가 상남이에게 굴껍질을 건네받아 펼쳐 들었다.

"정말 비슷하네. 그런데 그게 왜?"

"그냥 우연히 같은 거 아니야?"

멍지와 룩희가 어리둥절한 표정으로 물었다. 상남이가 씨익 웃으

며 말을 이었다.

"이 귤껍질이 감싸고 있던 귤의 모양을 생각해 봐. 공처럼 둥근 귤! 지구도 마찬가지야. **공처럼 둥근 지표면을 평평한 종이에 나타낼 수 있을까? 아마 공처럼 생긴 지구본이 가장 정확한 지도일 거야.** 여기 봐. 우리가 까먹은 귤껍질도 완전히 평평하게 펼쳐지지 않잖아."

"정말이네. 귤이나 공의 껍질을 평평하게 펼치려면 조각조각 잘라야만 해. 조각을 많이 내면 지도에 나타난 나라들도 쪼개져야 하니 제대로 된 지도를 보기 어렵겠지. 더군다나 네모난 평면으로 나타내기는 더 어렵고."

"그럼 내 지도가 찢어진 게 아니었구나. 오히려 더 정확하게 곡면을 표현한 거였어."

룩희와 지성이가 한마디씩 더했다. 상남이가 고개를 끄덕였다.

"맞아. 지성이의 지도가 가장 정확하게 각 나라의 넓이를 나타내는 거지. 네모나게 그리려다 보면 좌우로 늘어날 게 분명하니까 말이야. 특히 꼭지 부분, 그러니까 지구 극지방은 더더욱 늘어났을 거야. 네모난 평면으로 나타낸 나머지 지도들은 극지방 주변의 땅을 양옆으로 많이 늘려서 표현할 수밖에 없었겠네."

가만히 듣고 있던 멍지가 이제야 알겠다는 듯이 말을 꺼냈다.

"그럼 지성이 지도의 그린란드 크기가 가장 정확하겠다. 내가 가

그림자로 지구 크기를 재어라!

져온 네모난 지도에는 그린란드가 실제보다 크게 그려져 있고. 와, 알겠어!"

룩희도 자신의 지도를 살펴보면서 말했다.

"내 지도는 네 귀퉁이를 곡선으로 만들어서 그 차이를 약간 줄인 거였어. 얘들아, 우리가 찾고 있는 늘어났다 줄어들었다 하는 나라가 그린란드 아닐까?"

"정말 그런 것 같아."

모두들 그럴듯하다는 듯이 고개를 끄덕였지만 지성이는 고개를 저었다.

"그린란드만 크기가 변하는 건 아니지. 그린란드가 특별히 차이가 나 보이긴 하지만, 극지방에 가까운 나라들은 모두 지도에서 좌우로 조금씩 늘어날 거야."

"그래, 지성이 말이 맞다. 그럼 어느 나라지?"

시간이 한참 지났지만 밖은 여전히 밝았다. 아이들은 아직 속 시원히 문제를 해결하지 못해 마음이 불편했다. 상남이가 창밖을 바라봤다.

"해가 바다에 점점 가까워지고 있어. 시간이 다 되어 가는 것 같아. 이제 정답을 말해야 할 것 같다."

"그래. 확실하진 않지만 고민한 결과를 답으로 말하자."

'똑똑!'

그때 노크 소리와 함께 X맨이 들어왔다.

"좀 쉬었나요? 아니면, 아직도 문제를 풀고 있나요? 이제 시간이 거의 다 되었는데요."

"쉬긴 어떻게 쉬어요? 이렇게 어려운 문제를 내다니, X맨 미워요."

"힌트를 많이 줬는데도 어려웠나요? 포기하는 건가요?"

"아니에요. 확실하지는 않지만 말할게요."

상남이가 나섰다.

"요술처럼 늘어났다 줄어들었다 하는 나라는 극지방 주변에 굉장히 많은데, 그중 지금 우리가 있는 그린란드도 늘어났다 줄어들었다 하는 나라예요."

조금은 자신이 없는 말투였다. 답을 들은 X맨이 알 수 없는 표정을 지었다. 아이들의 시선이 X맨의 입에 모였다.

"음. 여러분이 찾은 답은 정답이 아니……."

"정답이 아니라고요? 어흐흑……."

X맨의 말에 집중하고 있던 멍지가 울먹였다.

당황한 X맨이 재빠르게 멍지를 달랬다.

"아니, 멍지 학생! 장난친 거예요. 이야기를 끝까지 들어 봐요. 정답이 아니지 않기 때문에 다음 여행지로 갈 수 있는 비행기 표를 주겠어요."

X맨의 말이 끝나자마자 네 명의 아이들이 동시에 환호성을 지르

멍지의 메르카토르 도법 지도

며 벌떡 일어났다.

"여러분이 귤껍질 힌트를 잘 활용한 것 같네요. **지구는 둥근 공 모 양이니까 당연히 지구의 각 나라들을 평면인 종이에 정확히 나타낼 수 가 없지요.** 우리는 네모난 모양의 세계 지도에 익숙하지만 실제와 다른 부분이 많아요. 특히 이곳 그린란드는 실제와 지도의 모습이 크게 다릅니다. 멍지가 가지고 있는 지도부터 볼까요?"

멍지가 모서리가 네모난 세계 지도를 바닥에 펼쳤다.

"멍지의 지도는 메르카토르 도법으로 그린 것입니다."

"이름이 어렵네요."

"좀 그렇죠? 메르카토르라는 사람이 1595년에 그린 지도인데, 이 지도 위에 출발지와 목적지를 직선으로 연결한 선을 따라 항해하면 정확한 목적지에 도착할 수 있어서 항해용으로 많이 쓰였어요. 그런데 지도가 나타내는 면적은 실제와 많이 다릅니다. 자, 멍지의 지도에서 그린란드와 아프리카 대륙의 크기를 비교해 보세요."

"아프리카 대륙과 그린란드가 거의 비슷한 크기로 보여요."

멍지가 자신 있는 목소리로 대답했다.

"그렇죠? 하지만 **실제로는 아프리카 대륙이 그린란드보다 14배 큽니다. 이 지도에는 그린란드가 실제보다 너무 크게 그려져 있어서 그런 착각을 일으키죠.**"

"그렇게 크게 차이 나요?"

상남이가 깜짝 놀라 되물었다.

"믿어지지 않나요? 그럼 지구본으로 확인해 보죠."

X맨이 지구본을 꺼내 그린란드와 아프리카 대륙을 가리켰다. 상남이가 지구본에 그려진 그린란드와 아프리카 대륙의 크기를 비교해 보고 고개를 끄덕였다.

"정말 메르카토르 도법 지도에서는 그린란드가 원래 크기보다 훨씬 크네요."

"정말 많은 차이가 나죠? 그린란드만 차이 나는 게 아니랍니다. 이 지도에서는 유럽 대륙이 남아메리카 대륙의 더 커 보이죠? 하지

그림자로 지구 크기를 재어라!

만 실제로는 남아메리카 대륙이 유럽 대륙의 2배입니다. 알래스카
는 멕시코의 3배 크기로 보이지만 실제로는 멕시코가 더 크고요.
이런 차이는 남극이나 북극과 같은 극지방으로 갈수록 크게 나타나
지요."

"평면 지도는 실제와 차이가 많이 나는군요. 그렇다면 왜 우리가
가지고 있는 지도가 다 다르죠?"

룩희가 물었다.

상남이의 페터스 도법 지도

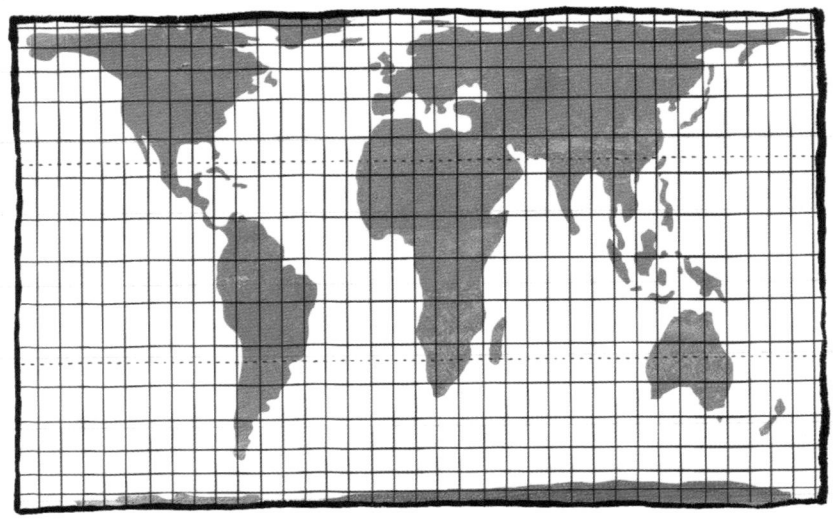

"사람들은 아주 오랜 옛날부터 정확한 지도를 그리기 위해 많은 노력을 해 왔어요. 여러분이 가지고 온 네 가지 지도는 그런 노력의 일부이지요."

"제가 가진 지도는 어떻게 그린 거예요?"

상남이가 재빠르게 물었다.

"페터스 도법으로 만든 지도입니다. 나라들을 조금 길쭉하게 늘여 놓은 것 같죠? 이 지도는 땅의 크기가 실제와 가까워요."

"제 거는요?"

그림자로 지구 크기를 재어라!

룩희의 로빈슨 도법 지도

룩희도 타원형 지도를 내밀며 물었다.

"룩희가 가져온 것은 로빈슨 도법을 사용한 지도예요. 귀퉁이를 곡선으로 해서 땅의 크기뿐만 아니라 모양까지도 실제와 비슷하게 표현한 지도입니다."

"그래도 까놓은 귤껍질같이 생긴 지성이의 지도가 제일 정확하죠?" 룩희가 물었다.

"까놓은 귤껍질. 재밌는 표현이네요."

X맨이 웃으며 말을 이었다.

지성이의 구드 도법 지도

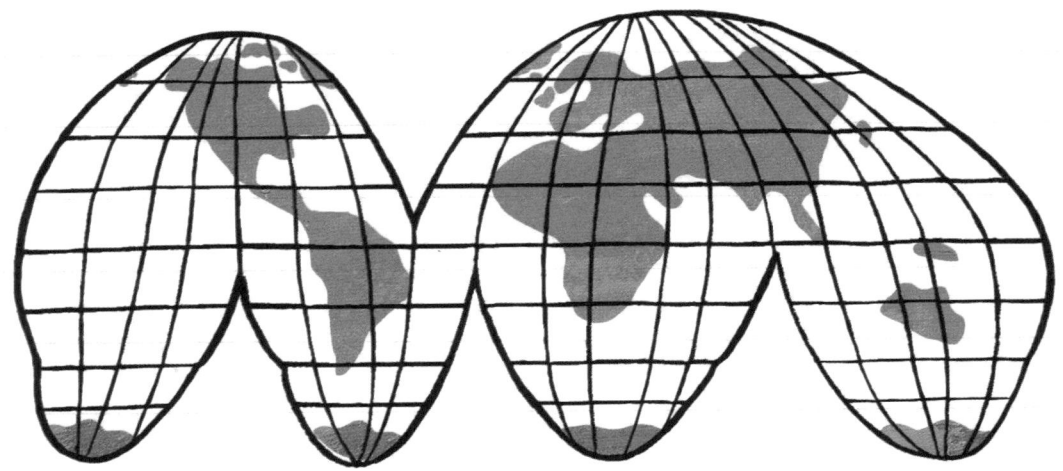

"지성 학생의 지도는 구드 도법을 이용하여 그렸어요. 이 지도는 땅의 면적과 모양을 실제와 비슷하게 나타냈지만, 갈라져 있어서 항해를 할 때나 각 나라들의 관계를 볼 때는 이용하기가 어려워요. 지도마다 각각 장단점이 있습니다."

"아, 상황에 따라 다른 지도가 필요하겠네요."

상남이가 여전히 놀란 눈으로 말했다. 몰랐던 사실을 알게 된 지성이는 이 지도 저 지도를 번갈아 살펴보았다.

"여러분! 이제 정말 해가 수면 가까이 내려왔네요. 여행을 계속하

그림자로 지구 크기를 재어라!

게 된 것을 축하합니다. 문제를 해결하느라 고생했으니 다음 여행을 기대하며 편안하게 잠자리에 들도록 해요."

"네엣!"

모두들 한목소리로 우렁차게 대답했다.

TV쇼 지구 여행단
퀴즈!

메르카토르 도법 지도에서
그린란드가 어떻게 보였나요?

3

지구에 그린 격자무늬

모두들 단잠을 자고 일어났다. 아이들은 그린란드의 신비로운 풍광을 뒤로하고 다음 여행을 위해 짐을 챙겨 나왔다. 먼저 공항에 나와 있던 X맨이 아이들을 맞이했다.

"여러분, 좋은 꿈 꿨나요? 시간이 얼마 없으니 바로 출발하도록 하겠습니다. 다음 여행지는 신사의 나라 영국입니다. 영국에서 만나죠."

영국 런던

런던에 도착하니 영국만의 색다른 공기가 느껴졌다. 영국 개트윅 국제공항에서도 역시나 X맨이 먼저 도착해 있었다.

"X맨은 어떻게 이렇게 빨리 왔어요?"

룩희가 먼저 X맨에게 인사를 건넸다.

"아, 여럿이 비행기를 함께 타는 건 별로라서⋯⋯."

"왜요? 같이 타면 얼마나 재밌는데요. 그럼 개인용 비행기가 있어요? X맨은 엄청난 부자인가 봐요."

"그게 아니고⋯⋯. 저기 다른 친구들도 오네요. 이리로 오세요, 여러분."

X맨이 당황하며 말을 돌렸다. 아이들이 모이자 X맨이 말을 이었다.

"극지방에 갔다가 도시에 오니 기분이 새롭죠? 영국은 유럽 대륙 옆에 있는 섬나라예요. 신사의 나라로도 유명합니다. 영국의 수도인 런던에는 볼 것들이 아주 많아요. 오늘은 런던 시내를 자유롭게 관광하세요. 런던 근교에 여러분과 꼭 가 보고 싶은 곳이 있습니다. 거기는 내일 함께 가 볼 겁니다."

"어딘데요?"

명지가 물었다.

"가 보면 압니다. 미리 말해 주면 재미 없잖아요."

"알려 주세요. 궁금해요."

"그렇다면 '시간이 시작되는 곳'이라고 해 두지요. 하하. 즐거운 시간 보내고 내일 만납시다."

"더 궁금하잖아요, X맨."

아이들이 애타게 X맨을 불렀지만, X맨은 뒤도 돌아보지 않고 어디론가 사라졌다.

"X맨은 꼭 혼자 사라지더라."

"시간이 시작되는 곳이라고? 그런 곳이 어디 있어? 시간은 어디에나 있는 건데."

"그런데 이게 문제는 아니겠지?"

"아닐 거야."

"시간이 시작된다는 것은 무슨 말일까?"

"하루 24시간이 시작되는 0시를 의미하는 건 아닐까?"

"그럼 0시가 시작되는 곳?"

"그런데 0시는 우리가 한국에 있었을 때도 있었고, 스페인에서도 그린란드에서도 있었어. 물론 영국에서도 있을 테고."

"매번 확인했던 것은 아니지만 아마도 그렇겠지."

열띤 대화 후 아이들 사이에 한동안 침묵이 흘렀다. 평소 조잘조
잘 말이 많던 멍지도 조용히 생각하다가 입을 열었다.

"지금은 모르겠다. 내일 X맨을 따라가 보는 수밖에. 우선 들어가
서 짐을 풀고 쉬자."

다음 날 아침, 숙소 앞에는 아이들이 먼저 나와 있었다. 항상 먼
저 나와 기다리고 있던 X맨이 오늘은 조금 늦었다.

"빨리 나왔군요. 모두들 시간이 시작되는 곳이 궁금했나 보네요.
그럼 당장 출발합시다."

"도대체 어디로 가는 거예요?"

아이들이 쫓아가며 물었지만 X맨은 대답을 피했다.

"저기 오는 버스를 타죠."

아이들은 더 이상 대답을 바라지 않고 잠자코 버스에 올라탔다. 멍지는 배낭을 제대로 정리하지 않아 버스에 올라탈 때부터 끙끙대기 시작했다.

"멍지야, 왜 그래? 어디 아파?"

"아니. 어제 배낭 정리를 덜 해서 짐을 다 들고 나와 버렸네. 너무 무겁다. 헥헥."

"그럼 멍지 학생은 도착지에서 가까운 물품 보관소를 찾아 짐을 넣어 놓고 오세요."

X맨이 멍지의 짐을 들어 주며 말했다. 런던 시내를 벗어나 도착지에 다다르자 버스 바깥으로 푸른 잔디밭이 펼쳐졌다. 길 옆에 펼쳐진 멋진 경치를 보니 모두 마음이 들떴다.

"와, 너무 멋지다."

"경치만 보지 말고 시간이 시작되는 곳을 찾아보세요. 바로 저쪽입니다."

X맨이 차창 밖을 가리켰다. 사람들이 모여 있는 곳이 눈에 들어왔다. 벽에 커다란 시계가 붙어 있었다.

"X맨! 저기가 시간이 시작되는 곳인가요?"

"맞습니다. 여기서 내리죠."

아이들이 서둘러 버스에서 내렸다.

"저는 물품 보관소에 짐을 넣고 올게요."

멍지는 재빨리 물품 보관소가 있는 기차역 입구로 달려갔다.

"여러분이 궁금해하던 곳에 도착했습니다. 이곳은 그리니치 천문대입니다. 왜 이곳에서 시간이 시작되는지 둘러보세요."

X맨의 설명을 기대하고 있던 아이들은 실망한 기색으로 말했다.

"X맨은 쉽게 알려 주는 게 없단 말이야."

"그런데 이건 무슨 시계길래 이렇게 사람들이 많이 있는 거야?"

"얘들아, 나 돌아왔어. 같이 구경하자."

멍지가 아이들이 모여 있는 시계 앞으로 달려왔다.

"그래. 여기 설명이 있는데 영어로 써 있어서 무슨 말인지 모르겠어."

아이들이 당황하고 있을 때 룩희가 안내 표지판으로 다가갔다.

"이 시계는 세계 시간의 기준이 되는 세계 표준시를 보여 주는 시계래. 이 시계의 시간을 기준으로 다른 나라들의 시간이 결정된다고 하네. 그래서 사람들이 기념사진을 찍나 봐."

"오, 룩희 너 영어 잘하는구나."

"세계 시간의 기준이 되는 시계? 기준이라면 모두 다 이 시간을 따라야 하는 거야? 세계 곳곳의 시간은 서로 다른데, 이상하지 않니?"

"나도 뭐가 기준이라는 건지는 모르겠다. 시계 눈금이 24개라는 게 특이하네. 이 시계는 하루에 한 바퀴 돌겠구나."

"그렇겠다. 멍지야, 우리 같이 사진 찍을까? 기념이 될 거야. 상남아, 우리 좀 찍어 줄래?"

룩희가 상남이에게 카메라를 건네고, 멍지와 함께 눈금이 24개인 시계 앞에서 포즈를 취했다. 지성이도 사진을 찍으려고 기다리고 있었다. 그때 상남이 뒤로 X맨이 나타났다.

그림자로 지구 크기를 재어라!

3. 지구에 그린 격자무늬

"왜 여기가 시간이 시작되는 곳인지 알아냈나요?"

"이 시계 때문 아니에요? 그런데 이 시계가 나타내는 시간이 세계의 기준이 된다는 게 무슨 말이에요? 너무 아리송해요."

"사람들이 왜 여기서 이렇게 줄을 지어 사진을 찍는 거예요? 이번엔 제발 그냥 알려 주세요."

멍지와 룩희는 궁금해서 도저히 못 참겠다는 표정이었다. 둘이 계속 조르자 X맨이 입을 열었다.

"사람들이 많이 몰려 있는 건 여기가 본초 자오선이 지나는 곳이기 때문이죠. 그리니치 시계가 나타내는 시간이 세계 시간의 기준이 되는 세계 표준시입니다."

"본초 자오선요? 그게 뭐예요?"

"경도 0도를 나타내는 선이 본초 자오선입니다."

"경도 0도요? 경도는 또 뭐죠? 설명을 들을수록 어려운 거 같아요."

"경도에 대해서 잘 모르는군요. 경도는 지구를 같은 간격으로 세로로 나눈 것입니다. 세로로 나누는 선을 경선이라고 해요."

"왜 지구에 세로선을 그어요?"

"그럼 가로선도 긋나요?"

상남이와 지성이가 동시에 물었다.

"모두 모였군요. 맞아요. 가로선도 있습니다. 가로선은 위선이라고 해요. 지구가 공같이 생겼다는 건 잘 알고 있죠? 지구에 직접 선

그림자로 지구 크기를 재어라!

위도와 경도

을 긋는 것은 아니지만, 가상으로 같은 간격으로 가로선을 그어 위
도를 나타내고 세로선을 그어 경도를 나타냅니다. 그 선을 위선과
경선이라고 해요."

"아, 지구본에 격자무늬처럼 그려진 그 선!"

룩희가 무릎을 쳤다.

"맞아요. 지구본에 그려진 가로선이 위도를 표시하는 위선, 세로
선이 경도를 표시하는 경선입니다. 위선과 경선이 교차되어 꼭 모눈
종이같이 보이죠."

"그런데 왜 그렇게 나누는 거예요?"

"당연한 걸 묻니? 그래야 지구상에서 어느 위치인지 확실히 나타낼 수 있잖아."

상남이의 질문에 멍지가 대꾸했다.

"맞습니다. 위도와 경도를 알면 위치를 정확히 나타낼 수 있거든요. 예를 들어 위도는 위도 0도인 적도를 기준으로 해서 남북으로 15도마다 위선을 그어 90도까지 나타내죠. 남쪽의 위도는 남위, 북쪽의 위도는 북위라고 해요. 그래서 남극은 남위 90도, 북극은 북위 90도입니다. 쉽게 말해, 적도를 기준으로 극지방으로 갈수록 위도가 높아지는 거죠."

"그렇구나. 세로선은 어디가 기준이에요?"

상남이가 다시 물었다.

"세로선으로 나누는 경도는 경도 0도인 본초 자오선을 기준으로 합니다."

"아, 바로 여기!"

"그런데 왜 영국의 그리니치에 본초 자오선이 있는 거예요?"

"옛날 대항해 시대의 탐험가들은 자신의 위치를 아는 것이 중요했어요. 본초 자오선은 그 위치를 알려 주는 기준이 되기도 했는데, 그 당시에는 나라마다 다른 자오선을 가지고 있었지요. 그런데 기준이 여러 개 있으니 위치를 정확히 나타낼 수 없었어요. 그래서 1884년 국제 자오선 회의에서 그리니치 천문대를 지나는 자오선을

그림자로 지구 크기를 재어라!

기준 자오선으로 인정했습니다."

"그런데…… 영국 그리니치에서 경도 0도라는 게…… 무슨 의미인지 잘 모르겠어요. 그럼 우리나라는 경도가 다른가요?"

지성이가 조용히 물었다.

"빙고! 당연하죠. 우리나라는 영국보다 동쪽에 있으니까요. **경도는 본초 자오선을 기준으로 동쪽으로 180도, 서쪽으로 180도까지 나타냅니다.** 동쪽의 경도는 동경이라 하고, 서쪽의 경도는 서경이라 하지요. 본초 자오선에서 멀어질수록 경도가 높아지고요."

"근데 그게 시간이랑 무슨 상관이냐고요?"

지성이가 궁금함을 못 견디고 큰 소리로 물었다.

"깜짝이야. 하하. 알겠어요. 한꺼번에 알려 드리죠. 지구가 하루에 한 바퀴 자전하기 때문에, 태양은 아침에 동쪽에서 떠서 저녁에 서쪽으로 지죠. 즉 **지구 동쪽에 있는 나라에 햇빛이 먼저 비춰요. 따라서 동쪽 나라에 먼저 아침이 오지요. 그 결과 나라별로 시간 차이가 생깁니다.**"

"알아요. 그래서 우리나라가 아침일 때 미국은 전날 밤이잖아요."

룩희가 말을 거들었다.

"우리나라가 미국보다 동쪽에 있기 때문이지요. **360도를 24개로 나누면 한 시간을 나타는 간격이 15도라는 걸 알 수 있죠.** 그래서 이곳 영국 그리니치 천문대의 시계를 기준으로 할 때 이곳에서 동쪽으로

경도가 15도 커질 때마다 1시간씩 빨라집니다. 즉, 경도에 따라 시간이 다르죠."

"아! 그래서 이곳의 시간이 기준이라는 거군요!"

"그럼 여기서 서쪽으로 경도가 15도씩 커지면 1시간씩 느려지는 거예요?"

"맞아요. 이제 이해되나요? 경도를 알면 대강의 시차를 알 수 있어요."

"와! 정말 시간의 기준이 되는 의미 있는 곳이었네요. 저쪽이 본초 자오선 맞죠?"

상남이가 재빨리 사람들이 모여 있는 곳으로 달려갔다. 사람들이 바닥에 길게 표시된 본초 자오선을 다리 사이에 두고 자신의 발을 사진에 남기고 있었다.

"나도 빨리 기념사진 찍어야지."

상남이도 본초 자오선과 자신의 두 발을 한 장의 사진에 담았다.

"그런데 룩희야, 여기 바닥에 써 있는 건 뭐야?"

상남이가 본초 자오선 옆에 써 있는 숫자와 영어를 가리켰다. 룩희도 아까부터 그 글자들을 들여다보고 있었다.

"영어로 나라 이름들과 숫자가 써 있어. 무슨 뜻일까? 리스본, 로스앤젤레스, 버뮤다……."

"여기 서울도 있어!"

그림자로 지구 크기를 재어라!

본초 자오선에서 찰-칵!

상남이가 본초 자오선 옆에 적힌 'Seoul'이라는 글자를 발견하고 큰 소리로 말했다.

"잘 찾았군요. 네. 서울 127° E라고 써 있죠. 여기서 E는 동쪽 (east)을 나타냅니다. 즉, 서울이 여기서 동쪽으로 127도 떨어진 지점에 있다는 이야기죠."

"그럼 지금 서울의 시간은……."

"15도마다 1시간씩 빠르니까 $127 \div 15 = 8.46$……. 약 8시간 반 이상 빠르겠죠. 자, 다른 나라도 한번 생각해 볼까요? 인도도 우리나라처럼 영국을 기준으로 동쪽에 있습니다. 동경 77도인 인도의 델리는 지금 몇 시일까요?"

"$77 \div 15 = 5.13$……. 여기 영국보다 약 5시간 빨라요!"

"맞아요. 더 설명 안 해도 잘 아는군요. 나도 영국 그리니치 천문대는 처음 와 봤어요. 여러분이랑 같이 오니까 재밌군요. 좀 더 둘러보고 오후 시간을 즐기세요. 내일 공항에서 보도록 하죠."

"아싸! 이번에는 문제가 없는 거예요? 좋았어!"

상남이가 좋아서 제자리에서 폴짝 뛰었다. 그러자 X맨이 머리를 긁적이며 말을 이었다.

"아, 여행에 푹 빠져서 중요한 걸 잊고 있었네요. 기다렸을 텐데……."

X맨이 주머니를 이리저리 뒤지더니 조심스레 빨간 봉투를 꺼냈

다. 아이들에게 봉투를 내밀자 원성이 터져 나왔다.

"아, 뭐야. 문제를 안 내는 것처럼 하더니……."

"그럴 줄 알았어요, X맨."

아이들이 더 말을 꺼내기 전에 X맨이 황급히 자리를 떠났다. 아이들은 재빨리 봉투를 열어 보았다.

봉투를 열어 본 아이들의 표정이 아리송했다.

> # TV쇼 지구 여행단
> ## "N 45° 32´, W 75° 66´ 을 알아 오세요."
>
> 제한 시간 : 내일 오후 영국을 떠나기 전까지
>
> 항공권 발권 창구에 가서 올바른 이름을 말하면 다음 여행지로 향하는 비행기 표를 줍니다. 단, 틀린 이름을 말하면 한국으로 돌아가는 비행기 표를 줍니다.

"이건…… 무슨 암호 같아."

"그러게 말야. 문제를 이해할 수도 없는데 답을 어떻게 찾지?"

"우선 식당을 찾아보자. 다리도 아프고 배도 고파. 배를 채우고 이야기하다 보면 전처럼 또 아이디어가 떠오를지도 모르잖아. 지금까지 잘해 왔는데 뭐가 걱정이야."

상남이가 시무룩해진 아이들을 격려했다. 상남이의 말에 아이들이 일어나서 버스 정류장으로 향했다. 그때 멍지가 다급한 목소리로 아이들을 불러 세웠다.

"얘들아, 잠깐만! 여기 있어 봐. 나, 기차역 물품 보관소에 넣어

그림자로 지구 크기를 재어라!

둔 짐을 찾아야 돼."

"역에 같이 가자. 역 근처에서 밥 먹으면 되잖아."

"그래. 영국 기차는 어떨지 궁금해."

"알았어. 그럼 천천히 와. 나 먼저 가서 꺼내고 있을게."

아이들은 멍지를 따라 기차역 물품 보관소로 향했다. 하지만 먼저 간 멍지는 물품 보관소 앞에서 난감한 표정을 짓고 있었다.

"멍지야, 왜 그래?"

"세 번째, 일곱 번째였는데……."

"뭐가 세 번째, 일곱 번째야?"

"세 번째 줄, 일곱 번째 열에 짐을 넣고 잠갔는데, 그 칸이 열리지 않아."

"정말? 어디 보자."

물품 보관소 벽면에는 같은 크기의 사물함이 꽉 들어차 있었다.

"이렇게 생겼구나. 헷갈릴 만도 하네. 멍지야, 어디를 기준으로 셌어?"

"글쎄…… 그냥 세기만 했는데……."

상남이의 물음에 멍지가 작게 중얼거렸다.

"그래도 아무것도 기억하지 못하는 것보다는 낫잖아. 방법을 생각해 보자. 내 행운을 너에게 줄게."

룩희가 시무룩한 멍지를 다독였다.

"왼쪽 위에서부터 세어 보자. 글씨를 쓸 때도 왼쪽 위에서부터 쓰잖아. 세 번째 줄, 일곱 번째 열이니까 첫 번째 칸에서부터 아래로 하나, 둘, 셋! 그리고 왼쪽에서 오른쪽으로 하나, 둘, 셋, 넷…… 일곱! 여기?"

상남이가 열쇠를 넣었지만 사물함은 꿈쩍하지 않았다. 이번엔 지성이가 나섰다.

"아니면, 오른쪽 위부터? 선생님들은 분단을 오른쪽부터 세시잖

그림자로 지구 크기를 재어라!

아. 멍지도 그렇게 셌다면, 오른쪽 아래 칸에서부터 위로 하나, 둘, 셋! 오른쪽에서 왼쪽으로 하나, 둘, 셋, 넷…… 일곱!"

하지만 지성이가 찾은 곳도 열리지 않았다.

"아, 문제도 풀어야 하는데 사물함 하나 못 찾고 이게 뭐야. 이러다가 나 때문에 다 한국으로 돌아가는 거 아니야? 어떡하지?"

멍지는 울상이 되어 자리에 주저앉았다.

"멍지야, 울지 말고 기억을 더듬어 봐. 세 번째 줄, 일곱 번째 열도 중요한 단서이지만 중요한 건 기준점이야. 그걸 모르면 여기 있는 모든 사물함을 열어 봐야 할지도 몰라."

"지성이 말이 맞아. 우리가 경도를 따질 때 그리니치 천문대에 있는 본초 자오선을 기준으로 하는 것처럼 말이야."

"그래. 네가 어디를 기준으로 했는지만 기억하면 돼."

지성이의 말에 룩희와 상남이도 생각을 보탰다.

멍지는 차근차근 아까의 기억을 더듬었다. 하지만 잘 떠오르지 않았다. 멍지는 다시 한 번 한숨을 폭 내쉬며 주변을 둘러보았다. 그때 무언가 눈에 들어오는 것이 있었다. 멍지 가까이에 있는 사물함의 문틈에 빨간색 가방 끈이 삐져나와 있었다.

"이거야! 가방 끈! 가방 끈이 튀어나온 저 사물함을 기준으로 아래로 세 번째 줄, 오른쪽으로 일곱 번째 열에 넣었어."

"드디어 생각났구나!"

룩희가 멍지가 말한 사물함을 기준으로 세 번째 줄, 일곱 번째 열을 찾았다.

'철커덕!'

열쇠를 꽂아 돌리니 사물함 문이 한 번에 열렸다. 순간 모두들 안도의 한숨을 쉬었다.

그림자로 지구 크기를 재어라!

다음 날 아침, 아이들은 식당에서 빵을 먹으며 문제가 적힌 종이를 뚫어져라 보고 있었다. 어제 숙소에 돌아와서도 한참 들여다봤지만 답을 찾지 못해 마음이 무거웠다.

"우리 정말 돌아가야 하는 거 아냐? 몇 나라 못 다녔는데⋯⋯."

언제나 긍정적인 룩희도 답답한 마음에 울상이 되었다. 상남이는 고민해도 방법이 떠오르지 않자 화가 났다.

"뭐야! 이상한 기호랑 숫자를 주고는 뭘 알아 오라는 거야?"

'이상한 기호랑 숫자'라고 말하고 보니 상남이는 문득 떠오르는 게 있었다.

"본초 자오선 옆에 써 있던 것⋯⋯."

상남이가 서둘러 어제 찍은 사진을 꺼내 들었다. 잠시 사진을 들여다보던 상남이가 놀란 표정으로 친구들을 불렀다.

"얘들아, 이거 봐 봐."

"왜? 그걸 지금 봐서 뭐해?"

"이제 보니 본초 자오선의 한쪽에는 모두 'E'가 적혀 있고, 다른 한쪽에는 'W'가 적혀 있어."

"E는 동쪽(east)을 뜻한다고 했는데⋯⋯."

지성이가 중얼거렸다.

"맞아. 그렇다면 W는 서쪽(west)을 뜻하겠다. 문제의 W도 서쪽을 뜻하는 것이 아닐까? N은 북쪽(north)을 뜻하고."

"정말! 숫자 뒤에 도(°)라는 단위를 쓴 걸 보니, 위도와 경도를 나타내는 게 확실해. **N 뒤에 있는 숫자는 북위, W 뒤에 있는 숫자는 서경을 나타내겠다!**"

룩희와 상남이가 연이어 소리 질렀다.

"자자, 진정해. 아직 답은 찾지 못했어. 위도와 경도로 어떻게 위치를 알 수 있지?"

지성이가 기억을 더듬으며 지구본을 꺼냈다.

"위도는 가로선, 경도는 세로선으로 나타낸다고 했어. 어제 물품 보관소에서 한 것처럼 기준점에서부터 찾아보자."

멍지가 거들었다. 아이들이 지구본으로 모여들었다.

"위도를 먼저 찾아보자. 지구본을 가로로 가르는 이 빨간 선이 적도야. **N 45°32′ 은 적도를 기준으로 북쪽으로 위도가 45°32′ 인 곳이야.** 그러니까 이 정도가 되겠다."

"그리고 **W 75°66′ 은 본초 자오선을 기준으로 서쪽으로 경도가 75°66′ 인 곳이지.**"

룩희와 지성이가 함께 북위 45° 32′과 서경 75° 66′인 곳을 찾아 손가락으로 가리켰다. 위선과 경선이 교차하는 곳에 지역명이 써 있었다.

"오타와!"

"오타와는 캐나다의 수도야! 다음 여행지는 캐나다가 되겠구나!"

"우리 문제를 너무 빨리 풀었어. 미리 비행기 표를 받고 편하게

98

그림자로 지구 크기를 재어라!

쉬다가 갈까?"

"좋아."

아이들은 처음으로 공항에 느긋하게 도착하여 비행기 표 발권 창구로 갔다. 이번에는 지성이가 자신 있게 말했다.

"정답을 말할게요. 캐나다 오타와요."

창구 직원이 비행기 표가 담긴 봉투를 건넸다. 명지가 조심스레 봉투를 열어 보았다.

"캐나다 오타와. 야호! 얘들아, 우리가 해냈어!"

아이들이 서로 손을 맞잡고 뛰었다. 공항 한쪽에서 그 모습을 바라보던 X맨이 흐뭇한 미소를 지었다.

TV쇼 지구 여행단
퀴즈2

영국과 한국처럼,
지구상에서 경도가 다른 두 지역은
왜 시간이 다를까요?

4
지구는 거대한 자석

"캐나다에서는 또 어떤 문제가 주어질지 기대되는걸."

영국에서 생각보다 수월하게 문제를 풀고 나서 지성이는 자신감이 붙었다.

"지성아, 넌 이제 문제 푸는 것이 재미있나 보구나. 난 그래도 이제 그냥 여행만 했으면 좋겠어."

멍지는 여전히 자신이 없었다.

"멍지야, 우리 지금까지 잘 해냈잖아. 나 혼자는 어려웠겠지. 하지만 너희들이랑 같이 하니까 어떤 문제가 나와도 답을 찾을 자신이 생겼어."

"룩희 말이 맞아요. 여러분, 제가 예상했던 것보다 꽤 잘 해내고

그림자로 지구 크기를 재어라!

있습니다. 혹시 여러분이 인터넷 검색으로 답을 찾는 게 아닌가 해서, 이제부터는 저도 비행기를 함께 타고 이동할 겁니다."

함께 비행기에 오른 X맨이 아이들의 대화에 끼어들었다.

"에이. 혼자 가기 심심해서 같이 탄 거 아니에요? 그런 거 같은데……."

상남이가 X맨을 흘겨봤지만, X맨은 못 들은 척 말을 이어 갔다.

"흠흠. 이제 다들 문제 푸는 것을 즐기고 있는 것 같군요! 명지만 빼고."

"아, 아니에요, X맨. 문제를 풀지 못하면 여행을 멈춰야 하니까 겁이 나서 그래요."

명지가 기운 없는 목소리로 말했다.

"영국에서 짐을 찾느라 힘들었던 명지를 위해 이번엔 문제를 내지 않을 생각인데……."

"정말요? 야호!"

아이들이 동시에 환호를 질렀다.

"그런데……."

"네? 그런데……라니요?"

상남이가 놀라서 X맨을 돌아봤다.

"상남 학생, 말을 좀 끝까지 들어요. 문제를 내지 않는 대신 다른 과제를 줄 생각이에요."

"X맨, 다른 과제가 뭐예요? 탈락은 없는 거죠?"

"그건 말이죠, 차차 알려 줄게요."

"궁금해요! X맨, 지금 알려 주세요."

아이들이 X맨을 조르는 사이 비행기가 캐나다 오타와에 착륙했다.

캐나다 오타와

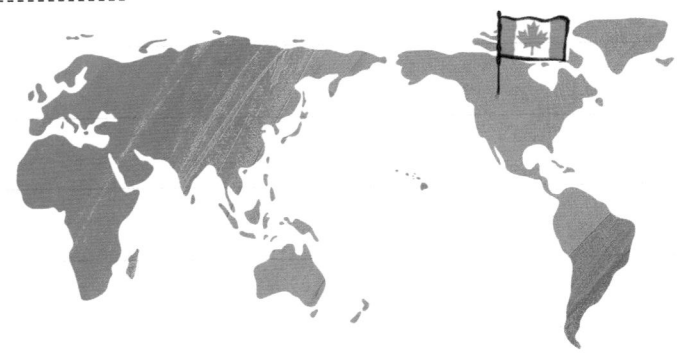

"하하하. 난 여러분이 궁금해하는 게 왜 이렇게 재밌는지 모르겠어요. 우선 정해진 숙소에 가서 쉬고 내일 만나요."

X맨은 인사를 하더니 또다시 멀리 걸어갔다.

"도대체 X맨은 알 수 없는 사람이야. 매번 어디론가 사라졌다가 어디선가 나타나고."

"그러게 말야. 진지한가 싶으면 또 장난꾸러기 같고……."

상남이와 멍지가 X맨의 뒷모습을 보고 말했다.

"얘들아, 그런데 X맨 어디서 많이 본 거 같지 않아?"

그림자로 지구 크기를 재어라!

지성이가 아이들에게 물었다.

"글쎄, 난 잘 모르겠는데⋯⋯. 바바리코트랑 선글라스로 얼굴을 가려서 잘 보이지도 않잖아."

"이상하네. 분명 눈에 익은 얼굴인데."

"지성아, 일단 우리 들어가서 쉬자! 내일의 여행을 위해서."

아이들은 각자의 가방에서 옷가지를 꺼내 숙소 옷장에 정리했다.

"이거 누구 남방이야? 단추가 떨어졌네."

멍지가 옷장에서 남방을 꺼내 들고 물었다.

"내 건데. 언제 떨어졌지?"

지성이가 옷을 받아 들고 난감한 표정을 지었다.

"걱정 마. 나한테 실과 바늘이 있어. 빌려 줄게. 우선 소매에 있는 단추를 떼서 달아."

"고마워, 멍지야. 실과 바늘까지 가져왔어?"

"그럼. 나는 늘 내 보물 상자를 가지고 다니거든. 한번 볼래?"

멍지의 말에 아이들이 모여들었다. 멍지가 가방에서 작은 상자를 꺼내서 아이들 앞에 열어 보였다. 그 안에 실, 바늘, 옷핀, 클립은 물론이고 막대자석, 말굽자석 등 잡동사니가 가득했다.

"이거 보물 상자 맞아? 잡동사니밖에 없네."

상남이가 피식 웃으며 말했다.

"유용한 것들이 얼마나 많은데."

멍지는 상남이가 놀리거나 말거
나 뿌듯한 표정으로 상자 안을
정리했다.

"그런데 준비물은 다 챙
겨 온 거야? 나침반
은 어딨어?"

상남이가 한 번 더
묻자 멍지의 표정이 굳어졌다.

"아, 나침반. 깜빡했어! 너희들은 가져왔어?"

아이들이 동시에 고개를 끄덕였다. 멍지가 안절부절못하자, 룩희
가 멍지에게 나침반 하나를 건넸다.

"내가 뽑기 기계에서 여러 개 뽑았거든. 하나 가져."

멍지의 표정이 다시 환해졌다.

"고마워, 룩희야. 잘 쓰고 돌려줄게."

멍지는 보물 상자에 나침반을 넣고 기쁜 마음으로 잠을 청했다.

다음 날 아침, X맨이 숙소 문을 밀며 고개를 빼꼼 들이밀었다.

"여러분, 잘 잤나요? 나올 때 나침반을 들고 오세요."

아이들은 눈을 부비고 나침반을 들고 밖으로 나갔다. 밖에서 X맨
이 혼자 나침반을 들여다보고 있었다.

그림자로 지구 크기를 재어라!

"X맨, 나침반은 왜 준비하라고 하셨어요?"

"오늘은 문제가 아니니까 그냥 알려 줄게요. 나침반을 가지고 각자 어떤 장소로 찾아갈 거예요."

"와! 재밌겠다. 스카우트 활동할 때 나침반으로 방향 찾기 해 본 적이 있어요."

룩희가 나침반을 만지작거리며 말했다.

"경험이 있으니 잘할 수 있겠네요. 자, 여기 봉투를 받으세요. 오늘 나침반을 보고 찾아올 곳입니다. 저녁 식사 전까지 오길 바랍니다. 낯선 곳에서 길 잃지 않도록 주의하시고요."

X맨이 네 명의 아이들에게 각각 빨간 봉투를 나눠 주었다. 아이들은 의아해하면서 받은 봉투를 열어 보았다.

"동쪽으로 3킬로미터? 너무 쉬운 것 아닌가요?"

지성이가 먼저 물었다.

"어? 지성아, 동쪽으로 3킬로미터 정확해? 난 북쪽으로 2킬로미터인데."

고개를 갸웃거리는 지성이와 상남이를 보면서 룩희도 자기 봉투를 열었다.

"상남아, 난 남쪽으로 1킬로미터야. 멍지는 어디야?"

"난 서쪽으로 2킬로미터!"

"우리 모두 목적지가 다르네요. X맨, 어떻게 된 거예요?"

X맨은 아이들이 당황해하는 모습이 재미있다는 표정이었다.

"여러분 모두에게 같은 지령을 줄 거라고 말한 적은 없어요. 이번에는 각자 목적지로 찾아오는 겁니다."

"혼자서요? 그럼 나침반을 보고 남쪽으로 1킬로미터 가면 무엇인가 있나요?"

"룩희 학생, 좋은 질문이에요. 여러분이 들고 있는 지령지는 첫 번째 목적지입니다. 그곳에 가면 두 번째 지령지가 있습니다. 지령지에 적힌 대로 따라가다 보면 언젠가는 최종 목적지를 발견할 수 있을 겁니다. 정확한 거리를 잴 수 있도록 거리 측정 어플리케이션이 깔려 있는 스마트폰을 제공합니다. 자, 행운을 빕니다. 출발!"

아이들은 아직 궁금한 게 많았지만 설명을 끝낸 X맨은 재빨리 사라져 버렸다. 아이들은 외국에서 혼자 다녀야 한다니 두려움이 앞섰다. 하지만 한편으로는 새로운 경험을 할 생각에 설렜다.

"매번 넷이서 같이 다니다가 혼자 나서야 한다니 조금 걱정이다. 하지만 우리 지금까지 잘해 왔으니까 이번에도 잘할 수 있을 거야."

상남이가 먼저 용기를 냈다.

"그래! 나도 조금 겁나긴 하는데 상남이 말을 들으니 해낼 수 있을 것 같아."

"나도 그래. 목적지에 오늘 저녁때까지 도착해야 한다고 했으니까 빨리 출발해야 할 것 같아. 지령지가 앞으로 몇 개 나올지도 모르니까."

그림자로 지구 크기를 재어라!

"그래! 다들 잘 찾아가자. 저녁에 봐."

오후 5시쯤 지성이가 가장 먼저 목적지에 도착했다. 지성이는 네 장의 지령지를 받고 나서야 겨우 목적지에 다다랐다. 목적지에 'TV쇼 지구 여행단을 환영합니다. 이곳이 목적지입니다.'라고 적힌 팻말이 꽂혀 있었다. 힘들긴 했지만 시내를 돌아다니면서 오타와 곳곳의 명소를 구경할 수 있었다. 그런데 팻말만 덩그러니 세워져 있을 뿐 주위엔 낯선 얼굴들뿐이었다. 한참을 두리번거리고 있는데 귀에 익은 목소리가 들렸다.

"지성아!"

뒤를 돌아보니 캐나다 사람들 사이로 상남이가 보였다.

"상남아, 여긴 웬일이야?"

"그러는 너야말로 왜 여기 있어?"

"응. 나는 지령지 네 장에 적힌 대로 차례로 찾아왔더니 여기 도착했어. 혹시 우리들 모두 목적지가 같은 게 아닐까?"

"지성아, 너는 나랑 완전히 다른 길로 출발했잖아. 길은 통한다더니, 정말 그런 건가? 네가 찾은 지령지 좀 보여 줘 봐."

지성이의 지령지

"그럼 네 지령지는?"

이번에는 상남이가 순서대로 지령지를 펼쳤다.

상남이의 지령지

그림자로 지구 크기를 재어라!

그때 또 익숙한 목소리가 들렸다.

"지성아, 상남아!"

"어? 룩희야! 너도 지령지에 적힌 대로 온 거야?"

"응. 너희들도?"

"응. 룩희랑 나는 정반대 방향으로 갔었는데…… 어떻게 된 거지?"

"룩희야, 네가 찾은 지령지도 한번 줘 봐."

룩희의 지령지

| 남쪽으로 1km | 서쪽으로 1km | 북쪽으로 4km | 동쪽으로 3km |

룩희의 지령지를 보더니 상남이가 더욱 걱정스런 목소리로 말했다.

"룩희의 지령지도 완전히 다르잖아. 우리 셋 중에 둘은 잘못 찾아 온 것 같아."

"상남아, 그게 무슨 소리야? 내가 정확하게 찾아가려고 얼마나 주의를 기울였는데……."

"얘들아, 잠깐만. 우리 셋 다 제대로 찾아온 것일 수도 있어."

"그게 무슨 소리야?"

지성이는 종이와 연필을 꺼내 그림을 그리기 시작했다.

4. 지구는 거대한 자석

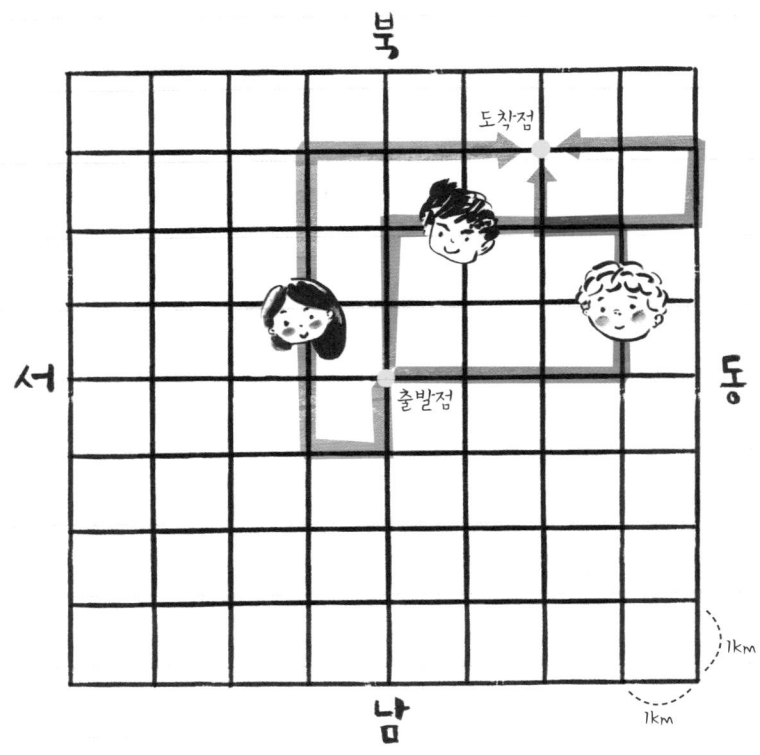

"네모 한 칸을 1킬로미터라고 보면 우리는 각각 이렇게 움직였어."

"정말이네! 우리 모두 다른 지령지를 받았지만 같은 곳을 향해 온 거구나. 하하. X맨도 참."

"지성이가 제일 먼저 올 수밖에 없었네. 이것 봐. 모두들 좀 돌아오긴 했지만 지성이가 가장 짧은 길로 왔어."

세 아이들이 함께 고개를 끄덕였다.

"그나저나 멍지는 왜 안 보이는 거지?"

그림자로 지구 크기를 재어라!

"예외도 있는 건가?"

"조금 늦을 수도 있으니까 기다려 보자."

하지만 한참을 기다렸는데도 멍지는 나타나지 않았다. 한 시간쯤 흐른 뒤 X맨이 나타났다.

"여러분, 잘 찾아왔군요! 생각보다 빨리 왔네요. 그런데 아직 한 명이 안 왔네요."

"멍지도 여기로 오는 거 맞죠?"

"그래요. 조금만 기다려 보도록 하죠."

X맨도 함께 멍지를 기다리기 시작했다. 하지만 그로부터 한참이 지나도 멍지는 보이지 않았다.

"어떻게 된 거지? 지금쯤 도착해야 하는데……."

"X맨, 이제 멍지를 찾아 나서야 할 것 같아요. 더 이상 기다리고 있을 수만은 없어요."

"그래요. 일단 찾아봅시다. 출발지에서부터 찾아보지요."

모두들 빠른 걸음으로 출발한 곳으로 돌아왔다. 돌아올 때는 가능한 한 직선 경로를 택해 빨리 도착했다. 아이들이 출발지 여기저기를 둘러보았으나 멍지의 모습은 눈에 보이지 않았다. 한참을 헤매고 있는데 멀리서 멍지의 목소리가 들렸다.

"얘들아! 나 여기 있어! 어흐흑……."

멍지는 아이들을 보자마자 울음을 터뜨렸다.

"멍지야, 도대체 어떻게 된 거야? 왜 아직 여기에 있어?"

"내 나침반이 이상해서 길을 찾을 수가 없었어. 아무 데나 돌아다니면 길을 잃을 것 같아서 다시 출발했던 곳으로 돌아왔어. 그런데 한참을 기다려도 아무도 나타나지 않고……."

"괜찮아, 멍지야. 이제 우리가 왔잖아."

아이들이 멍지를 달래 줬다.

"많이 놀랐겠어요. 멍지를 위해서 이번에 문제를 내지 않았는데 오히려 더 고생을 했군요. 멍지가 제자리로 돌아올 생각을 하지 않았다면 큰일 날 뻔했네요."

"엄마가 예전부터 길을 잃으면 원래 있던 곳으로 돌아가라고 하셨어요. 그래서……."

"잘했어. 그런데 나침반이 고장 났다니 무슨 소리야?"

"나침반 바늘이 한 곳을 가리켜야 하는데 자꾸만 왔다 갔다 하는 거야. 지령지에 적힌 대로 서쪽으로 2킬로미터를 가는데 도중에 자꾸 서쪽 방향이 바뀌어서 갈 수가 없더라고."

"정말? 나침반도 고장이 나는구나!"

지성이는 놀라서 자신의 나침반을 꺼내 멍지의 것과 비교해 보았다. 멍지의 나침반 바늘은 지성이의 나침반 바늘이 가리키는 방향과 전혀 다른 곳을 가리키고 있었다. 게다가 바늘 끝이 한시도 가만히 있지 않고 이리저리 움직였다.

그림자로 지구 크기를 재어라!

"어라? X맨, 멍지의 나침반이 왜 이런 거죠?"

"멍지 학생, 나침반을 어디에 두었었나요?"

"네? 상자에 넣어서 가지고 왔어요."

멍지가 나침반을 넣어 두었던 보물 상자를 꺼내며 말했다.

"그 상자 좀 볼 수 있을까요?"

X맨은 멍지의 보물 상자 안을 보더니 커다란 막대자석을 꺼내 들었다.

"작은 상자 안에 뭐가 이렇게 많아요? 아무튼 나침반 바늘을 망가

트린 범인은 이놈이네요."

"자석이오?"

"네. **나침반은 자석이랑 같이 두면 안 됩니다.**"

"왜요?"

"**나침반 바늘이 곧 작은 자석이거든요. 더 힘이 센 자석과 가까이 두면 나침반 바늘이 가지고 있던 자석의 힘을 잃을 수 있어요.**"

"네? 그럴 리가요. 저는 자석이랑 나침반을 딱 붙여 놓지도 않았는걸요."

멍지가 억울하다는 표정을 지었다. 그러자 X맨이 멍지의 상자에서 막대자석과 클립을 꺼냈다. 그리고 바닥에 클립을 놓고 막대자석의 끝을 클립 가까이 가져다 댔다. 그러자 클립이 벌떡 일어나 막대자석 끝에 달라붙었다.

"자, 이걸 보세요. **자석을 클립에 직접 대지 않아도 가까이 가져가면 클립이 끌려오죠? 직접 붙어 있지 않아도 자석의 힘이 미치기 때문입니다. 이처럼 자석의 힘은 떨어진 물체에도 작용한답니다. 자석 근처에 나침반을 두면 나침반의 극이 달라질 수 있어요.** 멍지가 자석을 한 곳에 보관한 것이 실수였던 거죠."

"아, 그래서 나침반이 고장 났구나. 그럼 이 나침반은 버려야겠네요. 룩희에게 돌려주려고 했는데……."

멍지가 나침반을 보며 중얼거렸다.

"버리지 않아도 돼요. 자석 때문에 나침반이 망가지기도 하지만 자석으로 나침반을 고칠 수도 있습니다. 나침반 바늘의 북쪽을 가리키는 빨간 부분을 자석의 S극에 대고 오래 놔 두거나, 자석의 S극을 나침반 바늘의 빨간 부분 쪽으로 여러 번 문질러 주면 다시 나침반이 정확한 방향을 가리키게 돼요. 자, 보세요."

X맨이 멍지의 막대자석을 들고 나침반 바늘을 여러 번 문질렀다. 그러자 나침반의 바늘이 차츰 한 방향을 가리킨 채로 고정됐다.

"와! 정말이네! 이제 제 것도 지성이의 나침반 바늘과 같은 방향을 가리켜요!"

"X맨이 자석으로 문지르는 걸 보니까 기억이 났어요."
갑자기 상남이가 자석을 집어 들며 말했다.

"학교에서 바늘을 자석으로 문질러서 나침반을 만든 적이 있어. 멍지야, 네 바늘 좀 빌려 줄래?"

바늘을 한 방향으로 문지르면 자성이 생겨.

멍지가 어리둥절한 표정으로 상남이에게 바늘을 건넸다. 상남이는 바늘을 한 손에 쥐고, 다른 손으로 자석을 들고 한 방향으로 열 번 정도 문질렀다. X맨도 자석으로 바늘을 문지르는 상남이를 보고 고개를 갸우뚱거렸다.

★ **자성**
물질이 나타내는
자기적인 성질

"상남 학생, 그렇게 하면 자석이 된다고요?"

"영구적으로 자석이 되진 않아도 ★ 자성이 생겨요."

상남이는 이렇게 말하면서 바늘허리에 실을 묶었다. 그리고 실을 아래로 늘어뜨려 바늘을 수평하게 매달아 두고 잠시 기다렸다. 실에 매달려 빙글빙글 돌던 바늘이 어느 순간 한 방향으로 멈췄다. 바로 나침반의 바늘과 같은 방향이었다.

"정말 나침반 바늘이 됐어!"

그 모습을 본 세 아이들의 입이 떡 벌어졌다.

"응. 자성이 생긴 바늘을 나뭇잎에 꽂아서 물에 띄워도 나침반으로 쓸 수 있어."

"정말 신기하네요. 이렇게 했으면 멍지도 나침반을 만들어 길을 찾을 수 있었을지도 모르겠네요. 상남이 대단한데요."

X맨의 흔치 않은 칭찬에 상남이가 머리를 긁적였다.

"그런데 여러분, 나침반 바늘이 왜 항상 북쪽을 가리키는지 알고 있나요?"

"음, 글쎄요."

"그것도 모르고 나침반을 사용했단 말인가요?"

"저 알아요. 지구가 아주 큰 자석이기 때문이에요."

지성이가 자신 있게 말했다. X맨이 지성이를 보고 고개를 끄덕였다.

그림자로 지구 크기를 재어라!

"맞습니다. 나침반 바늘이 작은 자석이라고 했죠? 지구는 아주 큰 자석입니다. 자석의 S극이 N극을 잡아당기듯이, 지구라는 자석의 S극이 나침반 자석의 N극을 끌어당기는 거죠."

"우리가 사는 지구가 커다란 자석이라니 너무 신기해요."

멍지가 자석을 만지작거리며 중얼거렸다.

"그렇죠? 우리가 나침반을 이용해 동서남북의 방위를 알 수 있는 것도 지구 자기장 안에서 나침반의 바늘 끝이 북쪽을 가리키기 때문이지요. 만약에 지구에 자기장이 없었다면 동서남북을 알기 힘들었겠죠."

지구 주변의 자기장

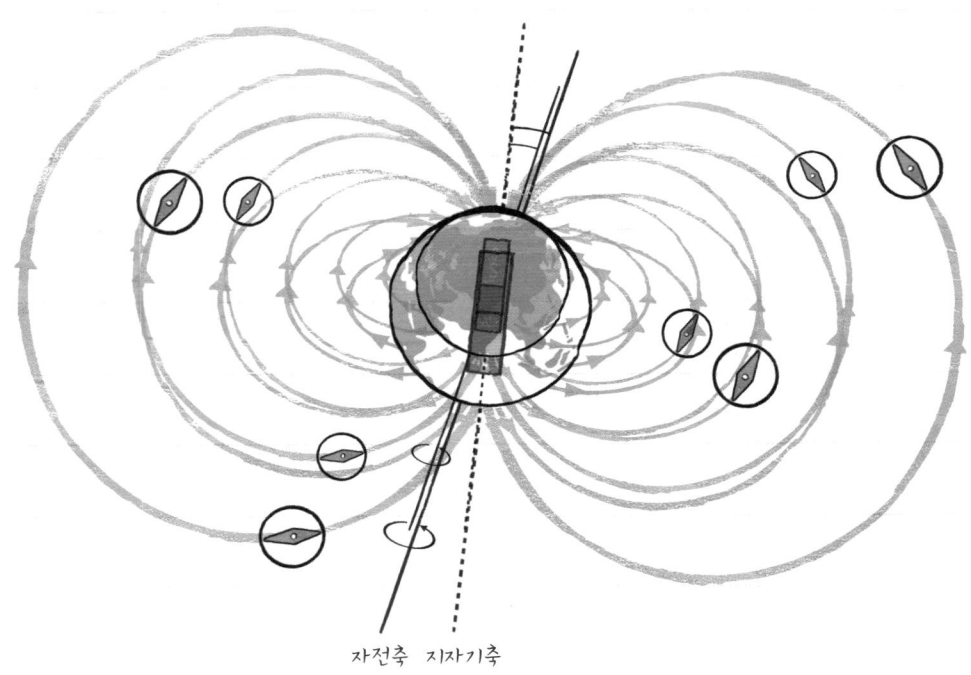

자전축 지자기축

"지구 자기장이 없었다면 오늘 이곳에 다시 못 모였을 거예요."

룩희의 말에 아이들이 한바탕 크게 웃었다.

"여러분, 아까 목적지에 꽂아 놓은 팻말 뒤쪽에 다음 여행지가 쓰여 있었는데 혹시 본 사람 있나요?"

아이들은 서로의 얼굴만 빤히 쳐다봤다. 아까는 멍지를 찾느라 정신이 없어서 팻말을 자세히 볼 겨를이 없었다.

"어딘데요?"

"캐나다에서는 문제도 내지 않았는데 제가 그걸 쉽게 알려 줄 리가 없죠. 내일 가 보면 압니다. 아마 반팔 옷과 부채를 준비해야 할 거예요."

X맨이 다시 짓궂은 미소를 지었다.

TV쇼 지구 여행단
퀴즈3

왜 나침반의 바늘은
언제나 북쪽을 가리킬까요?

5

지구의 허리띠, 적도

이집트 카이로

- - - - - - - - - - - - - -

"아, 부채질을 해도 해도 더워."

멍지는 30분째 쉴 새 없이 부채질을 하고 있다. X맨과 아이들은 낮에 이집트에 도착해 사막을 둘러보는 중이었다.

"반팔 옷을 준비하라고 해서 더운 곳에 올 줄은 알았지만 아프리카 대륙에 올 줄이야."

"이집트라니, 꿈에도 몰랐어."

상남이와 지성이도 불볕더위에 지친 기색이었다.

"진짜 덥긴 한데, 그래도 우리가 여기 언제 또 와 보겠어. 좋은 경험이라 생각하고 즐기자."

그림자로 지구 크기를 재어라!

"역시 제가 여러분을 지구 여행단으로 선발한 보람이 있네요. 이왕 좋은 경험 쌓기로 한 거, 오늘 밤 사막에서 야영에 도전해 보는 건 어때요? 저녁에는 오히려 쌀쌀할 텐데."

룩희의 응원을 들은 X맨이 아이들에게 물었다.

"사막에서의 야영? 재미있을 거 같다."

"해가 지면 왠지 견딜 만할 것 같기도 하고."

"혹시 X맨에게 무슨 꿍꿍이가 있는 건 아니겠지?"

"그래도 한번 해 보자."

아이들은 X맨의 눈치를 보며 작은 목소리로 상의했다. 뭔가 함정이 있을 것 같긴 했지만 거절하기 힘든 제안이었다. 아이들은 어느새 고개를 끄덕이고 있었다.

"좋아요. 여러분이 사막에서 야영을 해 보겠다니 선물로 맛있는 저녁 식사를 대접하겠어요. 야영지에 도착하면 맛있는 바비큐 파티가 우리를 기다리고 있답니다. 조금만 참고 야영지를 향해 이동해 볼까요?"

한참을 차를 타고 가는 사이 날이 저물었다. 차에서 내리자마자 고기 굽는 냄새가 진동했다. 좀 더 걷자 커다란 텐트 앞에 모닥불을 피워 놓은 야영장이 있었다. 아이들은 노릇노릇 구워진 바비큐를 마음껏 즐겼다. 배부르게 저녁 식사를 마치고 주변을 정리하자 벌써 밤이 깊었다. 사막 한가운데에 있으니 밤하늘이 더 까맣게 보였다.

"여러분, 맛있게 먹었나요? 오늘 여러분을 위해 서비스를 하나 더 하죠. 불꽃놀이를 준비했습니다."

X맨이 아이들에게 막대 불꽃놀이 폭죽을 하나씩 나눠 주었다.

"와! 밤에는 불꽃놀이지."

"얼른 불을 붙이자!"

멍지와 상남이가 서둘러 막대 불꽃놀이 폭죽 끝에 불을 붙이고 허공에 흔들었다.

"멍지야, 네가 불꽃을 빨리 움직이니까 불꽃이 움직인 흔적이 선을 그린다. 한번 별 모양을 그려 봐."

"이렇게?"

룩희의 부탁에 멍지가 허공에 별 모양을 그렸다. 그러자 허공에 불꽃의 흔적이 별을 만들었다.

"나도 해 볼래!"

그림자로 지구 크기를 재어라!

불꽃의 흔적이
선처럼 보여.

상남이도 막대 폭죽으로 허공에 여러 가지 무늬를 만들었다. 룩희
가 그 모습을 사진기에 담았다. 불꽃이 꺼지자 주변이 더 어둡게 느
껴졌다.

"얘들아, 하늘 좀 봐. 별이 쏟아질 것처럼 많아."

지성이가 하늘을 올려다보면서 외쳤다. 다른 아이들도 고개를 들
었다.

"와, 정말 촘촘하다. 꼭 하늘에 별을 뿌려 놓은 것 같아. 도시의 하늘에도 이렇게 많은 별들이 보이면 좋을 텐데. 아, 사진으로 남겨야지."

룩희가 얼른 디지털 카메라를 꺼내 들고 밤하늘을 찍었다. 하지만 카메라의 액정 화면에는 새까만 밤하늘만 찍혔다.

그림자로 지구 크기를 재어라!

"엥? 어둡기만 하네. 저렇게 밝게 빛나는 별은 다 어디 간 거야?"

"밤하늘의 별 사진을 찍으려면 그렇게 바로 셔터를 누르는 게 아니야. 렌즈를 통해 빛이 충분히 들어오도록 셔터를 오래 열어 놔야 해."

지성이가 룩희의 카메라를 살폈다.

"지성이는 진짜 모르는 게 없네."

"이런 것쯤이야. 전에 사진에 대한 책을 열심히 읽었거든."

지성이는 기억을 더듬어 삼각대 위에 카메라를 설치한 다음 카메라 셔터를 열어 두었다.

"자, 이대로 카메라를 움직이지 않고 잠깐 두면 별이 찍힐 거야. 그런데 저녁이라 그런지 좀 쌀쌀하지 않니? 우리 텐트 안에 들어가서 기다릴까?"

"그래그래."

낮과 달리 온도가 급격하게 낮아져서 떨고 있던 참이었다. 아이들은 지성이의 말이 떨어지기 무섭게 우르르 텐트 안으로 들어갔다.

"얘들아, 일어나! 우리가 잠들어 버렸나 봐."

얼마 후 잠에서 깬 상남이가 아이들을 깨웠다. 텐트에 들어가서 누가 먼저랄 것도 없이 곯아떨어졌던 것이다.

"그러게. 잠깐만 쉬다가 나온다는 게…… 으앗! 벌써 세 시간이나 지났어! 얼른 카메라부터 확인해 보자."

"여러분, 더 추울지 모르니 목도리도 두르고 나가세요. 아니, 저도 같이 가죠. 사진도 볼 겸."

저녁 식사를 마친 뒤 줄곧 텐트 안에서 책을 읽고 있던 X맨이 아이들을 따라나섰다.

"아, X맨! 여기 있으면서 왜 우리를 안 깨웠어요?"

"이럴 때 보면 진짜 방해꾼 같아."

아이들은 X맨에게 한마디씩 하며 텐트를 나섰다. 가장 먼저 카메라에 다가간 지성이가 다급한 목소리로 말했다.

"어? 이거 왜 이렇지? 이상한 곡선이 여러 개 찍혔어. 하늘에는 그런 선이 없는데."

"밖에 오래 놔둬서 카메라가 망가졌나 봐."

멍지도 룩희의 카메라를 보고 걱정스럽게 말했다.

"어디 저도 한번 볼까요? 오호. 제대로 찍혔네요."

X맨이 룩희의 카메라를 받아 들고는 싱긋 웃음을 지었다. 그 모습을 본 룩희가 버럭 화를 냈다.

"나빠요, X맨. 우린 망가진 카메라 때문에 심각한데!"

"무슨 그런 섭섭한 말씀을! 이건 망가진 게 아니에요. 여러분은 별의 일주 운동을 사진에 담은 거예요."

X맨이 고개를 가로저으며 말했다.

그림자로 지구 크기를 재어라!

"그게 뭔데요? 별의 일주 운동? 처음 들어 보는데."

모두들 같은 마음으로 X맨을 바라봤다.

"여러분도 본 적이 있을 거예요. 도로를 일정 시간 동안 찍은 사진. 움직이는 자동차의 전조등 불빛이 이어져서 불빛이 마치 하나의 선처럼 찍힌답니다. 이 별 사진처럼요."

"불꽃놀이를 할 때 움직이는 불꽃의 궤적이 여러 가지 무늬가 되는 것처럼 말이구나!"

상남이가 무릎을 쳤다.

"그런데 지금은 아무도 별을 움직이지 않았는데……."

멍지가 중얼거렸다.

"그럼 혹시 별이 움직인다는 말이에요?"

룩희가 조심스럽게 물었다.

"별이 움직인 걸까요? 지구가 움직인 걸까요? 무언가가 움직였으니 이런 사진이 찍혔겠죠?"

X맨은 이번에도 질문으로 대답을 피하며 씨익 웃었다.

"당연히 지구가 도는 거죠. 우리가 자전도 모를까 봐요? 뭐, 지구가 도는 게 느껴지지는 않지만, 학교에서 배웠어요."

"맞습니다. 지구는 하루에 한 바퀴씩 돌아요. 몸으로는 느끼지 못해도 지금도 우리는 지구와 함께 돌고 있답니다. 달리는 버스 안에 있으면 우리가 움직인다는 것을 못 느끼지만, 바깥 풍경이 움직이는 걸 보면 버스가 달리고 있다는 사실을 알 수 있죠? 같은 원리로 지구 바깥의 별이 움직이는 걸 보고 지구가 돈다는 걸 알 수 있죠."

"아, 너무 어려운데……."

잠자코 듣고 있던 멍지가 중얼거렸다.

"조금만 생각해 보면 아주 쉬워요. 마침 우리가 타고 온 차 안에 회전의자가 있더군요. 한번 의자에 앉아서 확인해 볼까요? 여러분의 도움이 필요해요. 두 사람만 따라와 주세요."

X맨이 갑자기 차를 향해 뛰어가며 외쳤다. 룩희와 지성이가 재

그림자로 지구 크기를 재어라!

빨리 따라갔다. 잠시 후 세 사람은 회전의자와 발 받침대, 그리고 긴 낚싯대를 들고 돌아왔다. 낚싯대 끝에는 형광 낚시찌가 달려 있었다.

"룩희랑 지성이, 고마워요. 상남이가 이 회전의자에 앉아 보겠어요? 멍지는 이 발 받침대에 올라서서 낚시찌가 상남이의 머리 위 앞쪽에 가도록 들고 있어 주세요. 제가 이 의자를 돌릴 동안 상남이는 낚시찌가 어떻게 움직이는지 보세요."

상남이와 멍지는 얼떨결에 조금 우스꽝스러운 실험에 참여하게 되었다.

"저는 그냥 앉아 있으면 돼요?"

"앉아서 위를 올려다보세요. 지금 상남이가 앉아 있는 회전의자가 자전하는 지구입니다. 그리고 낚시찌는 별이겠죠? 낚시찌가 어떻게 움직이는지 보세요. 자, 의자 돌립니다."

X맨이 상남이의 의자를 천천히 다섯 바퀴쯤 돌렸다.

"상남이가 있는 지구를 시계 반대 방향으로 자전시켰어요. 상남 학생, 낚시찌가 어떻게 보였나요?"

"낚시찌가 별이죠? 제가 돌아가는 방향과 반대 방향으로 별이 움직였어요."

"나는 안 움직였어, 상남아."

멍지가 낚싯대를 든 채로 말했다. 상남이가 회전의자에서 벌떡 일

그림자로 지구 크기를 재어라!

어났다.

"정말이야? 그럼 별이 움직이는 게 정말 지구가 자전하기 때문이었구나! 지구가 돈다는 말은 들은 적이 있지만 사실 믿기지 않았는데, 이렇게 해 보니까 정말인 것 같네. 멍지야, 너도 한번 앉아 봐. 역시 직접 해 보는 것만 한 게 없다니까."

상남이가 멍지에게 다가가며 말했다. 멍지가 발 받침대에서 내려오며 상남이에게 낚싯대를 건넸다.

"응. 나도 앉아 볼게. 낚싯대 좀 들어 줘."

이번에는 멍지가 회전의자에 앉고 상남이가 낚싯대를 들었다. 멍지의 머리 바로 위에 낚시찌가 드리워졌다. X맨이 멍지의 의자를 돌렸다. 멍지는 기대에 차서 낚시찌를 올려다봤다. 하지만 의자를 돌려도 멍지의 눈에는 낚시찌가 그대로 멈춰 있었다.

"대체 뭐가 움직인다는 말이야? 낚시

내가 보기엔 그대로 있는데?

찌가 한가운데에 그대로 있는데."

멍지가 이상하다는 듯이 물었다. 그러자 X맨이 연필을 꺼내 들고 세 개의 그림을 그렸다.

"자, 힌트가 필요한 것 같군요. 첫 번째 그림은 위도가 가장 높은 북극에서 관측한 별의 일주 운동입니다. 두 번째 그림은 우리가 있는 이곳처럼 중위도 지역에서 보이는 별의 일주 운동입니다. 그리고 위도가 가장 낮은 적도에서는 세 번째 그림처럼 별이 일주 운동을 합니다."

"아, 지구가 자전축을 중심으로 돌기 때문에 위도에 따라 다르게 보이는 거군요."

"별들은 그대로 있는데 어디에서 보느냐에 따라 별의 일주 운동 방향이 달라지네. 신기하다."

멍지와 룩희가 그림을 자세히 보고 고개를 끄덕였다. 지성이만 여전히 고개를 갸웃거리다가 물었다.

"그런데 여기, 지구의 자전과 상관없는 별도 있는 거 같아요. 한가운데 있는 별은 왜 움직이지 않는 것처럼 보이죠?"

X맨이 놀란 표정으로 지성이를 바라봤다. 아이들도 다시 사진을 살펴봤다.

"그걸 벌써 관찰했나요? 지금 말해 주려고 한 게 바로 그 별이에요. 그 별은 지구 자전축과 일치하는 곳에 있어요. 지구의 북극 바로 위쪽에 있죠."

그림자로 지구 크기를 재어라!

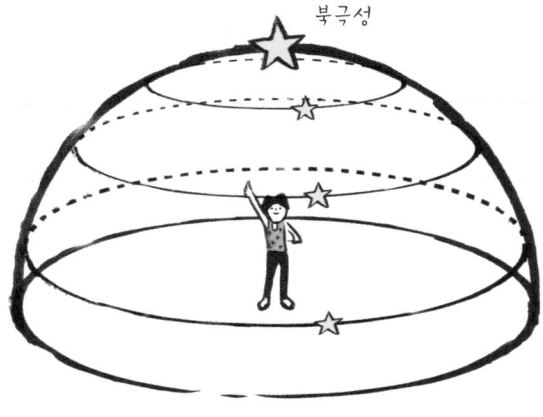

← 북극에서 본 별의 일주 운동

중위도 지역에서 본
별의 일주 운동 →

← 적도에서 본 별의 일주 운동

"아! 그럼 이 별이 북극성?"

룩희가 물었다.

"맞아요, 북극성. 지구에서 언제 보아도 움직이지 않기 때문에 이 별을 '길잡이 별'이라고 부르기도 하죠."

"그럼 방금 전에는 낚시찌가 바로 머리 위에 있어서 회전하지 않은 거구나! 북극성처럼!"

멍지가 벌떡 일어나며 소리쳤다.

"생각보다 쉽게 북극성과 지구 자전의 관계를 이해했군요. **상남이는 멍지의 머리 꼭대기 바로 위에 별을 들고 있었죠? 그래서 멍지가 제자리를 돌아도, 즉 지구가 자전을 해도 그 별이 움직이지 않았어요. 북극에 서서 북극성을 올려다보는 경우와 거의 비슷하다고 할 수 있겠네요. 쉽죠?"**

아이들이 환한 표정으로 고개를 끄덕였다. 룩희와 지성이도 회전 의자에 앉아서 지구의 자전과 별의 일주 운동을 이해하는 실험을 해 보았다. 아이들이 한참 실험에 빠져 있는데 X맨이 진지한 표정으로 아이들을 불렀다.

"여러분."

순간 아이들의 머릿속에 똑같은 생각이 떠올랐다.

"드디어…… 그 시간인가요?"

"네. 여러분에게 그 시간이 돌아왔습니다. 이번 문제에 대해 알려

그림자로 지구 크기를 재어라!

드려야겠네요. 내일 아침에 여러분의 텐트로 문제가 적힌 편지가 도착할 겁니다."

"이럴 줄 알았다니까. 그냥 즐겁게 여행하면 안 돼요? 한참 신났는데."

"이 문제 때문에 이 여행을 더 잊지 못하게 될 거예요. 모두 힘내세요. 밤이 늦었으니 내일을 위해 어서 텐트로 돌아가 푹 자 두세요. 그럼 아침에 밝은 얼굴로 만나요."

아이들이 환한 표정의 X맨을 뒤로하고 투덜거리며 텐트로 돌아갔다.

아침에 일어나니 텐트 앞에 편지 봉투가 놓여 있었다. 편지지에 글씨가 빼곡했다.

"우리에게 문제를 던져 주고 자기는 관광을 떠나다니……."

"어쩐지 어제저녁에 X맨이 즐거워 보이더라니. 우리만 쏙 빼놓고 혼자 여행 갈 생각에 신났던 거군!"

"한마디로, 틀리면 하와이에 못 간다는 거잖아."

"문제도 급하게 지었나 봐. 아래 부분은 손으로 썼어. X맨은 아무래도 허술한 구석이 있다니까."

아이들은 편지를 앞에 놓고 한마디씩 했다. 하지만 X맨이 곁에 없다는 사실에 섭섭함이 컸다.

TV쇼 지구 여행단
"지구에서 가장 빠르게 움직이고 있는 나라는 어디일까요?"

제한 시간 : 지금으로부터 4시간

밤늦게까지 별을 보고 실험하느라 피곤했을 텐데 잘 쉬었나요? 이번에 여러분이 해결해야 할 문제는 아래의 세 가지 조건을 만족하는 나라를 찾는 것입니다.

1. 지구에서 가장 빨리 움직이고 있는 나라
2. 아프리카에 있는 나라
3. 알파벳 U로 시작하는 나라

답은 이번 여행에서 얻은 경험을 활용해야 찾을 수 있습니다. 이번 문제를 해결한다면 여러분에게 이집트에서의 보너스 여행과 다음 여행지로 갈 수 있는 비행기 표가 주어집니다. 해결하지 못한다면 이곳의 여행을 바로 접고 다음 여행지인 하와이로 이동합니다. 하지만 비행기가 아닌 차로 이동해야 한답니다. 하와이는 섬이라는 걸 알고 있죠? 하하하! 부디 문제를 잘 해결해서 여행을 계속하기 바랍니다.

여러분이 답을 찾는 동안 저는 카이로 시내를 미리 관광하고 오겠습니다. 만약에 여러분이 문제를 풀지 못하면 저도 세계 여행을 멈춰야 하니까요. 내일 아침 카이로 시내 관광을 함께 하려면 오늘 답을 찾기 바랍니다. 저녁에는 제가 여러분에게 긴히 할 얘기도 있고요. 그럼 4시간 후에 만나요.

그림자로 지구 크기를 재어라!

"우리도 질 수 없지. 꼭 해결해서 보너스 여행도 하고 비행기 표도 얻도록 하자. 이집트까지 와서 여행도 더 못해 보고 떠나면 너무 아쉽잖아."

"그래, 모두 힘내자. 그런데 이번 여행에서 얻은 경험이 뭐지? 우리가 경험한 거라면 사막에서 벌인 바비큐 파티? 아니면, 밤에 별 사진을 찍은 것?"

지성이와 룩희가 문제를 다시 읽어 보기 시작했다.

"그게 다지, 뭐 별다른 게 있었어? 맞다. 잠자기 전에 했던 실험! **별이 선처럼 찍힌 건 지구가 자전하기 때문이라는 걸 알았지.**"

"혹시…… 지구에서 가장 빨리 움직이는 곳이라면 지구가 자전할 때 제일 빨리 도는 곳이 아닐까?"

멍지의 말에 상남이가 의견을 냈다. 그 말을 듣고 룩희의 눈이 동그래졌다.

"맞는 것 같아. 자전이 힌트인 게 확실해. 그런데 지구 전체가 하루에 한 바퀴 돌잖아. 그중 특별히 빨리 움직이는 곳이 있을 수 있어?"

룩희의 지적에 아이들이 다시 조용해졌다. 한참 뒤 지성이가 말문을 열었다.

"이렇게 생각해 보면 어때? 빨리 움직인다는 건 같은 시간에 더 많은 거리를 움직이는 걸 말하잖아. 그렇지?"

아이들은 지성이가 무슨 말을 하는지 잘 모르겠다는 표정이었다.

지성이가 갑자기 가방을 뒤졌다.

"미니 지구본 어디 갔지? 잠깐만……."

지성이는 지구본을 몇 바퀴 돌려 보더니 환하게 웃었다.

"아, 정답은 여기 있구나. 찾았어! 애들아, 내 얘기 잘 들어 봐."

아이들은 여전히 지성이의 행동을 지켜볼 뿐이었다. 지성이가 가방에서 빨간색 색연필을 꺼내 들고 지구본을 아이들 쪽으로 내밀었다.

"우리가 지금 이집트 사하라 사막에 와 있잖아. 여기를 점으로 표시할게."

지성이가 지구본의 이집트에 빨간색 점을 찍었다.

"그다음에는…… 바로 전 여행지인 캐나다 오타와를 표시해 보자. 캐나다는 이집트보다 위도가 높은 곳에 있네. 그리고 어제 X맨이 이야기했던 북극에도 점을 하나 찍을게."

아이들은 지성이가 이집트, 캐나다, 북극에 찍은 세 개의 점을 확인했다.

"어제 우리는 실험을 통해 별의 일주 운동이 지구의 자전 때문이라는 것을 알았어. 지금 찍은 세 개의 빨간색 점에 우리가 한 명씩 서 있다고 생각해 봐. 자, 내가 지구본을 돌려 볼게. 우리가 어떻게 움직이니?"

아이들이 지구본에 다시 집중했다. 지성이가 지구본을 빠르게 돌리자, 세 개의 빨간색 점이 선을 그렸다. 지성이가 상남이에게 물었다.

그림자로 지구 크기를 재어라!

"상남아, 북극에 찍은 점이 어떻게 움직이니?"

"북극은 자전축 위에 있기 때문에 지구본을 돌려도 점이 그 자리에 그대로 있네."

"그래, 그럴 거라고 예상했어. 그럼 캐나다와 이집트에 찍은 점은?"

"당연히 원을 그리지. 둥근 지구를 돌리니까."

139

적도에 가까울수록
자전할 때
큰 원을 그려.

  상남이가 조금 신경질을 내며 대답했다. 상남이는 자꾸 당연한
걸 묻는 지성이를 이해할 수 없었다. 그때 멍지가 외쳤다.

  "상남아, 두 개의 원을 봐. 크기가 달라."

  "크기가 다르다는 게 무슨 뜻인데?"

  상남이가 얼굴을 찡그리자 다시 지성이가 나섰다.

  "세 지점 중 가장 낮은 위도에 있는 이집트가 가장 큰 원을 그리고
있잖아. 즉, 적도에 가까운 지방일수록 지구가 자전할 때 더 긴 거리

그림자로 지구 크기를 재어라!

를 움직인다는 얘기야."

그제야 상남이의 표정이 밝아졌다.

"아, 그렇구나. 하루 동안 더 긴 거리를 움직이니까, 적도 지방에 있는 나라가 더 빨리 움직이는 셈이네! 이제 보니 적도를 나타내는 선이 지구의 허리에 띠를 두른 것같이 보이지 않니?"

"하하, 그렇네. 아프리카 대륙에서 적도 가까이 있는 나라를 찾자. 알파벳 U로 시작하는 그 나라는 어디냐 하면……."

멍지가 재빨리 지구본을 돌려 아프리카 대륙을 찾았다. 함께 적도 부근의 나라를 살피던 아이들이 동시에 외쳤다.

"우간다!"

"와! 우리 네 시간이 주어진 문제를 두 시간도 안 걸려서 풀었어. X맨은 언제 오는 거지?"

"저를 찾았나요?"

마치 뒤에서 보고 있던 것처럼 곧바로 X맨이 나타났다.

"어휴, 깜짝이야! X맨 언제 왔어요? 혹시 뒤에서 보고 계셨어요?"

"무…… 무슨 그런 말도 안 되는. 막 도착했답니다. 문제를 못 풀까 걱정이 돼서 오랫동안 여행을 할 수 없었습니다. 그런데 답을 거의 찾았나 보죠?"

"거의라니요? 다 했어요. 지성아, 지구본으로 얼른 설명해 드려."

지성이가 지구본을 들고 X맨에게 다가갔다. 그러자 X맨이 지성이의 지구본을 빼앗아 상남이에게 넘겨주며 말했다.

"지성이가 풀었다면 설명은 상남이에게 부탁해도 될까요?"

"제, 제가요?"

상남이는 당황했지만, 아까 지성이가 이야기한 정답을 침착하게 설명했다. 상남이가 설명을 마치자 아이들이 X맨을 빤히 쳐다보았다. 빨리 결과를 알려 달라는 뜻이었다. X맨이 침을 한 번 꼴깍 삼키고 입을 열었다.

"정답입니다."

"야호! 우리가 해냈다."

아이들이 서로 얼싸안고 방방 뛰었다.

"이번 문제는 답을 찾아내는 과정이 중요했는데 훌륭하게 해냈군요. 마치 허리띠처럼 지구 한가운데를 둘러싼 부분을 적도라고 합니다. 위도가 낮을수록, 즉 적도에 가까울수록 자전할 때 더 빨리 움직이는 셈이죠."

"아리송한 문제를 푸니까 더 재밌어요."

"후후. 그렇다면 앞으로 더 아리송한 문제들을 준비하죠. 여러분이 정답을 맞추지 못하면 유적도 못 보고 떠나야 했기 때문에 저도 은근히 걱정했답니다. 정말 축하해요. 이제 차를 타고 세계 7대 불가사의 중 하나로 꼽히는 유적에 들를 겁니다. 그리고 약속했던 하와이행 비행기 표는 여기 있습니다."

그림자로 지구 크기를 재어라!

"와! 7대 불가사의인 유적이 무얼까?"

"음, 여러분, 그리고……."

X맨이 뭔가 더 말하려고 했지만, 아이들은 X맨의 말에 귀를 기울일 틈도 없이 재잘거렸다.

"이 여행을 기획한 까닭을 말해 주려고 했는데……."

X맨이 씁쓸한 표정으로 중얼거렸다.

TV쇼 지구 여행단
퀴즈4

북극에서 북쪽 하늘을 관찰하면 북극성과 주변의 별들이 어떻게 움직일까요?

6

지구 둘레를 재는 비례식

"세계 7대 불가사의 중 하나가 이 근처에 있다고? 분명 쿠푸 왕의 피라미드일 거야."

"쿠푸 왕의 피라미드?"

아이들이 모두 멍지를 바라봤다.

"응. 얼마 전에 TV에서 봤거든. 피라미드는 고대 이집트 왕들의 묘야. 고대 이집트인들은 왕이 죽으면 하늘로 올라가 별이 되고 태양신과 함께 하늘을 순회한다고 믿었어. 그래서 죽은 왕의 영혼이 피라미드를 계단 삼아 하늘로 올라갔다고 생각했대."

"네. 멍지의 말대로 보너스 여행을 할 곳은 피라미드입니다."

X맨이 끼어들며 말했다.

그림자로 지구 크기를 재어라!

"이곳 이집트에는 수많은 피라미드가 있는데 기자에 있는 것이 특히 유명합니다. 이제 거의 도착했어요. 저 멀리 보이나요?"

"와! 크기가 장난이 아닌데요."

"진짜! 깨알 같은 모래만 있는 이 사막에 이렇게 큰 돌들이 있었단 말이야?"

"돌 하나의 높이가 우리 키보다도 커! 그럼 도대체 이 피라미드는 얼마나 높다는 거지?"

아이들은 거대한 피라미드를 보고 입이 벌어졌다.

"피라미드의 높이라……. 여러분, 고대 그리스의 철학자 탈레스는 이런 막대기 하나로 이 피라미드의 높이를 쟀다는 사실을 아나요?"

X맨이 빙긋이 웃으며 품에서 조그만 나무 막대 하나를 꺼내 보였다.

"X맨, 허풍이 좀 심하신걸요. 이 조그만 걸로 어떻게 저 높은 피라미드의 높이를 재요? 탈레스가 꼭대기까지 기어 올라가면서 피라미드 벽에 막대 길이만큼씩 표시하기라도 했나요?"

"에이, 올라가다 미끄러지겠다. 그리고 벽면 길이를 쟀다고 높이를 알 수 있을까? 그건 아닌 것 같아."

상남이가 나무 막대를 보고 X맨에게 따지듯 묻자, 룩희가 대신 고개를 저었다.

X맨은 아이들을 둘러본 다음 모래 바닥에 나무 막대를 세웠다. 그리고 바닥을 가리키며 말했다.

"여기를 보세요. 막대를 꼭 자처럼 이용해야 하는 건 아니죠. 탈레스는 뛰어난 관찰력의 소유자였답니다. 자연 현상을 잘 관찰하면 많은 문제들을 풀 수 있답니다. 해답은 막대와 태양, 그리고 막대의 '이것'에 있지요. '이것'이 뭘까요?"

"그게 뭐예요? 그냥 땅을 가리키는 것은 아닌 것 같은데……. 돌멩이? 모래?"

아이들은 막대와 그 주변을 천천히 살폈다. 아직 오전이었지만 태양이 뜨겁게 내리쬤다.

"힌트 좀 주세요."

상남이가 투덜거리려는 순간 멍지가 관찰력을 발휘했다.

"혹시…… 그림자?"

"맞아요, 멍지 학생. **탈레스는 바로 그림자를 이용했습니다.** 탈레스는 이집트를 여행하다가 피라미드의 높이가 궁금해졌어요. 하지만 어느 누구도 피라미드의 높이를 알지 못했지요. 그러던 어느날 그림자를 관찰하게 됐습니다. **그림자가 태양의 정반대 쪽에 생기며, 태양이 이동하는 데 따라 이동한다는 것, 그리고 그림자의 크기가 사물의 크기에 비례한다는 사실을 관찰했답니다.**"

"근데 비례한다는 게 무슨 말이야?"

룩희가 지성이에게 조용히 물었다.

"룩희 학생, 그건 아마 지성이도 잘 모를 거예요."

그림자로 지구 크기를 재어라!

그림자가
힌트입니다.

그 말에 지성이가 머리를 긁적였다.

"**한쪽의 양이나 수가 증가하는 만큼 그와 관련 있는 다른 쪽의 양이나 수도 증가하는 걸 비례한다고 해요.** 지금 상남이와 룩희가 나란히 서 있어요. 그런데 발밑을 보세요. 상남이의 그림자가 더 길죠?"

"그야 상남이가 저보다 키가 크니까요."

"네. 키가 크면 그림자도 길죠. 키가 작으면 그림자도 짧고요. 햇빛이 어떤 물체나 같은 각도로 비추기 때문이에요. 그래서 상남이의 키와 상남이의 그림자 길이의 비와, 룩희의 키와 룩희의 그림자 길이의 비가 같습니다."

"비? 비는 뭔데?"

상남이가 지성이에게 물었다.

"**비는 수나 양을 서로 비교하여 몇 배인지 나타내는 것을 말해.** 예를 들어 여기에 있는 남자와 여자의 수를 비로 나타내면, X맨까지 포함해서 남자는 3명, 여자는 2명이니까 3 : 2로 쓸 수 있는 거야."

"맞습니다. 여러분, 비율이라는 개념도 알고 있나요? **비율이란 비를 표현하는 :의 뒤에 있는 수를 기준으로 나타내는 것입니다.** 지성이가 든 예로 비율을 나타내 보죠. 여자의 수를 기준으로 한 남자의 수를 비율로 나타내 보면 여자 2명에 남자 3명이니까 $\frac{3}{2}$입니다."

"그런데 X맨, 도대체 그림자로 어떻게 피라미드의 길이를 쟀다는 거예요? 궁금해 죽겠어요."

룩희가 애원하듯 말했다.

"여러분이 비와 비율을 이해했으니까 실제로 활용해 볼게요. 뒤에 있는 저 기다란 표지판의 높이를 알아볼까요? 멍지 학생, 키가 몇이죠?"

X맨이 아이들 뒤에 있는 버스 정거장 표지판을 가리키며 말을 이었다.

그림자로 지구 크기를 재어라!

"제 키요? 120센티미터요. 갑자기 키는 왜요?"

"멍지의 키를 알면, 방금 배운 비를 이용해서 저 표지판의 높이를 알아낼 수 있어요. 멍지는 그 자리에 서 있어 봐요. 제가 줄자를 줄 테니 상남이가 멍지의 그림자 길이를 재 볼래요?"

상남이는 멍지의 발끝에서부터 멍지의 그림자 길이를 쟀다.

6. 지구 둘레를 재는 비례식

"멍지의 그림자 길이는 50센티미터예요."

"저 버스 표지판의 그림자 길이도 재 보세요."

상남이가 룩희의 도움을 받아 버스 표지판의 그림자 길이를 쟀다.

"음…… 버스 표지판의 그림자 길이는 100센티미터입니다."

"멍지의 그림자 길이가 50센티미터인데 버스 표지판의 그림자 길이가 100센티미터이면 두 배가 되네요."

"아, 물체와 그림자의 길이가 이루는 비가 일정하니까…… 그림자의 길이가 두 배이면 버스 표지판의 높이가 멍지 키의 두 배가 된다고 짐작할 수 있는 거예요?"

"멍지 키의 두 배이면 240센티미터?"

룩희와 지성이가 동시에 물었다.

"네. 두 사람이 벌써 알아챘네요. 비례식으로도 구할 수 있어요. 멍지의 키와 멍지의 그림자 길이가 만드는 비와, 버스 표지판의 높이와 버스 표지판의 그림자 길이가 만드는 비가 같으니까 이렇게 쓸 수 있습니다."

X맨이 모래에 비례식을 썼다.

멍지의 키 : 멍지의 그림자 길이 = 표지판의 높이 : 표지판의 그림자 길이

120cm : 50cm = ☐cm : 100cm

그림자로 지구 크기를 재어라!

151

"비례식에서는 등호에 가까운 두 숫자를 곱한 값과, 등호에서 멀리 있는 숫자를 곱한 값이 같습니다. 그래서 $50 \times \boxed{} = 120 \times 100$ 이이라는 식을 세울 수 있죠. 즉, $\boxed{} = 120 \times 100 \div 50$ 이고, 이 식을 풀면 표지판의 높이 240센티미터를 구할 수 있어요."

"와! 신기하다. 직접 재지 않고 높이를 알 수 있다니."

"그럼 피라미드도 그림자의 길이만 알면 비례식을 세워서 높이를 알 수 있겠다!"

상남이와 멍지가 동시에 외쳤다.

"그렇죠. 탈레스는 막대와 막대의 그림자 길이 비가 피라미드와 피라미드의 그림자 길이 비와 같을 거라 생각했답니다. 그래서 두 비를 연결해서 이런 비례식을 세웠습니다."

막대의 길이 : 막대의 그림자 길이 = 피라미드의 높이 : 피라미드의 그림자 길이

룩희는 심각한 표정으로 피라미드의 그림자를 바라보고 있었다. 이윽고 룩희가 말을 꺼냈다.

"그런데 제가 생각하기엔 좀 문제가 있는 것 같은데요. 저 피라미드를 보세요. 피라미드는 아래에서 위로 갈수록 좁아지는 사각뿔 모양이잖아요. 그래서 눈에 보이는 그림자가 전체 그림자라고 할 수 없어요."

그림자로 지구 크기를 재어라!

"오! 룩희가 중요한 걸 발견했군요. 맞아요. 탈레스도 같은 고민을 했답니다. 그래서 **바닥에 드리워진 피라미드 그림자의 길이를 재고, 거기에 피라미드 밑변의 절반의 길이를 더했어요. 숨어 있는 그림자의 길이까지 포함한 거죠.** 이집트인들은 그 후 피라미드의 높이를 잰 탈레스를 '비례의 신'이라고 불렀답니다."

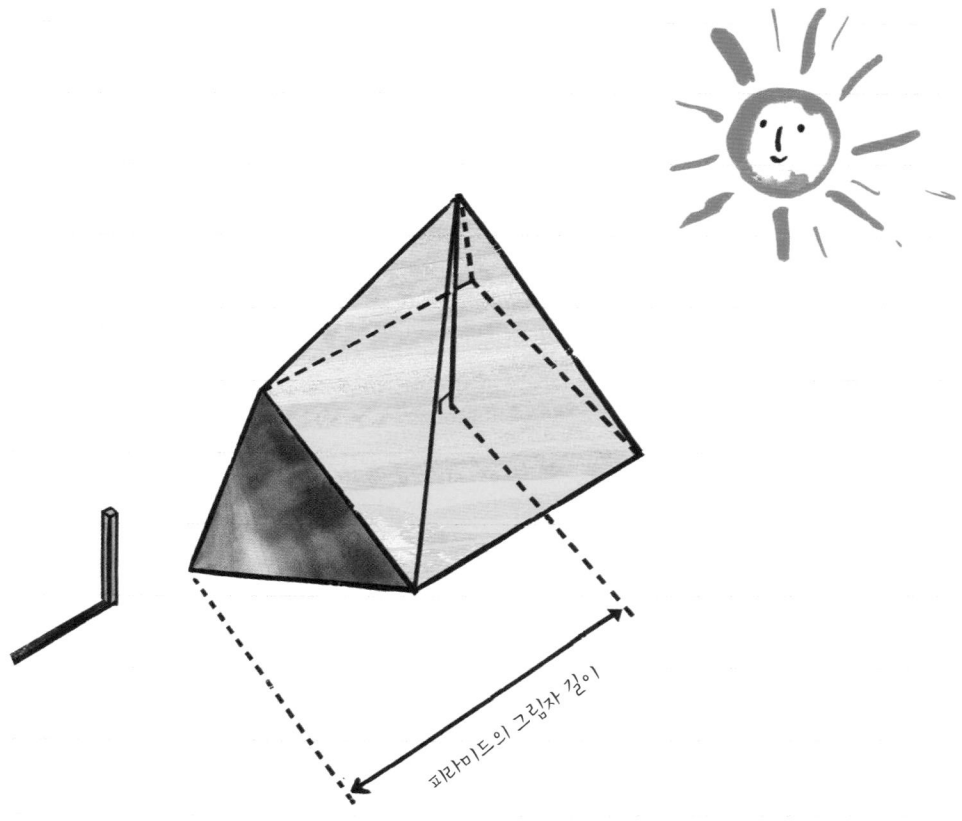

피라미드의 그림자 길이

"비례를 잘 이용하면 직접 재지 않아도 높이를 구할 수 있네요. 신기해요."

"모두들 피라미드의 높이를 구하느라 고생하셨습니다. 간단히 점심 식사를 하고 피라미드 내부를 구경하도록 하죠. 메뉴는 피자입니다."

"앗, 얼른 먹고 싶어요. 배고파요."

더위와 피로에 지친 아이들은 X맨이 상자를 열자마자 허겁지겁 피자를 집어 들었다. 피자 한 판이 같은 크기로 나누어져 있었다. 배가 고팠던 아이들은 어느새 피자 두 판을 거의 다 먹어 치웠다.

"이제 한 조각 남은 거야?"

한참을 말도 없이 먹다 보니 남은 건 한 조각뿐이었다. 아이들은 서로 눈치를 보며 마지막 한 조각을 쳐다보고 있었다.

"하하. 한 조각이 남았네요. 누가 먹을까요?"

"가위바위보로 정해요."

"에이, 지구 여행단에게 너무 편한 게임은 어울리지 않습니다. 피자 한 조각을 걸고 문제를 내죠. 맞춘 사람이 먹는 거예요. 이 게임이 싫은 사람은 도전하지 않아도 좋습니다."

아이들은 문제를 풀어야 하는 게 맘에 들지 않았지만, 피자를 먹고 싶은 마음에 모두 동의했다. 상남이는 아까 배운 비례식이 나올 것 같아 벌써 줄자를 꺼내 들었다.

"지금 남아 있는 피자 한 조각의 ★호의 길이는 약 12센티미터입니다. 그렇다면 먹기 전 피자 전체의 둘레 길이는 몇 센티미터일까요?"

★호
부채꼴의 곡선 부분 둘레

아이들은 뜻밖의 문제에 어리둥절한 표정을 지었다.

"이미 다 먹었는데 둘레 길이를 어떻게 재요?"

"이것도 비례식으로 풀어야 되는 거죠?"

"그런데 처음에 몇 조각이었지?"

155

아이들이 혼란스러워하자 X맨이 슬쩍 힌트를 줬다.

"피자 한 조각의 중심각은 45도입니다. 원 전체에서 45도가 차지하는 비율을 생각해 보세요."

"원 전체요?"

"원의 중심각은 360도인데……."

"45도는 원 전체에서……."

아이들이 여전히 헷갈려하고 있는데, 멍지가 손을 번쩍 들었다.

"알겠다. 12×8=96. 피자 전체의 둘레 길이는 약 96센티미터예요!"

아이들은 놀라서 멍지와 X맨을 번갈아 쳐다봤다.

"정답!"

"진짜예요?"

X맨의 말에 아이들은 허탈한 표정을 지었다. 멍지는 냉큼 마지막 피자 한 조각을 베어 물었다.

"멍지야, 너 대체 어떻게 알았어?"

룩희가 부러워하며 멍지에게 물었다.

"간단해. 12센티미터짜리가 여덟 조각 있었으니까 12에 8을 곱했지."

멍지가 후딱 한 조각을 먹어 치우고 대답했다.

"여덟 조각인지 어떻게 알았어? 아까 먹기 전에 세어 두었니?"

룩희가 다시 물었다.

그림자로 지구 크기를 재어라!

"아니. X맨이 한 조각의 중심각이 45도라고 했잖아. 원의 중심각은 360도니까 $\frac{45}{360} = \frac{1}{8}$. 즉, 중심각이 45도인 부채꼴이 여덟 조각 모여 있다는 이야기잖아."

"그래요. 멍지가 아주 쉽게 답을 맞혔어요. 혹시 비례식으로도 설명해 줄 수 있나요?"

멍지가 자신 있게 모래 바닥에 비례식을 썼다.

피자 한 조각의 중심각 : 피자 한 조각의 호의 길이
= 피자 한 판의 중심각 : 피자 한 판의 둘레 길이
45° : 12cm = 360° : ☐ cm

"네가 설명해 주니까 진짜 쉽다."

상남이의 말에 X맨도 고개를 끄덕였다. 하지만 아이들의 표정에는 여전히 아쉬움이 가득했다.

"저기…… X맨, 우리 상품을 걸고 게임을 한 번 더 하는 거 어때요?"

"맞아요. 상품이 걸려 있으니까 재밌어요."

X맨은 의외의 제안에 놀랐지만 아이들의 요구를 들어주기로 했다.

"하하. 여러분의 적응력에 제가 깜짝 놀랐습니다. 이제 여러분 스스로 문제를 원하다니 말예요. 그렇다면 게임을 더 재밌게 만들어야죠. 지성이와 상남이, 룩희와 멍지 이렇게 팀을 나눠서 하와이에서의 식사를 걸고 한 게임 어때요?"

"좋아요!"

아이들은 각자 자신의 팀이 문제를 해결하겠다는 각오로 자신 있게 대답했다.

"문제는 카이로 공항에 가서 풀기로 하죠. 제게도 문제를 만들 시간이 필요하니까요."

아이들은 편을 나눠 문제를 추측하면서 카이로 공항으로 향했다. 공항에 도착할 때까지 X맨은 차 안에서 머리를 쥐어짜고 있었다. 아이들은 기대에 차서 공항에 내렸다. 처음으로 아이들이 문제를 기다리는 순간이었다.

"여러분, 제가 고민을 많이 했는데요, 문제가 조금 어렵습니다."

"괜찮아요! 하와이에서의 식사가 걸린 문젠데요, 까짓것."

"우리 팀도 자신 있어요."

상남이와 멍지가 서로 들으라는 듯 큰소리를 쳤다. X맨이 씨익 웃고 말을 이었다.

"그렇다면 문제를 공개하지요. 아까 우리가 피라미드의 그림자 길이로 피라미드의 높이를 구하는 법을 알아봤으니, 오늘은 그림자에 관련된 문제를 계속해 볼까요?"

"그림자요?"

그림자로 지구 크기를 재어라!

"그림자를 이용해서 지구의 둘레를 측정한 그리스의 수학자 에라토스테네스가 알렉산드리아 도서관의 관장이었으니, 이집트와 딱 어울리는 문제 같군요."

"그림자로 지구의 둘레를 측정했단 말예요? 이집트엔 정말 대단한 사람이 많네요."

상남이의 눈이 동그래졌다.

"이젠 여러분이 위대한 사람이 돼 볼 차례입니다. 문제입니다. 제가 읽어 주는 내용을 듣고 에라토스테네스가 되어 지구의 둘레를 계산해 보세요. 아, 문제에 나오는 시에네는 알렉산드리아 아래쪽에 있는 지역 이름입니다."

X맨이 동그라미 위에 알렉산드리아와 시에네의 위치를 표시한 종이를 나눠 줬다.

"이 동그라미는 지구이고, 위에 있는 점이 이집트의 알렉산드리아인가요?"

"네. 그리고 아래 있는 점은 역시 이집트의 시에네라는 지역입니다. 두 지역은 거의 같은 경도에 있기 때문에 옆에서 보면 위아래로 나란합니다. 그 그림이 꼭 필요할 거예요. 이제 연필을 준비하세요."

아이들은 받은 그림을 들고 X맨에게 집중했다.

"지금부터 에라토스테네스가 지구의 둘레를 구한 힌트들을 하나씩 공개할 겁니다. 그때마다 들은 내용을 그림 위에 선과 숫자로 표

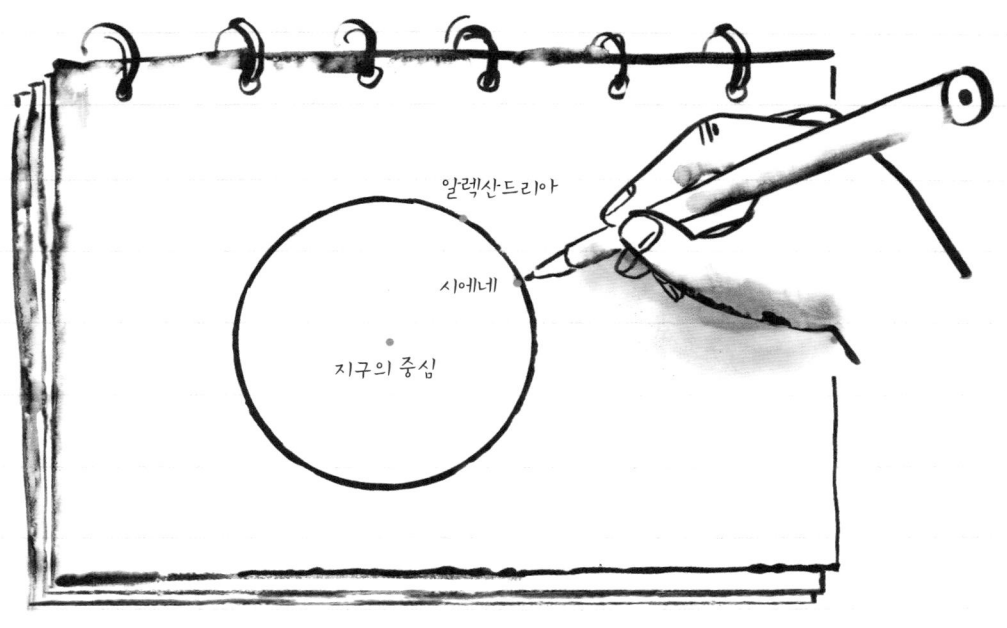

시하면 돼요. 만약 도중에 지구의 둘레를 구하는 법을 끝까지 설명할 수 있다면 바로 손을 들면 됩니다. 시작해 볼까요?"

아이들은 어리둥절했지만 우선 X맨의 말을 들어 보기로 했다.

"네. 해 볼게요!"

"첫 번째 힌트! **하짓날 정오에 시에네에 있는 우물의 수면에 태양의 모습이 보인다.**"

X맨이 빠르게 힌트를 읊었다.

"앗, 잠깐만요! 시에네에 우물이 있어요?"

그림자로 지구 크기를 재어라!

멍지가 아까 받은 지도의 시에네 위치에 깊은 우물을 그려 넣었다.

"그런데 우물에 태양이 비친다는 건 무슨 뜻이지? 너무 어려워요."

멍지가 중얼거리자 X맨이 나섰다.

"자, 한 번만 더 생각해 보면 어려운 이야기가 아니랍니다. 우물은 폭이 매우 좁아요. 그런데 좁은 우물의 수면에 태양의 모습이 비친다는 건……."

"아, 태양이 우물 바로 위에 높이 떴다는 이야기네요?"

멍지가 X맨의 말을 받았다.

"맞아요. 쉽게 말하면 태양 광선의 각도가……."

"태양 광선이 우물의 바닥에 수직으로 내리쬐는 거네요."

이번에는 룩희가 말을 이었다. X맨이 놀라는 사이 멍지가 룩희의 말대로 우물의 바닥에 ⭐ 수직으로 들어오는 햇빛을 표시했다. 지성이와 상남이는 여전히 멍한 표정이었다. X맨은 지성이와 상남이는 잊고 멍지와 룩희를 보고 말을 이었다.

⭐ **수직**
두 개의 직선이나 평면이 만나 직각을 이루는 것

"자, 계속해서 두 번째 힌트! **시에네와 지구의 중심을 잇는 선은 하짓날 시에네에 비추는 태양 광선과 평행하다.**"

이번에는 룩희가 되묻지 않고 바로 연필을 들었다. 그리고 우물이 있는 점에서 지구의 중심까지 직선을 그었다.

"시에네와 지구의 중심을 이렇게 이으라는 이야기죠?"

"잘 따라오고 있어요. 자, 바로 세 번째 힌트! **정오에 알렉산드리아에 막대를 세우면 막대의 그림자가 생긴다.** 이때 시에네와 알렉산드리아에 비추는 태양 광선은 서로 평행하다."

멍지는 지구본에서 알렉산드리아를 찾아 나무 막대를 직접 세워 보았다. 룩희가 그 모습을 참고해서 알렉산드리아 지점에 태양광선과 막대의 그림자를 그려 넣었다.

"자, 이제 네 번째 힌트입니다. 어렵지 않으니까 잘 들어 보세요. **알렉산드리아에 세운 막대의 끝과 막대 그림자의 끝이 연결되도록 선**

그림자로 지구 크기를 재어라!

6. 지구 둘레를 재는 비례식

을 그리면 그 사이의 각도가 7.2도다."

이번에는 멍지와 룩희도 고개를 갸웃거렸다.

"힌트를 그대로 표시해 보자. 막대의 끝이랑 막대 그림자의 끝을 연결하라고 했지?"

멍지가 막대의 끝과 막대 그림자의 끝을 선으로 연결하고, 그 선과 막대 사이에 7.2도라고 각도를 표시했다. 그때 상남이가 처음으로 입을 뗐다.

"직접 안 그려 보니까 너무 어렵다. 나는 손을 못 대겠어. 지성아, 네가 얼른 그려 봐."

"나도 잘 모르겠어. 너도 생각을 좀 보태 봐."

상남이는 문제를 잘 듣지 않고 지성이만 바라보고 있었다. 지성이 역시 혼자서 내용을 이해하려고 애를 쓰느라 종이에 아무 그림도 그리지 못했다.

"지성이와 상남이 팀은 문제를 포기하는 건가요?"

X맨의 질문에 둘은 아무 대답도 못하고 서로 마주 보기만 했다.

"더 기다려 줄 수 없네요. 계속하겠습니다."

X맨이 단호하게 말을 이었다.

"다섯 번째 힌트! 알렉산드리아와 시에네는 800킬로미터 떨어져 있다."

룩희는 들은 내용을 부지런히 그림으로 옮겼다. 하지만 아직은 지

그림자로 지구 크기를 재어라!

구 둘레를 어떻게 구할지 방법이 떠오르지 않았다.

"X맨, 다섯 번째가 마지막 힌트였나요? 힌트가 부족해요."

"아뇨. 마지막 힌트가 남았습니다."

"얼른 알려 주세요."

X맨이 이번에는 연필을 들었다. 그리고 새 종이 위에 평행한 직선 두 개를 그리고 비스듬히 두 직선을 가로지르는 직선을 그렸다.

"자, 이 그림이 마지막 힌트입니다. 지금 제가 표시하는 각을 잘 보세요."

X맨이 세 직선이 이루는 4개의 각에 a, b, c, d라고 표시했다.

"이렇게 마주 보는 각 a와 각 b, 각 c와 각 d는 서로 크기가 같죠. 맞꼭지각이기 때문입니다. 그리고 평행선에서 같은 위치에 있는 각 a와 각 c, 각 b와 각 d도 크기가 같습니다. 이들을 동위각이라고 부르죠. 그래서 **제가 별표를 한 두 각, 각 a와 각 d도 크기가 같아요. 이 두 각을 엇각이라고 부릅니다.**"

X맨이 각 a와 각 d에 별표를 하며 말했다. 그림을 뚫어져라 보던 룩희가 갑자기 손을 번쩍 들었다.

"제가 설명해 볼래요, 지구의 둘레를 재는 방법."

X맨과 아이들의 눈이 룩희가 그린 그림으로 향했다.

"아까 비례식으로 피자의 둘레를 구한 방법을 활용해 볼게요. 힌트대로 그림을 그려 보니 **지구의 중심과 알렉산드리아, 시에네를 연**

결하는 부채꼴이 생겼어요. 그런데 그림에 표시한 7.2도 덕분에 부채꼴의 중심각도 7.2도라는 걸 알 수 있어요. 두 각이 엇각으로 같거든요."

아이들은 룩희가 그린 그림을 보면서 천천히 X맨의 힌트를 이해했다.

∠a와 ∠d는 엇각

그림자로 지구 크기를 재어라!

"두 지역 사이의 거리가 800킬로미터라고 했으니까, 이제 피자 둘레를 잴 때와 똑같이 비례식을 세울 수 있어요. 이렇게요. 계산만 하면 돼요."

부채꼴의 중심각 : 두 지역 사이의 거리 = 지구의 중심각 : 지구의 둘레 길이

$$7.2° : 800km = 360° : \boxed{}km$$

"비례식을 풀면 지구의 둘레가 약 4만km인 걸 알 수 있어요."

"맞습니다. 실제로는 시에네와 알렉산드리아가 정확히 같은 경도 위에 있지는 않아요. 시에네와 알렉산드리아 사이의 거리도 실제 측정한 값이 아니라 여행자들의 추측을 따른 값이라고 합니다. 그런데도 비례식으로 대략적인 지구의 둘레를 구했다는 게 신기하죠?"

"아, 지구에 그려진 부채꼴을 피자 한 조각처럼 생각하고 식을 세웠구나!"

"응. 쉽지?"

문제를 어려워하던 상남이도 비례식을 보더니 고개를 끄덕였다.

"상남이와 지성이 팀은 정답에 도전하지 않는 건가요? 자신 있다더니 이게 뭔가요?"

X맨이 상남이를 흘겨보며 말했다.

"제가 지성이만 믿고 함께 고민하지 않았어요. 미안해, 지성아."

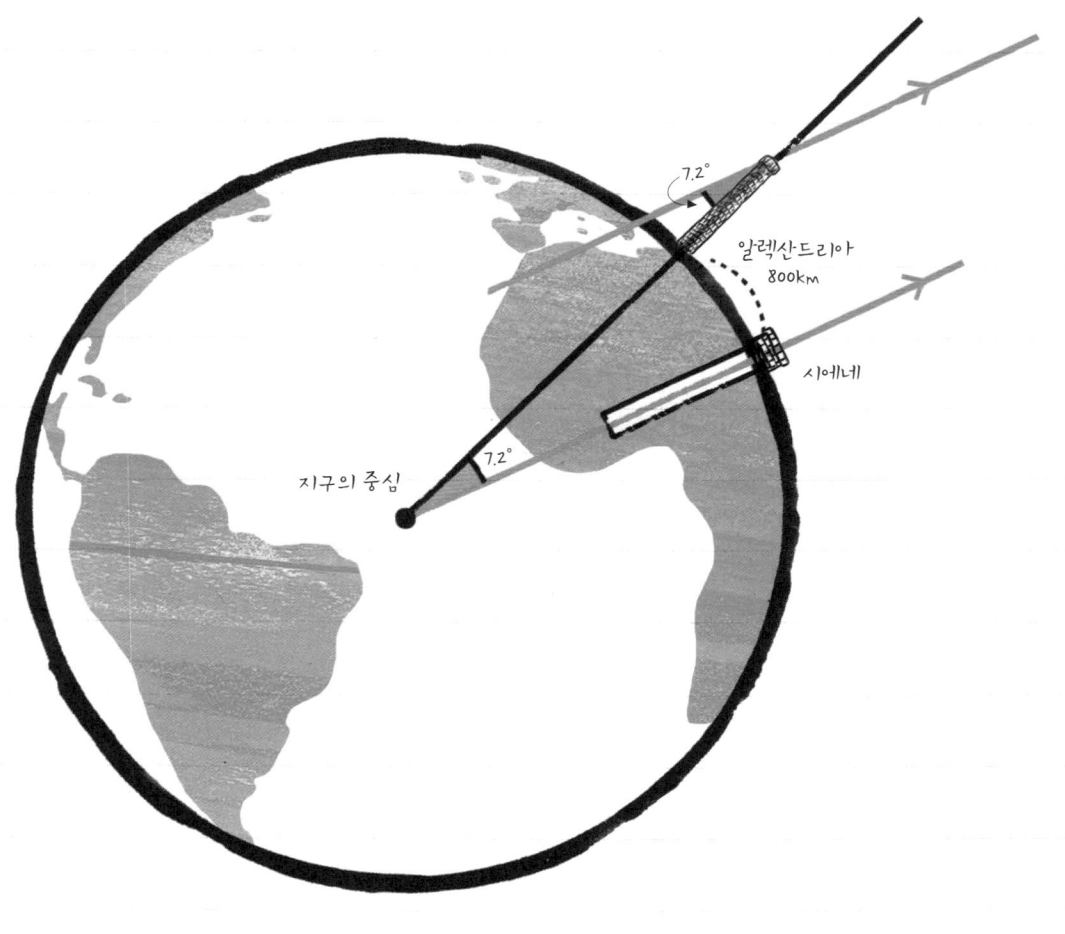

7.2°

알렉산드리아
800km

시에네

지구의 중심

7.2°

그림자로 지구 크기를 재어라!

"괜찮아. 다음번에는 같이 잘해 보자."

"축하해요, 룩희와 멍지 팀! 쉬운 문제가 아닌데 힌트를 잘 들었
군요. 하와이에서 멋진 식사를 대접하죠."

"룩희야, 네 덕분에 우리가 이겼어!"

"아냐. 아까 네가 피자 둘레를 계산하지 않았으면 못 풀었을 거야."

룩희와 멍지는 팔짝팔짝 뛰며 서로를 얼싸안았다.

TV쇼 지구 여행단
퀴즈5

탈레스는 어떻게
거대한 피라미드의 높이를
쟀을까요?

7 땅이 생기는 운동

하와이 호놀룰루

"여름옷은 다 그 안에 있는데……."

하와이에 도착한 기쁨을 누릴 여유도 없이, 아이들은 공항에 초조하게 서 있었다. 벌써 30분째 수하물이 들어오는 벨트 컨베이어 앞에서 짐을 기다리고 있는 중이었다.

"왜 우리 짐은 안 보이지?"

"우리랑 같은 비행기를 타고 온 사람들은 다 짐을 못 찾고 있는 것 같아."

걱정하는 아이들과 달리 멍지는 벨트 컨베이어에 온 정신을 빼앗겼다.

그림자로 지구 크기를 재어라!

"이것 봐. 계속해서 돌아가네. 올라가면 어떻게 될까?"

멍지가 호기심을 참지 못하고 벨트 컨베이어에 올라탔다.

"얘들아, 꺄아! 나 좀 봐. 내가 서 있는 땅이 움직여!"

"앗! 멍지야, 뭐 해?"

"위험해. 내려와!"

뒤늦게 멍지를 발견한 룩희와 상남이가 소리를 질렀다. 멍지가 깜짝 놀라서 벨트 컨베이어에서 뛰어내렸다.

"괜찮아? 다치면 어떻게 하려고 거길 올라가?"

"가방들이 옆으로 움직이는 게 신기해서 나도 모르게 그만……. 조심할게."

그때 X맨이 헐레벌떡 뛰어왔다.

"헥헥. 항공사의 실수로 우리 짐이 모두 스위스로 실려 갔다고 하

그림자로 지구 크기를 재어라!

네요."

"네? 그럼 어떻게 해요?"

"내일 다시 부쳐 준다고 하니 기다리는 수밖에요. 항공사가 사과하는 뜻으로 고급 호텔 숙박권을 줬어요. 우선 숙소에 가서 숨 좀 돌리죠."

"태평양 한복판에 있는 하와이에 몸만 덜렁 도착하다니, 기분이 이상해."

"나도. 내 보물 상자를 돌려받을 수 있을까……."

지성이와 멍지가 걱정스럽게 말했다. 다른 아이들도 갑작스러운 상황에 당황한 건 마찬가지였다.

"자, 여러분, 기운이 없는 건 알겠지만, 오늘은 숙소에 가기 전에 문제를 먼저 드리겠습니다. 이번 문제는 넷이 힘을 합치지 않고 각자 풀어야 하는 문제이거든요. 답은 숙소에 도착해서 말해 주세요."

"숙소에 도착해서 바로요?"

"시간이 너무 짧아요."

"조금 더 시간을 주시면 안 돼요?"

X맨의 계획을 들은 아이들이 목소리를 높였다.

"문제가 워낙에 쉽고 간단하답니다. 그리고 이번 문제는 각자 푸는 거라 상의할 시간을 줄 수 없습니다."

X맨이 단호하게 말했다.

"그럼 넷이 의견을 나누지 않고 제각기 답을 말하면 되는 거예요?"

"그렇습니다. 자, 여기 문제를 받으세요."

아이들은 여전히 불만 가득한 얼굴로 문제를 받아 들었다.

TV쇼 지구 여행단
"지구는 딱딱하다? OX"

제한 시간 : 숙소에 도착하기 전까지

지구가 딱딱하다고 생각하면 O,

그렇지 않다고 생각하면 X를 선택하세요.

다른 친구들과 상의할 수 없으며 정답을 말할 기회는 단 한 번입니다.

"OX퀴즈잖아? 지구는 딱딱하다? 당연하지!"

"정말 쉽네. 한국으로 돌아갈 사람은 없겠다."

아이들은 문제를 읽고 오히려 마음이 놓였다.

"정말 쉽죠? 그럼 호텔에 도착하자마자 한 명씩 정답을 말하겠어요."

그림자로 지구 크기를 재어라!

"그냥 지금 말해도 되는데."

"네. 답은 알 것 같고, 얼른 호텔부터 가요."

아이들은 X맨을 뒤로하고 먼저 바깥으로 향했다. 쉬운 문제를 받아서 여유로운 표정이었다.

'드르르르.'

공항 바깥에 도로 공사가 한창이었다. 거대한 굴착기로 두터운 암석을 파는 소리가 시끄럽게 울려 퍼졌다. 아이들은 모두 공사 현장으로 고개를 돌렸다.

"으, 시끄러워. X맨, 저것 보세요. 저렇게 견고한 강철로 힘들여 파야 하잖아요."

"맞아. 땅이 딱딱한 건 너무 당연한 사실이야."

룩희와 상남이가 귀를 틀어막으면서 외쳤다.

아이들은 문제를 빨리 맞혔다는 생각에 기분이 한결 나아졌다. 하지만 공사 현장을 지나 택시에 오를 때까지 X맨은 아무 말이 없었다. 택시가 출발하자 X맨이 다시 말문을 열었다.

"여러분, 아직 호텔에 도착하지 않았으니 힌트를 하나 드리죠."

"아, 정말 필요 없는데. 우리가 다 맞힐 것 같아서 방해하시려는 거죠?"

멍지가 장난스럽게 물었다.

"그 반대입니다."

"정 힌트를 주고 싶다면 들어는 드릴게요."

상남이도 짓궂은 표정으로 말했다. X맨은 아랑곳하지 않고 말을 이었다.

"지구의 내부 구조를 알고 있는 친구 있나요?"

"글쎄요. 지구는 그냥 단단한 땅덩어리 아냐?"

그림자로 지구 크기를 재어라!

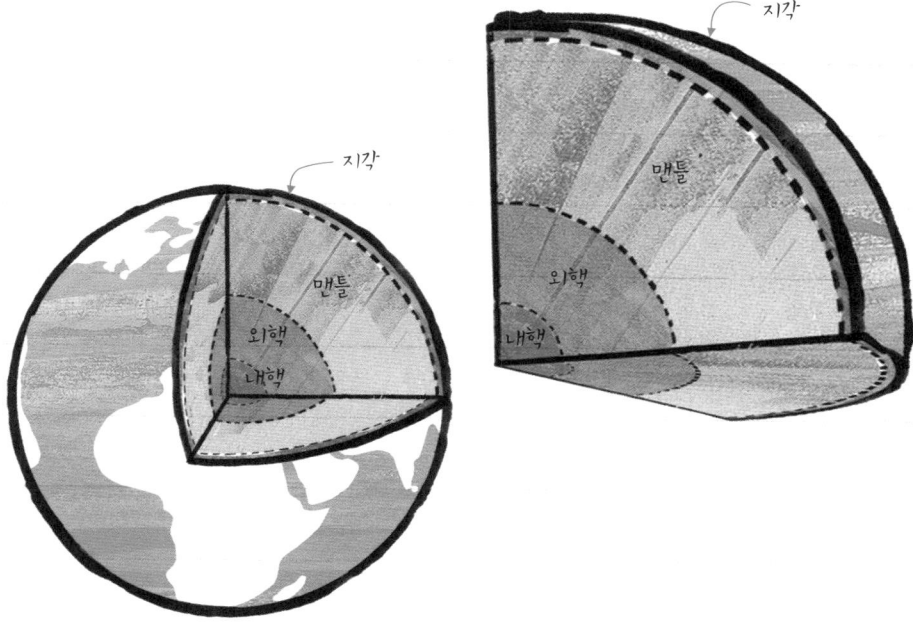

지구 내부의 구조

룩희가 지성이를 보면서 물었다. 하지만 이번에는 지성이도 잘 모르는 표정이었다.

"시간이 없으니 바로 알려 드리죠. 자, 이 그림을 보세요."

X맨은 미리 준비해 둔 그림 한 장을 꺼냈다.

"하하하. 지구를 사과처럼 자른 그림이에요? 재미있다."

"내부를 보기 위해 가상의 그림을 그린 거죠. 잘 보세요. **지구의**

가장 중심에는 내핵이 있고 그 바깥은 외핵, 그리고 외핵의 바깥은 맨틀이라는 층이에요. 우리는 맨틀의 위, 가장 바깥에 있는 지각에 발을 붙이고 살지요."

"지구 전체가 다 지각은 아니었네요. 중심에 있는 핵은 왠지 뜨거울 것 같아요."

멍지가 그림을 들여다봤다.

"그렇습니다. 지구 내부로 들어갈수록 온도와 압력이 점점 높아지기 때문에 가장 안쪽에 위치한 내핵은 약 6000도로 매우 뜨겁습니다. 외핵은 액체 상태이고, 내핵은 철과 니켈 등의 견고한 고체 물질로 이루어졌답니다. 그리고 맨틀은 움직이는데, 이를 맨틀의 대류라고……."

'끼이익.'

X맨이 한참 혼자서 지구의 내부 구조를 설명하고 있는데, 택시가 호텔 앞에 도착했다.

"어? 이 호텔인가 봐! 어마어마하게 큰데."

"고급 호텔이라더니…… 건물이 정말 멋지다."

차에서 내린 아이들의 표정이 한결 밝아졌다.

"여러분, 아직 힌트가 끝나지 않았는데……."

"X맨, 그게 중요한 게 아니에요. 전화위복이라더니 여기 정말 고급 호텔인 것 같아요."

"어서 올라가요!"

아이들이 재촉하자 X맨이 작게 한숨을 쉬었다.

"할 수 없죠. 호텔에 도착했으니 한 명씩 정답을……."

"그냥 지금 맞힐게요. O요. 지구는 딱딱하니까요."

상남이가 X맨의 말을 다 듣지도 않고 큰소리로 대답했다.

"당연히 O요. X맨, 쉬운 문제를 줘서 감사해요."

"저도 O를 선택할게요."

"저도요."

이어서 세 명의 아이들도 고민 없이 O를 택했다. X맨이 잠시 멈칫하더니 아이들을 다시 한 번 돌아봤다.

"여러분, 답을 말할 기회는 오직 한 번뿐입니다. 정답이 확실한가요?"

"아이참. X맨, 우리를 방해해도 안 속는다니까요."

아이들은 X맨의 말을 건성으로 넘기며 엘리베이터로 향했다. X맨이 머리를 긁적이며 아이들을 따라갔다.

배정받은 방에 올라가자 멋진 광경이 펼쳐졌다. 넓은 것은 물론이고 창밖에 하와이의 바다가 한눈에 들어왔다. 상남이가 신이 나서 폴짝폴짝 뛰었다.

"와! 진짜 넓고 멋지다!"

179

7. 땅이 생기는 운동

"우리 넷이 지내기에는 너무 넓어."

"여기 간식도 마련돼 있고, 수영복이랑 비치볼도 있어."

그 모습을 본 X맨이 또다시 작게 한숨을 쉰 다음 아이들을 불렀다.

"여러분, 여기서 꼭 좋은 추억 만들고 가길 바랍니다. 오늘은 저도 함께 신나게 놀다 가고 싶네요. 호텔 꼭대기 층에 수영장이 있다는데 같이 갈까요? 수영장에 갈 사람?"

"저요, 저요!"

'첨벙!'

아이들은 수영장에서 오랜만에 신나는 시간을 보냈다. 수영을 잘하는 상남이와 멍지는 자유롭게 수영장을 누볐다. 수영에 서툰 룩희와 지성이도 열심히 팔다리를 저었다. 그때 첨벙거리던 룩희가 소리를 질렀다.

"앗! 내 반지!"

손에 끼고 있던 반지가 빠져 버린 것이었다. 상남이가 재빨리 룩희에게 다가왔다.

"반지가 물에 빠졌어? 잠깐만."

룩희가 대답하기도 전에 상남이가 잠수했다. 그리고 수영장 바닥에서 룩희의 반지를 건져 올렸다.

"자, 여기!"

"고마워, 상남아. 너 정말 용감하다."

"뭘. 수영장 바닥은 평평해서 일도 아니야. 만약에 계곡이나 바다 깊숙이 빠트렸으면 나도 못 찾았을 거야."

"왜?"

"바다 밑의 땅은 평평하지 않으니까요."

수영장 바깥에서 일광욕을 하고 있던 X맨의 목소리였다.

해저 지형의 구조

"룩희의 비명 소리에 놀라서 뛰어왔어요. 바다 밑의 지형은 우리 생각처럼 평평하지 않습니다."

X맨이 계속 진지한 목소리로 말했다.

"사실 지표면에서 지구 중심으로 들어가 보면 지구는 우리가 밟고 있는 지각으로만 이루어진 게 아닙니다. **우리가 밟고 있는 땅은 지구 전체를 기준으로 보면 달걀 껍데기처럼 매우 얇아요.**"

룩희와 상남이는 계속해서 지구의 내부 구조를 설명하는 X맨을 이해할 수 없었다. 하지만 X맨은 이야기를 멈추지 않았다.

그림자로 지구 크기를 재어라!

"지각은 여러 개의 판으로 이루어져 있어요. 아까 말한 것처럼 지구 내부는 맨틀 때문에 움직여요. 맨틀 위에 있는 판들이 움직이면서 충돌하기 때문에 여러 가지 지형이 만들어집니다."

"지구 내부가 움직여서 판과 판이 부딪친다고요? 땅이 부딪치다니 신기해요."

룩희가 어느새 X맨의 설명에 빠져들었다. 상남이도 처음 듣는 이야기에 관심이 쏠렸다. 하지만 이내 X맨의 행동이 의심스러워졌다.

"X맨, 신기하긴 한데…… 지금 그걸 왜 이야기해 주시는 거예요? 혹시……."

상남이가 조심스럽게 말을 꺼냈다.

"맞습니다! 여러분이 모두 문제를 틀려서 어쩔 수 없이 한 문제를 더 내겠습니다!"

X맨이 갑자기 크게 말하는 바람에 옆에 있던 멍지와 지성이도 깜짝 놀랐다.

"뭐라고요? 문제를 틀렸다고요?"

"네. 지구는 딱딱하다고만 할 수 없거든요. 정답은 X입니다. 하지만 제가 문제를 모호하게 냈기 때문에 여러분에게 한 번의 기회를 더 주려고 합니다. 도전할 친구는 1층으로 모여 주세요."

아이들은 어리둥절한 표정으로 서둘러 1층으로 내려갔다. 답이 틀렸다니 생각지도 못한 일이었다. 하지만 마지막 여행지만 남겨 두고 여기서 도전을 멈출 수는 없었다. 아이들이 모이자 X맨은 말 없이 문제가 적힌 종이를 내밀었다.

TV쇼 지구 여행단
" 땅이 움직이는 이유를 말하시오."

제한 시간 : 하와이를 떠나기 전까지
1. 움직이는 땅 한 조각을 ☐이라고 부른다.
2. 땅이 움직이는 이유는 ☐☐의 대류 때문이다.

"땅은 움직입니다. 여러분이 오늘 저의 이야기에 귀 기울였다면 빈칸에 들어가는 답을 쉽게 맞힐 수 있을 겁니다."

X맨이 조금 토라진 목소리로 말했다. 아이들은 갑작스런 문제에 어안이 벙벙해졌다. 룩희만 살짝 미소 짓고 있었다.

"저는 좀 전에 수영장에서 답을 하나 들었어요."

아이들이 모두 룩희를 쳐다봤다.

"지각은 하나가 아닌 여러 개의 조각으로 이루어져 있어요. 움직이

그림자로 지구 크기를 재어라!

는 땅 한 조각을 판이라고 불러요. 그 판들이 움직여서 바다 밑의 땅이 충돌하거나 벌어지죠. 맞죠, X맨?"

"맞아요. 1번의 답이 벌써 나왔군요. 움직이는 땅 한 조각을 판이라고 부릅니다."

"와. 룩희야, 2번의 답은 뭐야? 기억 안 나?"

상남이가 급하게 룩희에게 물었지만, 룩희는 고개를 가로저었다.

"왜 움직이는지는 수영장에서 못 들은 것 같아."

"근데…… 우리 우선 배를 채우고 생각하면 안 될까?"

조용히 듣고 있던 멍지가 배를 움켜쥐며 말했다. 신나게 수영을 하고 난 뒤라 모두 출출하던 참이었다.

"솔직히 저도 배가 고프네요. 오늘 혼자서 많이 떠들었더니……."

"그럼 우리 맛있는 거 먹어요! 네?"

조용하던 지성이까지 나섰다.

"좋습니다. 하와이에서 해산물을 즐기지 않을 수 없죠. 우선 식당으로 갑시다."

X맨이 다시 기운을 내고 아이들을 이끌었다. 아이들도 맛있는 음식이라는 얘기에 귀가 쫑긋해졌다.

"이집트에서 보너스 문제를 맞추지 못한 두 친구들은……."

지성이와 상남이가 침을 꼴깍 삼키고 X맨의 말을 기다렸다.

"음…… 멍지와 룩희만 괜찮다면 지성이와 상남이에게도 맛있는 식사를 대접하고 싶은데요."

"좋아요!"

"다 같이 먹어요."

멍지와 룩희가 동시에 대답했다.

X맨과 아이들은 하와이의 정취가 물씬 풍기는 식당에 들어갔다. 해변에 야자수가 멋지게 늘어서 있었다. 아이들은 다양한 해산물 요리를 정신없이 먹어 치우기 시작했다. X맨이 그런 아이들을 흐뭇한 표정으로 바라봤다.

"짐도 잃어버리고 문제도 틀리고 많이 당황했죠? 그래도 여러분이 나쁜 일을 빨리 잊고 여행을 즐기고 있어 다행입니다."

"이것도 좋은 경험이다 싶어요. 우리가 의도하진 않았지만 이렇게 좋은 곳에서 즐겁게 보낼 수 있잖아요. 조금 덥긴 하지만."

'쿠궁.'

그때 멀리서 천둥과 비슷한 떨림이 느껴졌다.

"이게 무슨 소리지?"

상남이가 자리에서 일어나 밖을 보려는 순간, 식탁과 의자가 조금씩 흔들리기 시작했다.

"지진이다. 엎드려!"

X맨의 외침과 함께 아이들은 머리를 감싸고 식탁 밑에 쪼그리고

그림자로 지구 크기를 재어라!

앉았다. 식탁 위에 있는 접시들이 하나씩 바닥에 떨어졌다. 아이들
은 겁에 질려서 비명도 못 지르고 주변을 두리번거렸다.

"여러분, 약한 지진이니 걱정 마요. 조금만 그대로 있어요."

X맨이 아이들을 안심시켰다. 잠시 후 진동이 사라지고 아이들이
천천히 식탁 밑에서 나왔다.

"애들아, 괜찮아?"

"어. 집으로 돌아가지도 못하고 여기서 깔려 죽는 줄 알았네."

"그러게 말이야. 난 아직도 흔들흔들하는 것 같아."

"그런데 밖에 무슨 일이 있는 것 같아."

아이들이 서로 괜찮은지 살피고 있는데 상남이가 밖으로 뛰어나갔다. 식당 옆 해변에 이미 많은 사람들이 모여 있었다. 사람들이 바라보는 것은 주변 섬의 화산에서 김이 모락모락 나는 광경이었다.

"애들아! 나와 봐. 저 멀리에서 화산이 폭발했나 봐."

상남이의 말에 X맨과 아이들도 바깥으로 나왔다.

"화산이 분출됐군요. 하와이 주변 섬에서는 흔한 일입니다."

X맨만 놀라지 않고 멀리 화산을 바라봤다.

"화산 때문에 지진이 일어난 건가요?"

"그렇죠. 지구 위에는 여러 개의 판들이 각기 다른 방향으로 움직이고 있는데, 지구라는 공간에 한정되어 돌아다니기 때문에 다른 판들과 만날 수밖에 없습니다."

"판! 우리의 1번 문제 정답 말이죠?"

"네. 이렇게 두 개 이상의 판이 움직이다 충돌하면 충격을 받지요. 너무 큰 충격을 받으면 판이 떨리거나 심하면 부서져요. 마치 스티로폼 한 장을 잡고 계속해서 뒤로 젖히면 어느 순간 스티로폼

그림자로 지구 크기를 재어라!

화산은 지구 내부가
움직인다는
증거입니다.

이 더 이상 견디지 못하고 부러지는 것처럼 말입니다. 그게 바로 지진이죠."

"그럼 화산은 어떻게 생기는 거예요?"

"우선 마그마를 설명해야겠군요."

"마그마요?"

"네. **땅속의 암석이 높은 온도에서 녹으면 마그마라는 물질이 됩니다.** 땅 속으로 깊이 들어갈수록 온도가 높아져요. 암석이 녹아 액체 상태의 마그마 될 정도로 높은 온도지요. **땅속에 생긴 마그마는 지표면의 약한 부분을 뚫고 폭발합니다. 이것이 바로 화산 폭발이에요."**

"아, 판과 판이 부딪치면 지진이 일어나기 쉽고 화산 활동도 활발해 지는군요"

"네. 하지만 이곳 하와이는 판과 판이 만나는 곳은 아닙니다. **하와이는 열점 위에 위치해 있어요."**

"열점이 뭐예요?"

"**맨틀의 물질이 대류에 의해서 지각을 뚫고 상승하는 곳을 열점이라고 해요. 하와이 섬 아래쪽에 있는 뜨거운 마그마가 얇은 하와이 판을 뚫고 화산으로 폭발하는 것이죠."**

"아, 판과 판이 부딪치는 곳이나 열점!"

"그런 곳에서 화산이 폭발하는 거였어."

상남이와 지성이가 고개를 끄덕였다.

"그런데 그렇게 거대한 판이 대체 어떻게 움직이는 거지? 그게 이해가 안 돼."

룩희가 멍지를 보면서 물었다.

"그건 바로 지표면 아래 있는 맨틀의 대류 때문……. 앗!"

"왜요? X맨, 계속 말해 주세요."

X맨이 갑자기 말을 멈추자 아이들이 그를 바라봤다.

"혹시…… 맨틀이 답이에요?"

상남이가 씨익 웃으며 X맨에게 물었다.

"아, 이럴 수가. 내가 답을 말하다니……. 그래요. 2번 문제의 정답은 맨틀입니다."

X맨이 억울하다는 표정으로 중얼거렸다.

"와! 그럼 땅이 움직이는 이유는 맨틀의 대류 때문이구나!"

멍지가 소리 질렀다.

"그런데 답을 알아도 뜻을 모르겠어요. 맨틀의 대류가 대체 뭐예요?"

지성이의 물음에 X맨이 조금 정신을 차리고 대답했다.

"아까 택시에서 잠깐 이야기했죠. **맨틀은 지각 바로 밑에서부터 무려 지하 2900킬로미터 깊이까지 위치하고 있는 고체 상태의 물질입니다.** 대류란 온도 차이에 의해 차가운 것은 아래로 움직이고 뜨거운 것은 위로 움직여 열이 전체적으로 전해지는 걸 말해요."

191

맨틀이 대류해서
판이 움직이고
화산이나 지진이 일어나요.

그림자로 지구 크기를 재어라!

"그럼 맨틀이 대류한다는 말은 뭐예요?"

"뜨거운 맨틀이 위로 움직이고 차가운 맨틀이 아래로 움직인다는 말이에요?"

지성이와 상남이가 함께 물었다.

"맞아요. **맨틀은 물론 고체이지만, 지각 가까운 부분에 비해 아래쪽 맨틀은 매우 뜨겁지요. 그 온도 차이 때문에 맨틀은 제자리에 가만히 있지 않고 조금씩 움직여요. 그리고 그 위에 아까 우리가 이야기한 판이 있어요.**"

"움직이는 맨틀 위에 판이 떠 있는 것과 마찬가지네요."

룩희가 말했다.

"맞아요. 그래서 **맨틀이 대류할 때 맨틀 위에 떠 있는 지각 판이 움직이는 거예요. 그러다가 판과 판이 부딪치거나 멀어지기도 하고요.**"

"조금 어려워요."

멍지가 고개를 갸웃거렸다.

"혹시 아까 공항에서 짐을 기다릴 때 가방이 실려 오는 벨트 컨베이어 봤나요?"

"그럼요. 멍지는 위험하게 거기에 올라가기도 했는걸요."

상남이가 이르듯이 말했다. X맨이 잠깐 놀랐다가 멍지에게 물었다.

"거기 올라갔을 때 어땠나요?"

"음…… 재밌었어요. 제가 걷지 않고 가만히 서 있는데도 옆으로 바닥이 움직였거든요."

"그렇죠. 맨틀이 대류할 때 판도 그렇게 움직여요. 예를 들어 벨트 컨베이어 두 개가 마주 본 채 바깥쪽으로 돌아가는 모습을 떠올려 보세요. **맞닿아 있는 두 판은 맨틀의 대류 때문에 점점 양옆으로 벌어집니다. 이 빈 공간에 지하의 마그마가 화산활동을 통해 지표면 위로 올라오게 됩니다.**"

"그다음에는요?"

"**지표면에 올라온 마그마가 굳어서 지각을 이룹니다. 다시 말해 새로운 땅이 생겨나는 거지요.** 그런데 판과 판이 만나는 지점에서는 지속적으로 맨틀의 대류가 일어나기 때문에 마그마가 계속해서 지표면 위로 올라와요."

"그럼 그곳에 땅이 또 생겨나는 거예요?"

상남이가 고개를 갸웃거리며 물었다.

"그렇죠."

"원래 생겼던 땅은요? 그대로 있어요?"

룩희도 함께 고개를 갸웃거렸다. X맨이 고개를 가로저었다.

"아니요. 맨틀의 대류 때문에 판이 양옆으로 이동하면, 오랜 시간이 지나면서 이전에 생긴 땅도 양옆으로 이동해요. 그 결과 바다 밑에 산맥 모양의 땅이 생기는데 이 지형을 해령이라고 불러요."

"화산으로 땅이 새로 생기다니……. 정말 신기하다. 하와이에서는 그게 왜 흔한 일이에요?"

"하와이가 지진대에 속하기 때문이에요. 우리나라와 가까운 섬나라 일본도 그렇죠."

"그런데 또 지진이 일어나지는 않겠죠?"

멍지가 걱정스런 얼굴로 물었다.

"또 일어나지 않으리라는 보장은 없어요. 특히 하와이는 열점 위에 위치해 있으니까요. 하지만 잘 대비하면 약한 지진은 큰 피해 없이 넘길 수 있답니다. 예를 들어 건물을 지을 때 진동을 견딜 수 있도록 철저하게 내진 설계를 하고, 지진이 일어날 경우 안전하게 대피할 곳을 만들어 놓는 거죠."

"아까처럼 지진이 일어나면요?"

멍지가 다시 물었다. 그러자 지성이가 재빨리 스마트폰으로 지진 대피 방법을 검색했다.

"음…… 먼저 집 안에서는 가스와 전기를 차단해야 돼. 지진 때문에 화재가 일어날 수 있거든. 또 건물이 무너졌을 때 탈출할 수 있도록 창문이나 문을 열어 두는 것이 좋고. 떨어지는 물건을 머리에 맞을 수 있으니 방석 같은 것으로 머리를 감싸고 탁자 밑으로 들어가는 게 안전하지."

"아까처럼?"

룩희가 식탁 밑에 들어가는 모습을 다시 해 보였다.

★ 진도
지진이 일어났을 때, 땅이 진동하는 세기를 나타내는 단위

"응, 그렇게. 하지만 ★ 진도 6 이상의 강
진이 발생하면 탁자도 쓰러질 수 있으니까
이럴 때에는 빠르게 밖으로 탈출해야 돼."

지성이가 검색한 내용을 잘 정리해 줬
다. 아이들이 지성이의 설명에 고개를 끄덕였다. 하지만 다들 표정
이 그리 밝지 않았다. 풀지 못한 문제가 계속 마음에 걸렸다. 잠시
침묵이 흐른 뒤 명지가 머뭇거리면서 물었다.

"그런데 X맨, 저희 다음 여행지로 갈 수 있나요? 문제를 반밖에
못 맞혔잖아요. 땅이 움직이는 이유도 X맨이 설명해 줬고."

다른 아이들도 조심스럽게 X맨을 쳐다봤다.

"그렇죠. 모두들 답을 못 맞혔죠. 그렇게 많이 힌트를 줬는데도
말이에요."

아이들이 그 말에 고개를 떨궜다. X맨이 조금 시간을 끌다가 입
을 열었다.

"음…… 하지만 조금 아쉽기도 하고……. 우리 모두 마지막 여행
지로 함께 갑시다. 어때요?"

"와! 좋아요. X맨, 멋져!"

"고마워요, X맨. 다음에는 여행지에서는 X맨의 말을 귀담아 들을
게요."

"흐음, 약속한 거죠? 하마터면 저 조금 삐칠 뻔했습니다. 하와이

에 왔으니 해변에서 일광욕도 즐겨야죠. 하와이의 전통 춤인 훌라 춤 공연도 예매해 놨으니 서두르죠."

아이들은 신이 나서 제자리에서 펄쩍펄쩍 뛰었다. X맨이 활짝 웃으며 아이들을 바라봤다.

움직이는 하와이 제도

태평양 판의 한복판에 하와이 제도(마우이, 몰로카이, 오아후, 카우아이, 하와이 등)가 ㄴ자로 늘어서 있습니다. 하와이는 그중 오른쪽 아래에 있는 가장 큰 섬입니다. 하와이 제도를 이루는 이들 섬들은 모두 화산 폭발로 생성됐어요. 하와이 제도 부근에서 화산이 잦은 이유는 바로 열점 때문입니다. 하와이 섬 바로 아래까지 뜨거운 마그마가 올라온다는 뜻이지요. 하와이 섬 아래의 열점이 태평양 판의 해양 지각 위로 분출해서 화산섬을 만든 것이고요.

그런데 하와이 제도의 생성 시기를 살펴보면 특이한 사실을 알 수 있습니다. 북서쪽에 있는 섬이 가장 오래전에 폭발했고, 남동쪽에 있는 섬일수록 더 나중에 폭발했다는 사실입니다. 오랜 시간에 걸쳐 차례로 화산 폭발을 통해 생겨난 것이지요. 왜 화

태평양 판에 위치한 하와이 제도

산 폭발 지점이 옮겨 왔을까요? 열점이 움직이기라도 한 걸까요?

사실 움직인 것은 열점이 아니라 태평양 판입니다. 화산 폭발로 새로운 땅이 만들어지면 열점을 중심으로 기존의 땅이 양쪽으로 밀려나게 됩니다. 하와이 제도의 섬들은 같은 열점 위에서 생성된 후 다른 섬이 생성될 때마다 판 전체가 북서쪽으로 이동한 것이지요. 그래서 열점에서 멀수록 더 먼 과거에 생겼다는 걸 알 수 있어요. 열점에 가까울수록 젊은 섬인 셈이고요. 실제로 남동쪽 끝에 있는 하와이 섬 부근에서는 지금도 크고 작은 화산 폭발이 계속되고 있습니다.

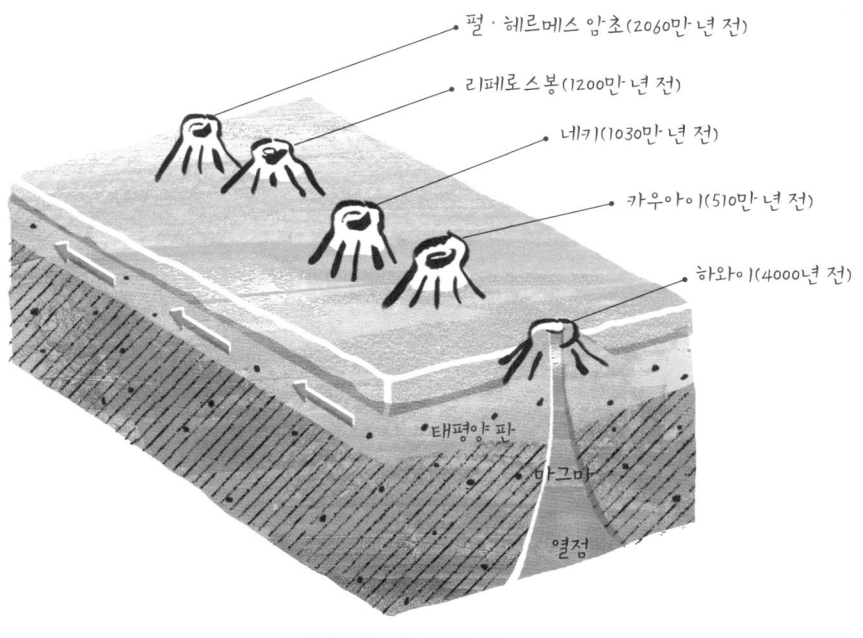

펄 · 헤르메스 암초(2060만 년 전)

리페로스봉(1200만 년 전)

네키(1030만 년 전)

카우아이(510만 년 전)

하와이(4000년 전)

태평양 판

마그마

열점

하와이 제도의 생성 연도

대류의 퍼즐, 판게아

페루 리마

"음…… 이 조각은 여기! 어? 아니네. 그림이 너무 비슷비슷하다."

"진짜 이번 조각은 어렵다. 여기 아닐까?"

페루의 리마 국제공항 대합실에서 지성이와 룩희가 머리를 맞대고 퍼즐을 맞추고 있다.

"여기 빈칸에 꼭 맞아. 다 맞췄다!"

룩희가 마지막 남은 한 조각을 맞췄다. 완성된 그림을 보니 세계의 지진대와 화산대가 점으로 나타나 있었다.

"그런데 다 맞추고 보니까 점들이 선처럼 보인다. 안 그래?"

지성이가 완성된 퍼즐을 들여다보며 말했다.

"그렇네. 일본에도 점이 많이 모여서 거의 선처럼 보여."

"일본도 판과 판의 경계에 있나 봐."

"그럼 점들이 모여 있는 곳은 대부분 판과 판의 경계인가 봐?"

"하와이처럼 열점 위에 있는 것도 있지."

둘은 그림을 더 자세히 살펴봤다. 그때 공항 이곳저곳을 돌아다니던 멍지가 살그머니 다가왔다.

"왁! 너희 뭐 하는 거야?"

"깜짝이야!"

"어머나!"

퍼즐 그림에 집중하고 있던 룩희가 깜짝 놀라 퍼즐 판을 떨어트리고 말았다. 맞춰 놓은 퍼즐 조각이 바닥에 흩어졌다.

"앗, 미안. 퍼즐 하고 있었구나. 몰랐어."

멍지가 서둘러 퍼즐 조각을 주워 모았다.

"괜찮아. 다시 맞추면 돼. 한 번 해 봤으니 이번엔 조금 더 빨리 맞출 수 있을 거야."

"나도 도와줄게."

지성이도 나서서 퍼즐 조각을 한데 모았다. 이번엔 셋이 머리를 맞대고 퍼즐을 맞추기 시작했다. 그런데 얼마 지나지 않아 퍼즐 판

그림자로 지구 크기를 재어라!

이 놓인 탁자가 조금씩 흔들렸다.

"멍지야, 네가 탁자 흔들었어?"

"아니. 너도 흔들리는 거 느꼈니?"

멍지와 룩희가 탁자를 살피는데 의자까지 흔들리기 시작했다. 잠시 후에는 공항 벽의 물건들도 흔들렸다. 이때 공항 안내원의 외침이 들렸다.

"진도 6의 지진이 발생했습니다. 당황하지 마시고 침착하게 행동하세요. 가방이나 두 손으로 머리를 보호하고 비상구를 따라 밖으로 대피하십시오!"

"앗, 또 지진인가 봐! 우리도 비상구로 나가자!"

멍지가 룩희와 지성이를 챙겼다. 아이들은 겁이 났지만 침착하게 공항 안내원의 말을 따랐다. 다른 사람들도 머리를 감싸 쥐고 질서 정연하게 비상구로 향하고 있었다. 비상구에 다다랐을 때 한참 흔들리던 땅이 잠잠해졌다. 아이들은 그제야 고개를 들어 서로의 안부를 확인했다.

"괜찮니? 난 아직도 몸이 떨리는 것 같아."

"어. 하와이에서 지진 대피법을 배워서 다행이다. 페루도 지진이 많이 일어나는 곳인가 봐."

"맞아. 페루도 지진대에 속해. 아까 퍼즐에서 봤어. 그럼 페루는 무슨 판에 있지?"

세계의 판

지성이가 노트북으로 지각 판을 검색하며 말했다. 룩희가 노트북 화면에 뜬 세계의 판 그림을 보며 물었다.

"이 그림 속의 선들을 보니 꼭 땅이 갈라져 있는 것 같아. 지성아, 이 선들은 뭐니?"

"이 선들은 지각 판들의 경계야. 즉, 판과 판이 만나는 곳이지. 그래서 지진과 화산도 잦고."

그림자로 지구 크기를 재어라!

"아, 이렇게 많은 판으로 이루어져 있구나."

"일본은 확실히 판의 경계에 속하네. 페루도."

멍지와 룩희가 세계의 판을 나타낸 그림을 자세히 살펴봤다. 멍지가 걱정스런 얼굴로 물었다.

"일본과 가까운 우리나라에서도 지진이 일어나기 쉬운 거 아니야?"

"아냐. 여기 봐. '우리나라는 일본과 달리 판의 경계에 위치하지 않는다'라고 써 있어. 안심해."

지성이가 검색된 내용을 읽었다.

"이웃 나라인데도 다르구나."

"어. 그나저나 상남이와 X맨은 어디로 사라진 거지?"

그때 어디선가 상남이의 목소리가 들렸다.

"얘들아! 도와줘!"

소리 나는 곳을 돌아보니 검정 옷을 입은 괴한이 상남이를 붙잡고 있었다. 아이들이 당황하는 사이 괴한은 상남이를 강제로 차에 태웠다.

"상남아!"

아이들이 뒤늦게 뛰어갔으나 한발 늦었다. 상남이를 태운 차는 어디론가 황급히 떠나 버렸다. 아이들은 갑작스런 일에 어찌할 바를 몰랐다.

"어떻게 해? 어서 X맨에게 알리자."

"아까부터 X맨도 안 보였어. 혹시 저 차에 X맨도 같이 붙잡혀 간 거 아냐?"

"앗, 바닥에 이런 게 있어!"

멍지가 상남이가 있던 자리에서 검은색 편지 봉투를 주웠다. 겉면에 '지구 여행을 하는 꼬마들에게'라고 씌어 있었다.

"꼬마라니! 누가 쓴 거지?"

멍지가 투덜대며 봉투를 열었다. 봉투 안에는 짧은 메모와 작은 편지 봉투가 들어 있었다. 상남이를 데려간 사람이 남긴 것이 틀림

그림자로 지구 크기를 재어라!

없었다.

"봉투 안에 봉투가 또 하나 들어 있어. 우선 메모부터 읽어 보자."

꼬마들에게

X맨과 상남이를 구하고 싶다면 지금부터 한 시간 안에 다이아몬드 10개를 찾아 이 자리에서 기다려라. 작은 봉투에 든 문제를 풀면 다이아몬드의 행방을 찾을 수 있다. 시간을 넘기면 두 사람을 되돌려 보내지 않겠다. 경찰에 신고해도 소용없다.

"납치범이었어! X맨과 상남이를 어떻게 찾지?"

멍지는 걱정스런 마음에 울음이 터졌다.

"역시 아까 그 차에 둘 다 있었나 보다. 경찰에 신고하는 것도 위험하고, 어떻게 할까?"

지성이도 당황스럽긴 마찬가지였다. 잠시 후 룩희가 침착한 목소리로 멍지와 지성이에게 말했다.

"얘들아, 진정해. 호랑이 굴에 들어가도 정신만 차리면 살 수 있다잖니. 지금은 다른 방법이 없는 것 같다. 차라리 문제를 풀어 보는 건 어때?"

아이들은 서로 눈을 맞추고 천천히 고개를 끄덕였다.

"작은 봉투도 열어 보자."

"여기도 메모가 들어 있어!"

꼬마들에게

지금쯤 X맨과 상남이를 찾기 위해 문제를 풀기로 결정했겠지?
탁월한 선택이야. 실은 내가 보석상에서 다이아몬드 10개가 들
어 있는 금고의 열쇠를 훔쳤다. 그런데 지진이 일어난 사이에 다
른 도둑이 그걸 훔쳐 갔어. 그리고 다이아몬드가 사라진 금고에
다 그 도둑이 문제를 남겨 놓았다. 나는 빨리 답이 필요하니 부
지런히 머리를 굴려라. 제한 시간은 한 시간이라는 걸 잊지 말도
록. 너희들의 실력이 내가 기대한 만큼이길 바라며…….

멍지는 편지를 읽고 화가 치밀었다.

"도둑들 싸움에 끌어들이다니 말도 안 돼. 그리고 아무리 나쁜 사
람이라지만 너무한 거 아냐? 무언가를 시키려면 확실히 알려 주든
지! 문제도 안 써 놓고 어떻게 답을 알아내라고 하는 거야?"

이번엔 지성이가 멍지를 달랬다.

"멍지야, 진정해. 지금까지 어려운 문제들을 잘 해결해 왔잖아.
분명히 무언가 힌트가 있을 거야. 잘 살펴보자."

그때 작은 편지 봉투를 살피던 룩희의 눈빛이 반짝였다.

그림자로 지구 크기를 재어라!

"애들아, 잠깐만! 이 편지 봉투."

"편지 봉투가 뭐?"

"안쪽에 작게 이런 글씨가 쓰여 있어. '과거에는 땅덩이가 하나였다—베게너.' 이게 무슨 엉뚱한 소리야?"

"베게너가 누구지?"

"혹시 그게 힌트가 아닐까?"

세 아이들은 편지 봉투에 적힌 글을 되풀이해서 읽으며 생각에 빠졌다. 상남이와 X맨의 안전이 걸렸다고 생각하니 더 머리가 돌아가지 않았다. 계속 편지 봉투를 만지작거리던 멍지가 갑자기 소리쳤다.

"애들아, 나 또 다른 힌트를 찾은 것 같아!"

"또 다른 힌트?"

"잘 봐. 이 편지 봉투의 무늬, 익숙하지 않아? 세계 지도 같잖아."

세 아이들은 편지 봉투의 무늬를 들여다봤다. 자세히 보니 여섯 대륙이 따로따로 그려져 있고 각 대륙에 작은 글자가 하나씩 쓰여 있었다.

"그렇네. 아시아, 유럽, 아프리카, 북아메리카, 남아메리카, 오세아니아. 여섯 대륙이야. 그런데 한 글자씩 써 있는 건 뭘까?"

"아까 '과거에는 땅덩이가 하나였다'라고 했잖아. 그렇다면 혹시……."

룩희가 다시 눈을 반짝였다. 멍지와 지성이가 룩희를 바라봤다.

"혹시 이 조각들을 퍼즐처럼……."

"한 덩어리로 맞추면……."

"얼른 맞춰 보자!"

세 사람이 거의 동시에 말을 내뱉었다. 아이들은 재빨리 봉투에 그려진 여섯 대륙의 그림을 자른 뒤 퍼즐처럼 한 덩어리로 맞춰 보기 시작했다. 하지만 대륙 조각을 맞추는 건 쉽지 않았다.

"잘 안 맞춰지는데."

멍지가 한숨을 쉬었다. 셋이 동시에 여섯 개의 대륙을 마구 움직이다 보니 오히려 헷갈렸다.

"후. 진정하고 하나씩 하나씩 해 보자. 나는 지금 남아메리카 대륙을 들고 있어. 룩희는?"

지성이가 남아메리카 대륙을 가운데에 놓으며 물었다.

"나는 아프리카 대륙."

룩희가 아프리카 대륙을 남아메리카 대륙의 오른쪽에 댔다. 그러자 신기하게도 두 대륙이 퍼즐 조각처럼 들어맞았다.

"꼭 맞는다! **남아메리카 대륙의 오른쪽 해안선과 아프리카 대륙의 왼쪽 해안선이 일치해!**"

"이런 식으로 하나씩 찾아보자. 이번에는 북아메리카 대륙을 옮겨서 맞춰 볼래?"

그림자로 지구 크기를 재어라!

침착하게 여섯 대륙의 해안선을 비교하다 보니 맞는 것끼리 붙일 수 있었다.

"베게너라는 사람 말이 맞을 수도 있겠는데. 신기하게 땅들이 하나의 덩어리로 합쳐지네."

아이들은 한참 동안 여섯 개의 조각과 씨름했다.

"와, 다 맞췄어!"

드디어 흩어진 여섯 대륙을 하나의 덩어리로 맞췄다. 그러자 각 대륙에 씌어 있는 글자 여섯 개가 모여 하나의 단어가 됐다.

"인, 터, 넷, 라, 운, 지?"

"인터넷 라운지? 공항에서 인터넷을 할 수 있는 공간을 말하는 건가?"

그림자로 지구 크기를 재어라!

"그런 것 같아. 그곳에 다른 힌트가 있나 봐."

"가 보자!"

아이들은 서둘러 공항의 인터넷 라운지로 발길을 옮겼다. 룩희가 가장 먼저 뛰어 들어갔다. 명지와 지성이도 따라 들어가서 안을 샅샅이 살폈다.

"윽. 여기 또 편지 봉투가 있어."

의자 밑을 뒤지던 룩희가 한숨을 쉬며 말했다.

"또? 얼른 열어 봐."

"이번엔 두 장이야."

꼬마들에게

사실 지금까지는 연습 문제였다. 좀 전에 푼 문제는 너희들을 시험하기 위해서 내가 낸 거야. 문제를 이렇게 빨리 풀다니, 내가 꼬마들을 잘못 고르지는 않았군. 하하하.

이번 것이 도둑이 남긴 진짜 문제다. 너희에게 내 다이아몬드와 X맨, 상남이가 달려 있어. 지금부터 30분을 줄 테니 어서어서 머리를 굴려라. 문제를 포기하면 친구들도 안전하지 않을 거야.

"이렇게 나쁜 사람을 봤나!"

"시험한 것도 모자라 협박까지 하고."

213

8. 대륙의 퍼즐, 판게아

멍지와 룩희가 화를 참지 못하는 사이 지성이가 봉투에 들어 있는 다른 종이를 꺼냈다.

"이게 다른 도둑이 남긴 진짜 문제인가 봐. 이 도둑도 참 괴짜다. 물건을 훔쳐 가면서 편지로 문제를 남겨 놓다니."

지성이가 중얼거리면서 종이를 펼쳤다. 종이에는 세 개의 세계 지도가 그려져 있었다.

"이게 뭐지? 세계 지도가 신기하게 생겼어."

"맨 위의 지도는 아까 우리가 대륙을 한 덩어리로 합친 모양인걸."

"맨 아래 있는 지도는 우리가 지금 쓰고 있는 세계 지도와 비슷해."

"그럼 중간에 있는 건 뭐지?"

아이들은 잠시 화난 것도 잊고 세 개의 지도에 눈길을 빼앗겼다.

"지도와 지도 사이에 화살표가 있어. **먼 옛날에 하나로 붙어 있던 대륙이 시간이 지나면서 현재의 모습이 되었다는 뜻일까?**"

"말도 안 돼. 대륙이 어떻게 움직여?"

룩희의 말에 멍지가 고개를 저었다.

"아냐, 멍지야. 말이 될 수도 있어. 우리, 하와이에서 배웠잖아. 맨틀의 대류!"

지성이가 기억을 더듬으며 말했다.

"맞아. **맨틀이 대류하면 맨틀 위에 있는 지각 판이 움직여. 아주아 주 오랜 시간 동안 꾸준히 움직인다면 지각 판 위의 대륙도 이동할 수**

그림자로 지구 크기를 재어라!

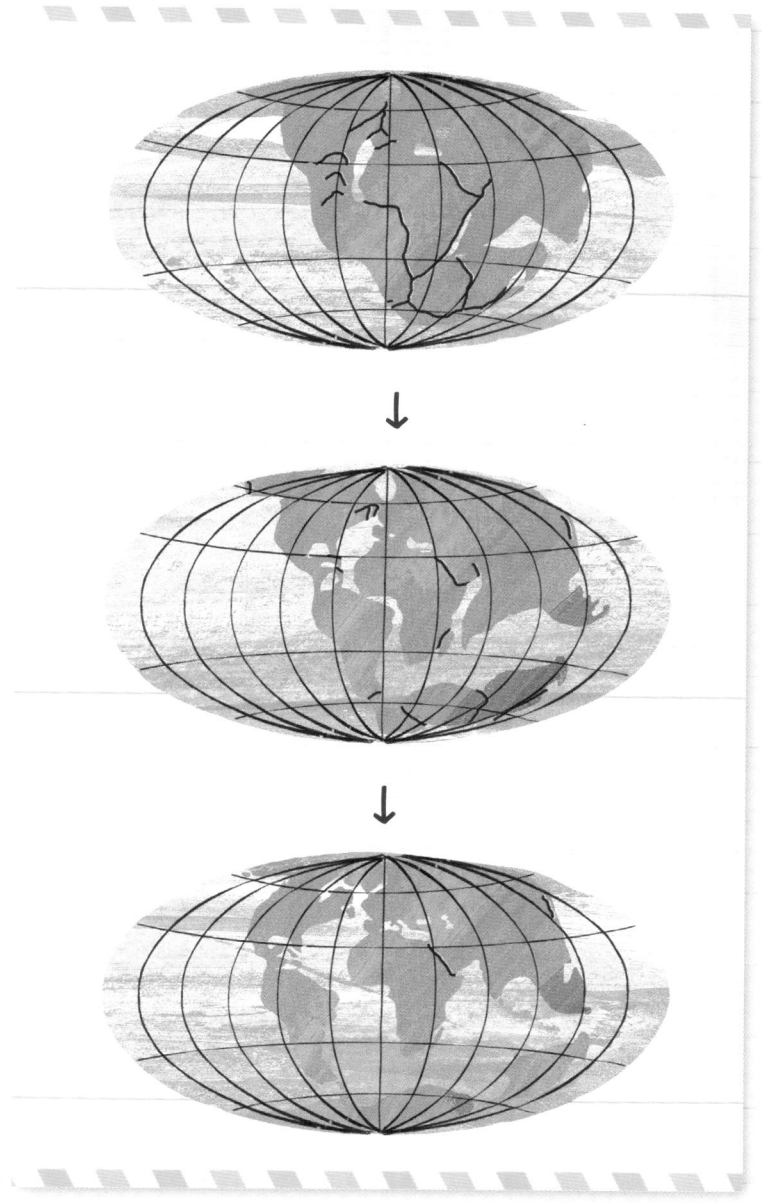

8. 대륙의 퍼즐, 판게아

있어."

룩희가 지성이를 거들었다.

"만약에 말야…… 지구에 있는 대륙이 원래 하나였다면 걸어서 이동할 수 있었겠네. 정말 신기하다."

"맞아. 그러면 우리도 비행기 없이 세계 여행을 할 수 있을 텐데. 헤헤."

"얘들아, 우리 이럴 시간이 없어. 이번에도 문제가 뭔지 모르니 답답하다."

그때 공항 안내 방송에서 다급한 목소리가 들렸다. 겁에 질린 상남이의 목소리였다.

"얘들아, 나 상남이야. 듣고 있니?"

아이들은 단번에 상남이의 목소리를 알아챘다.

"상남이다!"

"헉헉. 납치범과 X맨은 공항 호텔 1004호에 있어. 나는 몰래 빠져나와서 공항 방송실로 왔어. 뛰어오다가 넘어져서 다리가 조금 아파. 이리로 와 줄래?"

"이럴 수가! 어서 상남이를 데리러 가자."

아이들은 서둘러 공항 방송실로 갔다. 상남이가 방송실 문 앞에 쭈그리고 앉아 있었다.

"상남아, 괜찮아?"

그림자로 지구 크기를 재어라!

"우리, 문제를 몰라서 못 풀고 있었어. 그냥 다 같이 호텔로 찾아가자."

"그래. 1004호라고 했지? 천사? 납치범이랑 정말 안 어울리는 번호다."

"상남아, 같이 갈 수 있지? X맨을 구해야지."

아이들이 서둘러 상남이를 일으켰다. 그러자 상남이가 신음 소리를 냈다.

"아, 다리가 좀 아파서…… 누가 업어 줬으면 좋겠는데……."

"할 수 없지. 나한테 업혀."

지성이가 낑낑대며 상남이를 업었다. 그리고 모두 공항 호텔로 향했다. 상남이는 지성이에게 업혀서 1004호 문 앞까지 도착했다.

"이 안에 X맨이 갇혀 있는 거지?"

"하나 둘 셋을 외치고 동시에 들어가서 X맨을 데리고 나오자."

아이들이 씩씩대며 말하자 상남이가 나섰다.

"막무가내로 덤볐다가는 우리가 다칠 수도 있어. X맨을 안 놔줄 수도 있고. 그러니까 여기서 말로 설득해 보자."

화가 났지만 아이들은 상남이의 말을 따르기로 했다.

'똑똑똑!'

명지가 조용히 문을 두드리고 떨리는 목소리로 말했다.

"문제를 풀진 못했지만 저희가 직접 왔어요."

그러자 문 안에서 굵직한 목소리가 들렸다.

"꼬마들, 실력이 거기까지였군. 그동안의 노력이 쓸모없게 됐어. 괜히 내 시간만 낭비했잖아!"

"문제를 알려 주면 여기서 풀어 볼게요. 우선 X맨을 놔 주세요."

지성이가 용기 내서 대꾸했다.

"그렇게 X맨을 찾고 싶나?"

"네!"

"X맨을 구하려다가 너희가 위험해질 수도 있는데?"

"그래도 X맨은 이제 우리와 친구예요. X맨이 까칠해 보여도 우리한테 얼마나 잘해 주는데요!"

룩희가 버럭 소리를 질렀다.

"그렇다면 거기서 다 같이 훌라 춤을 춰 봐."

"훌라 춤이라고요?"

예상치 못한 요구에 아이들은 말을 잇지 못했다.

"너희들 하와이에 다녀왔다는 걸 알고 있다. 거기서 본 훌라 춤을 추면 X맨을 고이 보내 주지. 전통 의상은 거기 준비해 뒀다."

"왜 춤을 추라는 거지?"

아이들은 어리둥절한 표정으로 서로를 바라봤다. 그리고 엉거주춤 전통 의상을 챙겨 입고 훌라 춤을 추기 시작했다. 상남이만 그대

그림자로 지구 크기를 재어라!

로 서 있었다.

"야, 우리도 추고 싶어서 추는 거 아니거든. 춤을 춰야 X맨을 놔 준다잖아. 너도 빨리 춰."

멍지가 상남이를 흘겨보며 말했다. 상남이는 머리를 긁적이며 어색한 표정만 짓고 있었다. 이때였다. 문 너머에서 킁킁거리는 소리

8. 대륙의 퍼즐, 판게아

가 들리더니 호텔 문이 벌컥 열렸다. 문을 열고 나온 사람은 X맨이었다.

"X맨!"

가장 열심히 춤을 추던 멍지가 반갑게 소리쳤다. 그와 동시에 상남이가 웃음을 터트렸다.

"푸하핫! 더 이상 못 참겠어요, X맨."

"저도 마찬가지랍니다. 큭큭."

갑자기 웃는 상남이와 X맨 때문에 나머지 아이들은 어안이 벙벙했다. 상남이는 웃음을 멈추지 못해 배를 움켜쥐고 있었다.

"왜 웃어? 혹시……?"

룩희가 제일 먼저 이상한 낌새를 느꼈다.

"큭큭. 미안해. 페루가 우리의 마지막 여행지잖아. 그래서 아쉬워하고 있었는데, 마침 X맨이 재밌는 제안을 하잖아. 그래서…….."

"그럼 아까 공항에서 널 납치해 가던 사람들은 뭐야?"

"나를 납치하는 연기를 한 사람이 바로 X맨이야. X맨의 연기력에 놀랐다니까."

"과찬의 말씀을……. 상남이도 훌륭했어요. 저는 진짜 경찰들이 올까 봐 조마조마했습니다. 하하하. 여러분이 이렇게까지 저희를 구하기 위해 애써 줘서 감동했습니다."

"나도. 너희들의 모습을 몰래 숨어서 보면서 너무 기뻤어. 나에게

그림자로 지구 크기를 재어라!

진짜 좋은 친구들이 생겼다는 걸 알게 했다고 할까? 걱정 끼쳐서 정말 미안해."

"아, 뭐야! 어쩐지 도둑이 문제를 남기고, 너무 이상하더라. 무슨 그런 짓궂은 장난을 해요?"

"상남이 너 다리가 아프다는 것도 장난이었지?"

멍지와 지성이가 동시에 소리쳤다.

"미안, 지성아. 네 덕분에 편하게 왔어. 내가 다음에 꼭 은혜 갚을 게. 응?"

상남이가 지성이를 덥석 안으며 사과했다. 지성이와 아이들은 넉살 좋은 상남이의 모습에 웃지 않을 수 없었다.

"아무튼 진짜 납치당한 게 아니어서 다행이다."

"그런데 X맨, 두 번째 문제는 대체 뭐였어요?"

"아…… 그게 말이죠…… 급하게 준비하는 바람에 그 안에 문제를 넣는다는 게 답을 넣고 말았어요. 하나였던 땅덩어리가 어떻게 떨어지게 됐는지 중간 단계를 물어보려고 했는데 말이죠. 여러분이 공항에서 퍼즐을 맞추는 걸 보고 힌트를 얻었지요. 여러분은 답만 보고도 내용을 잘 이해하더군요."

X맨이 머리를 긁적이며 말했다.

"아, 그랬구나. 잘 이해하기는요. 정말 어려웠어요. 그런데 저희가 해결했던 문제가 퍼즐과 관련이 있다고요?"

멍지가 아까 맞췄던 대륙 조각들을 꺼내며 물었다.

"지구가 여러 개의 판으로 이루어져 있다는 건 하와이에서 이미 알아냈지요?"

"네. 이 판들은 서로 다른 방향으로 움직이는데 판들이 만날 때 그 충격으로 화산이 폭발하거나 지진이 일어난다고 했잖아요. 그런데 그게 퍼즐과 무슨…… 아! **문제에 나왔던 대륙들이 다 서로 다른 판에 있었구나!**"

"그렇답니다. 판들이 여러 방향으로 움직이다 보니 부딪치게 되고, 이 충격이 화산이나 지진으로 나타나게 된 거죠."

"아까 퍼즐을 다 맞추고 보니 지진대와 화산대가 마치 선처럼 보이던데, 이게 혹시 판이랑 관련이 있나요?"

"훌륭한 질문이에요. 멍지의 말처럼 **지진대와 화산대를 살펴보면 판의 경계와 일치하는 것을 알 수 있어요. 지진이나 화산 활동은 대부분 이런 판의 경계에서 자주 일어나지요.**"

X맨의 칭찬에 으쓱해진 멍지가 무언가 생각난 듯 질문했다.

"X맨, 과거에는 땅덩이가 하나였다는 말이 사실이에요? 아니면, 문제를 내기 위해 지어낸 말이에요?"

"에이, 설마 땅덩이가 하나였겠어? X맨이 지어낸 거지."

상남이가 먼저 대답했다. 하지만 X맨도 바로 말을 이었다.

"제가 지어낸 말이 아니라 베게너라는 지구물리학자가 발견한 사

그림자로 지구 크기를 재어라!

실이랍니다. **원래 하나였던 땅덩이가 맨틀의 대류로 인해 여러 방향으로 움직이게 되었다는 이론입니다. 베게너는 이 하나의 땅덩이를 '판게아'라고 불렀어요."**

"베게너는 어떻게 그런 사실을 알아냈어요?"

뜻밖의 대답에 놀란 상남이가 물었다.

"여러분이 그랬듯이 이전부터 사람들은 세계 지도를 보고 아메리카 대륙의 해안선과 유럽 대륙 및 아프리카 대륙의 해안선 모양이 비슷하다는 생각을 했습니다. 그리고 해안선이 비슷한 게 우연이 아닐 거라고 생각했던 거죠."

"해안선 모양이 비슷하다는 증거 밖에 없어요?"

상남이가 다시 캐묻자, X맨이 고개를 저으며 말했다.

"아니요. 더 있어요. 베게너는 여러 대륙의 비슷한 부분을 맞추어 보면 세계 곳곳의 산맥들이 하나로 이어진다는 사실도 알아냈죠. 또, 붙어 있던 세 대륙의 해안선 부근에 비슷한 동식물의 화석이 있다는 증거도 발견했습니다."

"아, 그렇구나. 그런데 어떻게 판이 움직이는 방향까지 알아낼 수 있나요?"

이번엔 룩희가 물었다. X맨이 잠깐 숨을 돌린 다음 말했다.

"아까 여러분이 문제의 답을 보고 추측한 방식과 비슷해요. 하나의 땅덩이일 때의 모습과 현재의 모습을 비교한 거죠. 이렇게 땅덩이가 움직이고 있다는 의견을 대륙 이동설이라고 부른답니다."

"땅이 하나였다는 증거를 찾다니 대단하네요. 처음에는 사람들이 안 믿었을 것 같아요."

상남이가 고개를 설레설레 저으며 말했다.

"처음엔 과학자들이 베게너의 주장에 대해 코웃음 쳤지만, 지구 내부의 물질에 대해 알게 되면서 대륙 이동설이 과학자들의 지지를 얻게 되었어요. 그 이후에 지각이 여러 개의 판으로 이루어져 있고 맨틀의 대류로 판이 조금씩 이동하고 있다는 사실도 밝혀졌고요."

"단단할 것만 같은 지구 내부가 이렇게 움직이고 있다니, 지구는 알면 알수록 재밌다."

"맞아. 나는 그동안 지구를 너무 몰랐었나 봐. 듣는 것마다 신기하니 말야."

"응. 마지막 여행지까지 매일 신났어. 정말 이 여행을 잊을 수 없을 것 같아."

그때 상남이가 무언가 생각난 듯 의미심장한 미소를 지었다. 그리고 X맨을 보면서 말했다.

"그래, 이번 여행에서 많은 걸 배웠지. 특히 난 완전히 새로운 사실도 알게 됐어. 아까 X맨이 차에서 잠깐 선글라스를 벗었을 때 알아챘지. 얘들아, 잘 봐. X맨은 어른이 아니야."

상남이가 갑자기 X맨 앞으로 다가가더니 말릴 새도 없이 선글라

그림자로 지구 크기를 재어라!

스를 벗겼다. 선글라스에 감춰졌던 X맨의 앳된 얼굴이 드러났다.

"아앗!"

X맨은 너무 당황해서 얼굴을 가리지도 못하고 서 있었다.

TV쇼 지구 여행단
퀴즈6

대륙이 하나의 덩어리였다면,
그 후 대륙들이 어떻게
떨어지게 됐을까요?

X맨의 비밀

"혹시…… 형? 형이…… 여기에 왜?"

지성이의 목소리였다. 아이들은 놀란 눈으로 지성이와 X맨을 번갈아 쳐다봤다.

"그래, 지성아. 형이야. 많이 놀랐지?"

놀란 건 지성이만이 아니었다. 명지와 룩희는 물론이고 선글라스를 벗긴 상남이도 얼떨떨한 표정이었다.

"처음 봤을 때부터 어딘가 낯이 익다고 생각했는데, 모습이 다르니 꿈에도 생각 못했어. 대체 어떻게 된 일이야?"

"하하. 머리를 염색하고 커다란 선글라스를 썼을 뿐인데 전혀 다른 사람으로 봤다니 변신에 성공했네. 난 그동안 네가 눈치챌까 봐

조마조마했어. 나중에는 좀 알아챘으면 했는데…… 역시 예리한 상남이에게 들켜 버렸네. 크크."

X맨이 바바리코트 깃을 접어 내렸다. 그리고 다른 아이들을 돌아보며 싱긋 웃었다.

"여러분도 많이 놀랐죠? 아니, 이제 존댓말 안 써도 되겠지? 나는 사실 지성이의 형이야. 도중에 말하려고 했는데 적당한 때를 못 찾았단다. 할 얘기가 많지만 지금 비행기 시간이 10분도 채 남지 않았어. 우선 공항으로 가면서 얘기하자. 너희들 짐은 여기 미리 싸 놨어."

X맨이 서둘러 아이들에게 짐을 넘겨주고 앞장섰다. 아이들은 놀란 마음을 추스릴 새도 없이 X맨을 따라갔다. 그리고 X맨이 잡은 택시에 함께 올라탔다.

"처음부터 지성이 형이라고 하지 대체 왜 속인 거예요?"

"TV쇼도 여행단도, 다 거짓말이었어요?"

차가 출발하자마자 멍지와 룩희가 질문을 쏟아 냈다. X맨이 어색한 미소를 지으며 대답했다.

"너희들을 속여서 정말 미안해. 이제야 솔직하게 말하게 되는구나. 화내지 말고 들어 줘. 나는 어릴 때부터 내 동생과 함께 세계 여행을 하고 싶었어. 우리 형제는 부모님을 일찍 여의고 큰 저택에서 외롭게 지내는 날이 많았거든. 하지만 지성이는 집 안에서 책만 보고 도무지 밖에 나가려 하지 않았어."

"그래서 이런 세계 여행을 기획한 거예요, X맨? 아니, 형?"

상남이가 X맨에게 물었다.

"어. 그래서 지성이와 함께 세계 여행도 떠나고 친구도 사귈 수 있는 아이디어를 냈지."

그림자로 지구 크기를 재어라!

"에이, 그럼 우린 들러리만 선 거예요?"

룩희가 중얼거리자 X맨이 급히 손을 저었다.

"룩희야, 무슨 그런 섭섭한 말을. 너희들 덕에 지성이는 물론이고 나도 정말 많이 변했어. 마음의 문을 열고 다른 사람과 함께 지내는 법을 알게 됐지. 게다가 너희가 지구에 대한 문제들을 그렇게 잘 풀 줄은 꿈에도 몰랐고! 너희들이 아니었으면 이 여행이 어땠을지 상상도 안 된다."

잠시 침묵이 흘렀다. 택시가 빠르게 공항으로 향했다.

"우리한테도 이번 여행은 정말 뜻깊었어요. 처음에는 문제가 어려워서 짜증도 났었는데, 같이 문제를 푸는 동안 지구에 대해 제대로 알게 된 것 같아요. 우리 모두 지도를 제대로 보는 법도 몰랐었잖아."

상남이가 지난 여행을 떠올리며 말했다.

"응. 캐나다에서 길을 잃고 영국에서 가방을 잃어버릴 뻔했던 일도, 지금 생각하니 다 추억이 될 것 같아. 그린란드의 빙하와 이집트의 땡볕도 못 잊을 거야."

"맞아. 지구가 둥글다는 증거를 찾았을 때부터 대륙 조각을 하나로 맞추는 퍼즐을 풀 때까지 얼마나 사건들이 많았는지."

멍지와 룩희도 한마디씩 했다.

"나는 세계를 돌아다니면서 책에서 읽은 게 전부가 아니라는 걸

그림자로 지구 크기를 재어라!

알았어. 직접 겪어 보니까 훨씬 재밌더라. 그리고 특히…… 너희랑 같이 여행해서 더 재밌었고."

지성이가 쑥스러워하며 아이들을 둘러봤다. 그때 택시가 공항에 도착했다.

"인사는 한국에 가서 나누고, 우선 뛰자!"

X맨이 택시에서 내리자마자 탑승구를 향해 달렸다. 아이들도 X맨을 따라 온 힘을 다해 뛰었다. 마지막이라는 사실이 아쉬웠지만 함께 돌아갈 생각을 하니 오히려 신이 났다. 달리는 아이들과 X맨의 얼굴에 웃음이 가득했다.

"지구 여행단 친구들, 마지막 목적지인 한국으로 출발!"

[TV쇼 지구 여행단 퀴즈 정답]

퀴즈 1

정답 : 둥근 지구의 표면을 평면의 지도로 나타내면 실제 모습과 달라집니다. 네 귀퉁이가 네모반듯한 메르카토르 도법 지도에서는 극지방의 땅이 좌우로 늘어나 보입니다. 그래서 북극 가까이 있는 그린란드가 실제보다 크게 보입니다.

퀴즈 2

정답 : 지구가 하루에 한 바퀴 돌아서 태양이 동쪽에서 뜨고 서쪽으로 집니다. 해가 동쪽에서 떠서 동쪽에 있는 나라의 시간이 빠르고, 지구가 24시간 동안 360도를 돌기 때문에 경도 15도마다 한 시간씩 차이 납니다. 하지만 나라마다 형편에 맞게 시간을 따로 정하기도 합니다. 예를 들어 중국은 동쪽 끝부터 서쪽 끝까지 같은 시간대를 사용합니다.

퀴즈 3

정답 : 지구 자체가 커다란 자석이고 나침반의 바늘도 작은 자석이기 때문입니다. 지구의 북극은 S극, 남극은 N극의 성질을 띱니다. 자석은 같은 극끼리는 밀어내고 다른 극끼리는 잡아당기는 성질이 있어서, 나침반의 빨간 바늘(N)은 항상 북쪽을 가리키고 반대쪽 바늘(S)은 남쪽을 가리킵니다.

그림자로 지구 크기를 재어라!

정답 : 북반구에서 볼 때 지구가 서쪽에서 동쪽 방향으로 자전하기 때문에, 별은 반대로 동쪽에서 서쪽 방향으로 움직이는 것처럼 보입니다. 북극성은 지구 자전축 위쪽에 있기 때문에 늘 제자리에 있는 것처럼 보입니다.

정답 : 탈레스는 땅바닥에 드리워진 그림자와 피라미드 밑변의 절반 길이를 더해 피라미드의 그림자 길이를 쟀습니다. 그다음 '막대의 길이 : 막대의 그림자 길이 = 피라미드의 높이 : 피라미드의 그림자 길이'라는 비례식을 세워 피라미드의 높이를 계산했습니다.

정답 : 지구 내부의 맨틀에서는 위아래의 온도 차이 때문에 대류가 일어납니다. 맨틀이 대류하면 맨틀 위의 지각 판들이 긴 시간에 걸쳐 조금씩 이동합니다. 이 때문에 지각 판에 속해 있는 각 대륙도 서서히 움직여 떨어지게 되었을 것입니다. 이 이론이 베게너가 주장한 대륙 이동설입니다.

융합인재교육(STEAM)이란?

새로운 수학·과학교육의 패러다임

"지구는 둥근 모양이야!"라고 말한다면 배운 것을 잘 이야기할 수 있는 학생입니다.

"지구가 둥글다는 것을 어떻게 알게 되었나요?"라고 질문한다면, 그리고 그 답을 스스로 생각해 보고 궁금증에 대한 흥미를 느낀다면 생활 주변에서 배우고 성장할 수 있는 학생입니다.

미래 사회는 감성과 창의성으로 학문의 경계를 넘나드는 융합형 인재를 필요로 합니다. 단순한 지식을 주입하지 않고 '왜?'라고 스스로 묻고 찾아볼 수 있어야 합니다.

미국, 영국, 일본, 핀란드를 비롯해 많은 선진 국가에서 수학과 과학 융합 교육에 힘쓰고 있습니다. 우리나라에서도 창의 융합형 과학 기술 인재 양성을 위해 교육부에서 융합인재교육(STEAM) 정책을 추진하고 있습니다.

융합인재교육(STEAM)은 과학(Science), 기술(Technology), 공학(Engineering), 예술(Arts), 수학(Mathematics)을 실생활에서 자연스럽게 융합하도록 가르칩니다.

〈수학으로 통하는 과학〉 시리즈는 융합인재교육 정책에 맞추어, 수학·과학에 대해 학생들이 흥미를 갖고 능동적으로 참여하며 스스로 문제를 정의하고 해결할 수 있도록 도와주고 있습니다.

스스로 깨치는 교육! 과학에 대한 흥미와 이해를 높여 예술 등 타 분야를 연계하여 공부하고 이를 실생활에서 직접 활용할 수 있도록 하는 것이 진정한 살아 있는 교육일 것입니다.

4 수학으로 통하는 과학

그림자로
지구 크기를
재어라!

ⓒ 2013 글 전영석, 이연주, 전민지
ⓒ 2013 그림 이지후

초판 1쇄 발행 2013년 12월 19일
초판 7쇄 발행 2021년 4월 26일

지은이 전영석, 이연주, 전민지
그린이 이지후
펴낸이 정은영

펴낸곳 (주)자음과모음
출판등록 2001년 11월 28일 제2001-000259호
주소 04047 서울시 마포구 양화로6길 49
전화 편집부 (02)324-2347, 경영지원부 (02)325-6047
팩스 편집부 (02)324-2348, 경영지원부 (02)2648-1311
이메일 jamoteen@jamobook.com

ISBN   978-89-544-3038-8 (44400)
           978-89-544-2826-2 (set)

이 도서의 국립중앙도서관 출판시도서목록(CIP)은 서지정보유통지원시스템 홈페이지
(http://seoji.nl.go.kr)와 국가자료공동목록시스템(http://www.nl.go.kr/kolisnet)에서
이용하실 수 있습니다.(CIP제어번호 : CIP2013025952)